U0898456

《广西各民族发展丛书》编委会名单

西各民族发展丛书

壮族自治区社科规划重点项目

民族大学民族学重点学科资助

书主编：梁颖　何龙群

村落的视角：

壮族社会文化变迁的个案研究

李富强　等著

目　录

第二篇　平果县必罗屯

第三篇　德保县大年屯

第四篇　天峨县连迁移民新村

第五篇 宁明县盆昌屯

导　言

美国学者詹姆斯·C. 斯科特曾著《国家的视角：那些试图改善人类状况的项目是如何失败的》，分析为什么国家的一些重大项目不能带来人类状况的改善。[①] 而我们如果从村落的角度看往往可以发现：重大经济项目建设快速地改变着乡村的面貌和农民的生活，但这一改变并不必然是和美的。在现实生活中，我们往往可以看到这样的情形：重大经济项目增强了地区的财政收入，但农民失去了赖以生活的资源，并身受环境污染之害，未享其利，先蒙其弊。强大的工业文明面对衰弱的农业文明犹如秋风扫落叶，摧枯拉朽，但对于以农业为生的农民来说这是一个痛苦的过程，必须付出代价方可重生。因此，本研究通过几个个案，展现在重大经济项目建设背景下乡村经济文化变迁的状况和自有的规律，从村落的视角向人们揭示经济社会转型对乡村农民的机遇和挑战、痛苦与新生。所以，本研究一开始就摒去了把经济开发看作人类的唯一目标的立场，而只是将之看作是人类谋求幸福的手段之一，它是“镶嵌”在文化之中的。目的是要昭示人们，经济项目建设不是社会文化变迁的全部，而是开始。要维护社会和谐，谋求进步和发展，要做深入细致的工作。只有这样，才能以重大经济项目建设为契机，把挑战转变为机遇，推动社会文化的发展进步。

本研究采取个案研究的方法，即根据本课题需要选取一些乡村

① 〔美〕詹姆斯·C. 斯科特著，王晓毅译：《国家的视角：那些试图改善人类状况的项目是如何失败的》，北京：社会科学文化出版社，2004。

社区深入调查研究，然后形成观点。这是人类学富有特色的传统的研究方法，其形成和发展凝聚了人类学学者，包括中国人类学学者的智慧。

现在学术界一般都认为，以规范的人类学田野工作方法对中国乡村进行调查研究的历史，是由美国学者葛学溥（D. H. Kulp）开启的。葛学溥大约在1913年来到中国，在上海沪江大学任社会学系主任和教授。他曾于1918年、1919年和1923年间，多次组织学生利用假期对华南沿海地区的凤凰村进行调查[①]，并以调查所得为基础，于1925年写成《华南农村生活——家族主义社会学》（Country Life in South China：the Sociology of Familism）在哥伦比亚大学出版。[②] 葛学溥认为，对中国这样的广大区域生活进行概括是危险的，“要真正了解当代中国人的社会生活，不能仅收集抽象的资料，也不能仅对一般兴趣的题目进行分类，而是应该选择某些群体、村落和地区进行深入的研究，分析详尽的资料，并利用资料进行相关和交互分析以发现中国社会的功能、社会发展的过程和未来的趋势[③]”。在他心目中，村落是中国社会的基础，“村落不仅居住着中国的大部分人口和经营农业，在现代贸易的相互渗透和交往频繁的情况下，村落研究更具有国际的意义”[④]。可是以往对乡村生活的研究过于概括的结论，影响了其权威性和可信性，因而

---

① “凤凰村”是葛学溥给所调查的村子起的一个学名。该村的真实名称是溪口村，现隶属广东省潮安县归湖镇。一些外国学者认为，葛学溥没有亲往凤凰村进行过调查，调查乃由他的学生完成，但周大鸣经调查认为不确。见周大鸣：《重访凤凰村》，68～70页，载《读书》，1998（9）。

② 周大鸣于2006年将该书译为中文，由知识产权出版社出版，译名为《华南的乡村生活——广东凤凰村的家族主义社会学研究》。

③ 〔美〕丹尼尔·哈里森·葛学溥著，周大鸣译：《华南的乡村生活——广东凤凰村的家族主义社会学研究》，2页，北京：知识产权出版社，2006。

④ 〔美〕丹尼尔·哈里森·葛学溥著，周大鸣译：《华南的乡村生活——广东凤凰村的家族主义社会学研究》，北京：知识产权出版社，2006。

“在中国每一个大区内选择一个村落进行调查是有意义的”①。《华南农村生活——家族主义社会学》一书以乡村民族志的方式，全方位地描述和分析了凤凰村的人口、经济、政治、教育、婚姻和家庭、宗教信仰和社会控制等。葛学溥创造性地提出了“家族主义”这个核心概念，认为家族主义是一种社会制度，所有的行为、标准、思想、观念都产生于或围绕着基于血缘聚居团体利益的社会制度。家族是所有价值判断的基础和标准。一切有利于家族的事务和行为都会采纳、推广，反之，就会被视为禁忌而加以修正和限制。村落所有的其他制度，包括政治制度、社会控制、宗教信仰、亲属制度都围绕家族主义这一核心。作者还提出了中国社会研究的一些基本概念。尽管以现在看来，葛学溥对凤凰村的调查不乏调查不深、阐述不清之处，但该书却对汉学人类学具有开拓性意义。书中的一些概念、观点和资料常为以后从事中国研究的中外人类学家所讨论和引用。② 周大鸣先生认为葛学溥的这一研究不仅如容观琼先生所说是导致人类学从部落社会走向乡村研究的里程碑，而且开中国村落社区研究之先河。

在西方社会人类学的影响和带动下，20 世纪三四十年代，中国社会人类学学者加入到了中国乡村研究的队伍之中。吴文藻、费孝通、林耀华、杨庆堃、李安宅、徐雍舜、田汝康、张之毅、李有义等一批比较倾向于功能学派的社会人类学学者，积极深入乡村，以参与观察和访谈的方法开展田野调查，初步创立了有中国特色的乡村社区研究范式，在众多的中国乡村研究中，独树一帜，自成一派，称“比较社会学派”、“社区研究派”，或以其主要基地燕京大学冠名为“燕京社会学派”。关于其风格，“社区研究在当时被认为

① 〔美〕丹尼尔·哈里森·葛学溥著，周大鸣译：《华南的乡村生活——广东凤凰村的家族主义社会学研究》，1 页，北京：知识产权出版社，2006。

② 周大鸣：《凤凰村的追踪研究》，载《广西民族学院学报》（哲学社会科学版），33～38 页，2004（1）。

是这个学派的特色。在社会学学科里可以说是偏于应用人类学方法进行研究社会的一派，在社会人类学里可以说是偏于以现代微型社区为研究对象的一派，即马林诺夫斯基称之为社会学的中国学派”[①]。

“社会学的中国学派”内众学者各有不同的治学特点。如林耀华从《义序的宗族研究》到《金翼》，主要以“宗族”为分析性概念研究中国乡村社会；费孝通从《花蓝瑶社会组织》、《江村经济》，而《云南三村》、而《乡土中国》，通过调查研究不同类型的中国农村，升华对中国社会的认识，提出了“乡土中国”的概念。但从微观到宏观提出概念，在实地调查中生发和创造通论的研究方法构成了“社会学中国学派”的特色。由于该派学者多具有深厚的西学背景，他们的很多研究成果很快以西文发表。更重要的是，他们借鉴却不套用西方人类学的前沿理论，而是从对中国乡村的实地研究中提出本土理论，因而能够在与西方学术界的对话中快速提升学术造诣。20 世纪三四十年代的中国社会人类学研究接近甚至达到了国际水平。

然而，到 20 世纪 50～70 年代，由于众所周知的原因，中国内地的社会学、人类学因被判定为“资产阶级学科”而取消。其间虽有一些零星的社会人类学的乡村研究（如澳大利亚悉尼大学人类学系主任 W.R. 葛迪斯教授于 1956 年到江村进行了为期 4 天的访问调查，1963 年发表了《共产党领导下的中国农民生活——对开弦弓村的再调查》[②]；1957 年，费孝通重访江村，写成《重访江村》，

① 潘乃谷：《但开风气不为师——费孝通学科建设访谈》，见潘乃谷、马戎主编：《社区研究与社会发展》，53 页，天津：天津人民出版社，1996。

② 〔美〕大卫·阿古什著，董天民译：《费孝通传》，199 页，郑州：河南人民出版社，2006；W·R. 葛迪斯：《共产党领导下的中国农民生活——对开弦弓村的再调查》，见费孝通：《江村农民生活及其变迁》，349～464 页，兰州：敦煌文艺出版社，1997。

于1957年第11期、第12期《新观察》上发表[①]），但大陆学者的乡村人类学研究几乎完全停止；海外学者由于无法进入中国内地这个广阔的“田野”，只能通过在香港、台湾或海外华侨社区开展田野工作，来探究中国人的行为方式和文化观念，或借助以往的田野调查和历史文献来把握中国乡村社会。

正是在此时期，海外社会人类学界对20世纪三四十年代“社会学中国学派”的乡村社区研究法进行了反思。反思的焦点是个别村落社区的微型研究能否或如何概括中国国情？

英国社会人类学家利奇（Edmund Leach）对中国乡村社区研究概括中国国情的意图和可能性不以为然。他认为：“这种研究没有，或者不应自称代表任何意义上的典型。它们也不是为了阐明某种一般的论点和预设的。它们的意义在于它们本身。”[②] 但这显然有悖于费孝通等人通过微型社区研究认识中国的本意或理想。费孝通在后来与利奇进行“缺席的对话”时就说：

> 我也同意，解剖一个农村本身是有意义的，所以是有趣的。但我必须老实说，我的旨趣并不仅限于了解这个农村。我确有了解中国全部农民生活，甚至整个中国人民生活的雄心。调查江村这个小村子只是我整个旅程的开端。因此如果Edmund看法是正确的，就是从个别不能概括众多，那么我是走入了死胡同了。所以我必须正视Edmund所指出的问题，并在实践中证明他的看法是似是而非的。从个别出发是可以接近整体的。[③]

与利奇不同的是，英国人类学家莫里斯·弗里德曼（Maurice

---

① 费孝通：《重访江村》，见费孝通：《江村农民生活及其变迁》，227～251页，兰州：敦煌文艺出版社，1997。

② Edmund Leach（1982）. *Social Anthropology*. London and New York: Fontana，p127.

③ 费孝通：《费孝通文集》（第十二卷），45～46页，北京：群言出版社，1999。

Freedman）和美国人类学家施坚雅（G. William Skinner）等人虽然也指出以20世纪三四十年代中国乡村社区研究方法难以理解整个中国，但他们并没有完全否定社区研究在认识中国中的作用，在反思过程中，他们实际上把主题转换成了乡村社区研究如何概括中国国情的问题。

弗里德曼对20世纪三四十年代中国乡村社区研究的反思，肇因于他无法到中国内地对他的研究对象做田野调查的困境。作为一位汉学人类学家，他对中国的研究是从研究新加坡华侨社区开始的。20世纪50年代，他将注意力从东南亚华侨转向中国东南部的宗族组织。但由于当时政治气候的影响，他无法进入中国内地开展田野调查，所以他于1958年出版的《中国东南的宗族组织》（*Lineage Organization in Southeastern China*）并非以第一手田野调查材料为基础写成的，而是借助前人的田野调查材料，结合历史文献写成的作品。他在该书“前言”一开始就交代得很清楚：

本书是社会人类学作品，但不是建立在田野调查基础上的研究。它研究的是中国问题，却不是由汉学家来撰写的。为了解释为什么我要冒险写一本关于中国的书，必须追溯到我作为一个田野人类学家曾经研究过的课题。1949年和1950年，在殖民地社会研究院（Colonial Social Science Research Council）的资助下，我完成了对生活在新加坡殖民地的华人家庭与婚姻的课题研究。在从事这一课题研究以及随后的岁月中，就我在新加坡调查得来的材料和阅读用欧洲语言写作的关于福建、广东两省汉人社会性质的作品，我一直在思考它们的重要性。起初激起我兴趣的是这两个省份是东南亚华人的故乡，但是，我后来发现这些材料可以说明具有一般社会意义的问题。如果政治和学术环境允许，我可能早已去了中国东南地区，对我感兴趣的问题进行第一手的研究；然而，事实证明，广东对于我来说，只是惊鸿一瞥，那只是1955年在香港和澳门所作的一次飞行旅游时所看到的。①

他还不无遗憾地说：

中国的乡村社会将很可能变得令人难以认识。假如中国在这些情况发生之前允许田野调查，我们将运用第一手材料进行写作，以此反思摇椅上的人类学家所进行的研究。否则，本书的结论很显然肯定是尝试性的。②

然而，在无奈与遗憾之余，弗里德曼意识到，“对于研究过去的汉人社会还有文献的材料尚未被充分地利用，……与福建和广东环境有关的地名词典和其他书籍能够告诉我们许多有必要知道的事实”③。通过这一研究，他进而感悟到，“通过历史学研究和社会学田野作业，在现代政治和亲属研究的框架内，汉学家和人类学家应该能够全面地研究中国东南的宗族组织”④。这一感悟为他后来对中国乡村社区研究的反思埋下了伏笔。

1962年，弗里德曼在皇家人类学会上发表了题为“社会人类学的中国时代”（A Chinese Phase in Social Anthropology）的演讲。在这次演讲中，弗里德曼将自己在困境中研究中国社会的实践和感悟升华为一种方法论的反思。他对以费孝通为代表的“现代中国社会学派”的方法论提出了质疑和批评，说：

---

① 〔英〕莫里斯·弗里德曼著，刘春晓译：《中国东南的宗族组织·前言》，1页，上海：上海人民出版社，2000。

② 〔英〕莫里斯·弗里德曼著，刘晓春译：《中国东南的宗族组织·前言》，2页，上海：上海人民出版社，2000。

③ 〔英〕莫里斯·弗里德曼著，刘晓春译：《中国东南的宗族组织·前言》，2页，上海：上海人民出版社，2000。

④ 〔英〕莫里斯·弗里德曼著，刘晓春译：《中国东南的宗族组织》，178页，上海：上海人民出版社，2000。

马林诺夫斯基在费研究中国农民的书的序言中写道，“现代中国社会学派的方法论基础”是坚实可靠的。“通过熟悉一个小村落的生活，我们犹如在显微镜下研究可以看到中国的缩影”。而后，马林诺夫斯基向我们呈现了对费今后工作的期望，包括有朝一日“广泛综合他自己和同事的著作，为我们展示一幅描绘中国文化、宗教和政治体系的综合性图景”。确实，费后来写了一些论述他自己社会本质的概论性文章，但他未能实现他老师为他描绘的规划。只要他受三十年代的人类学理念支配，他就不可能实现。他的专业技能狭窄地局限于村庄。当然，他也对工厂和其他非农事物感兴趣，但他对这些事物的研究未如他的英国老师所期待的那样增强他的能力。①

他还指出：

费孝通的微型社会学做得非常好，如果没有了他的书，我们对于中国社会的知识将大大贫乏。但他认为，他对村庄的理解，配以他对自己社会的激进官员式的目光，给了他了解中国社会奥秘的特别路径。依我看来，他的判断有误，因为他缺乏足够的中国历史知识以及对它更广阔制度框架的透彻理解。我想，费的错误说明人类学专注于小型社区潜藏有一种风险：这个风险在于以为熟悉地方社区就能全面理解一个社会。②

弗里德曼认为，对中国社会的研究虽存在着把人类学从原始部落研究拓展至文明社会的潜能，但中国社会与传统人类学研究的原

① Maurice Freedman（Mar. 1963），*A Chinese Phase in Social Anthropology*. *Sociology*，*Vol*. 14，*No*. 1，*p*9～10.

② Maurice Mar. Freedman（mar. 1963）*A Chinese Phase in Social Anthropology*Sociology，Vol. 14，No. 1，p9～10.

始部落存在着根本的不同，它是一个历史悠久、社会高度分化的“有历史的文明社会”。在这样一个复杂社会里，社区不是社会的缩影。在研究小型、简单的原始部落基础上形成的功能主义社区研究方法，根本不足以反映其社会事实和特点。因而，像马林诺夫斯基等人那样，以为简单地把功能主义的社区研究方法“移植”到中国社会研究中，在不同村落社区中反复实施，便可以理解整个中国社会，是错误的。社会人类学学者不能用村落研究的数量“堆积出”一个中国来。唯有把注意力放在社会整体之上，借鉴历史学和社会学研究文明史和大型社会结构的方法和成果，走出社区，在较广阔的空间跨度和深远的时间深度探讨社会运作机制，才能真正理解中国。①

施坚雅反思中国乡村社区研究的思路历程却又不同于弗里德曼，它缘起于自己在中国的一次田野调查经历。1949 年夏天，施坚雅在四川进行村庄人类学的田野调查。当时的人类学家尚未开始注意城市，大部分人集中精力于研究小型原始社会；虽有少数学者将注意力转到农业社会，但亦仅限于研究村庄。然而，他在四川调查时却发现，当地大型村庄很少，大都是由集市联系在一起的小村落。于是他放弃了调查一个百来户村庄的预定计划，转而重点考察一个包括 2500 来户既分散又有联系的从属于集市的经济区域。这项研究拓展了他的视野，使他超越孤立地研究个体村庄的局限，而注重于探索一个范围更大的地域内部社会经济结构的性质。②

1964—1965 年间，施坚雅根据自己 1949—1950 年在四川的实地调查，发表“中国农村的市场和社会结构”系列论文，明确地向以村落社区研究中国社会的人类学传统方法提出了挑战：

① Maurice Freedman (Mar. 1963), *A Chinese Phase in Social Anthropology*, Sociology, Vol. 14, No. 1, p1～19.

② 〔美〕施坚雅主编，叶光庭等译：《中华帝国晚期的城市》(中文版序言)，9 页，北京：中华书局，2000。

研究中国社会的人类学著作，由于几乎把注意力完全集中于村庄，除了很少的例外，都歪曲了农村社会结构的实际。如果可以说农民是生活在一个自给自足的社会中，那么这个社会不是村庄而是基层市场社区。……农民的实际社会区域的边界不是由他所住村庄的狭窄的范围决定，而是由他的基层市场区域的边界决定。①

在施坚雅看来，村落社区不是中国的缩影，真正意义上的“中国”是宏观经济区域及其内部所包容的活动与变迁规律及其所体现出来的国家力量与社会经济力量的并存。② 因而，施坚雅在研究中国农村社会结构时，力图摆脱传统人类学对中国乡村的专注，把关注点拓展到了村落以外的集镇和经济网络。他强调，要理解中国，必须以区域中的市场级序为中心开展研究。

受弗里德曼和施坚雅等人的影响，新老社会人类学学者深入思考社区如何反映中国的问题。于是，中国乡村社区研究的新探索开始了。香港和台湾于20世纪60年代中期开放之后，很快被西方学者想象为中国社会之“代用品”或“实验室”。③ 大批欧美人类学家纷至沓来，云集港台地区开展田野调查，写出了不少村庄民族志作品。如波特（Jack. M. Potter）1986年的《资本主义与中国农民——一个香港村庄的社会经济变迁》（*Capitalism and the Chinese Peasant*）、裴达礼（Hugh D. R. Baker）同年的《一个中国宗族村庄：上水》（*A Chinese Lineage Village：Sheung Shui*），华琛（James L. Watson）1975年的《移民与中国宗族——文氏在香港与伦敦》（*Emigration and Chinese Lineage ：The Mans in Hongkong and London*），葛伯纳（Bernard Gallin）1966年的《新

① 〔美〕施坚雅著，史建云、徐秀丽译：《中国农村的市场和社会结构》，40页，北京：中国社会科学出版社，1998。

② 王铭铭：《社会人类学与中国研究》，135页，北京：三联书店，1997。

③ 王建民、张海洋、胡鸿保：《中国民族学史（1950—1997）》（下卷），273页，昆明：云南教育出版社，1998。

兴》（*Hsin Hsing*，*Taiwan*），马杰莉·沃尔夫（Margery Wolf）1968年的《林家》（*The House of Lin*），戴瑙玛（Norma Diamond）1969年的《鲲身，一个台湾渔村》（*Kun Shen*，*A Fishing Village in Taiwan*），焦大卫（David Jordan）1972年的《神、鬼与祖先》（*God*，*Ghosts and Ancestors*），孔迈隆（Myron Cohen）1976年的《合家与分家》（*House United*，*House Divided*），郝瑞（Steven Harrell）1982年的《犁头村》（*Ploughshare Village*）、桑高仁（Steven Sangren）1987年的《一个中国社区的历史与魔力》（*History and Magical Power in a Chinese Community*）等。① 这些作品多表现出不同以往的研究旨趣和方法。受欧美人类学家及其作品的影响，台湾社会人类学的乡村社区研究蔚然成风，并通过学术本土化讨论和科技整合研究的实践探索着“研究村落，超越村落”的途径。②

中国内地于20世纪70年代末对外开放之后，前来开展乡村调查研究的海外社会人类学学者络绎不绝。如曾于1975—1978年间通过对移居香港的陈村村民的访谈，深入了解毛泽东时代陈村的政治和经济生活，并于1984出版了《陈村：毛泽东时代一个中国农村社区的近代历史》（*Chen Village*：*The Recent History of a Peasant Community in Mao's China*）的陈佩华（Anita Chan）、赵文词（Richard Madsen）和安戈（Jonathan Under），在1988—1989年间来到陈村做实地考察，采访村民，调查陈村在邓小平时代的变迁，于1996年推出了增订本《当代中国农村历沧桑——毛

① 孙庆忠：《海外人类学的乡土中国研究》，122～128页，载《社会科学》，2005(9)；王建民、张海洋、胡鸿保：《中国民族学史（1950—1997）》（下卷），282页，昆明：云南教育出版社，1998。

② 王建民、张海洋、胡鸿保：《中国民族学史（1950—1997）》（下卷），266～303页，昆明：云南教育出版社，1998。

邓体制下的陈村》。[①] 萧凤霞（Helen Siu）在1977—1986年间多次对新会县环城公社进行调查，于1989年出版了《华南的代理人与受害者》（*Agents and Victims in South China*）。弗里曼（Edward Friedman）、毕克伟（Paul G. Pickowicz）和赛尔登（Mark Selden）在1978—1987年间共18次到河北省饶阳县五公村等进行调查，于1991年出版了《中国乡村，社会主义国家》（*Chinese Village，Socialist State*）。波特夫妇在1979—1985年间多次到东莞市茶山镇开展集镇和村落调查，于1990年出版了《中国农民：革命的人类学》（*China's Peasants：the Anthropology of a Revolution*）。黄树民于1984—1985年间到福建林村进行田野调查，于1989年出版了《林村的故事：1949年后的中国农村变革》。这些调查研究不仅刺激了大陆乡村社区研究的复苏，而且以其新理念、新方法、新成果促进了中国乡村社区研究的创新发展。

而中国内地的本土学者，自20世纪70年代末80年代初人类学社会学恢复以来，立足中国社会现实，积极借鉴国外理论，大力开发学术传统，努力在本土化和国际化的结合中创造特色，实现创新。中国乡村社区研究的传统因之得到了继承和发展。1981年，重获学术生命不久的费孝通为准备他赴英接受英国皇家人类学会1981年赫胥黎纪念奖章的演讲，三访江村。以后，又不断重访，并指导学生在村里做调查。在费孝通等老一辈社会人类学家的鼓励、支持和推动下，20世纪80年代中期，村庄民族志研究已在福建、上海、江浙、华北等地逐步展开。20世纪90年代之后，乡村社区调查风起云涌，村落民族志犹如雨后春笋。折晓叶的《村庄的再造——一个超级村庄的社会变迁》、《社区的实践——超级村庄的发展历程》，王铭铭的《社区的历程》、《村落视野中的文化与权

① 陈佩华、赵文词、安戈著，孙万国、杨敏如、韩建中译：《当代中国农村历沧桑——毛邓体制下的陈村》，1～8页，香港：牛津大学出版社（中国）有限公司，1996。

力》，庄孔韶的《银翅》，牛凤瑞的《一个华北自然村落》，毛丹的《一个村落共同体的变迁——关于尖山下村的单位化的观察与阐释》，阎云祥的《礼物的流动——一个中国村庄中的互惠原则与社会网络》、《私人生活的变革：一个中国村庄里的爱情、家庭与亲密关系 1949—1999》，于建嵘的《岳村政治——转型期中国乡村政治结构的变迁》，吴毅的《村治变迁中的权威与秩序——20 世纪川东双村的表达》等不胜枚举的村落社区研究，与海外学者对乡村中国的研究，汇成 20 世纪 80 年代以来中国村落研究的新热潮，成为中国社会人类学研究的新亮点。

不论是中国学者，还是外国学者，不论是在大陆还是在台湾或香港做田野调查和研究，20 世纪 60 年代之后的中国乡村社区研究，绝大多数都不再将村庄当作中国的缩影，而是将注意力集中在村庄与作为“中国”的关系上，致力于建构一个能够把具体的村落研究升华为对中国乡村乃至整个中国社会的认识的分析框架。建构此分析框架的方式或途径当然多种多样，但努力的方向无非是在时空的纵横中将村庄社区与“中国”相勾连。

在 20 世纪五六十年代遭受汉学人类学质疑和批评的费孝通先生，其实毕生都在探寻勾连村庄与“中国”的框架。如果不是由于历史的原因致使费孝通等人中断了乡村社区研究的工作，并与国际学术界失去联系，或许就不会有弗里德曼等人的“反思”。因为早在 20 世纪 40 年代，费孝通已经意识到了村落社区研究的局限，并积极地开始了探索。继江村的调查研究之后，他有意识地选择不同类型的村庄进行调查，形成了《云南三村》，该书的英文名称就是《中国内地农村的三个类型》（*Three Types of Village in Interior China*）。在随后出版的《乡土中国》中，他初步提出了以“格式”概念突破村落社区研究的思路：

社区分析的初步工作是在一定时空坐标中去描画出一地方人民赖以生活的社会结构。在这一层上可以说是和历史学的工作相通的。社区分析在目前虽则常以当前的社区作研究对象，但这只是为了方便的原因，如果历史材料充分的话，任何时代的社区都同样可作分析对象。

社区分析的第二步是比较研究，在比较不同社区的社会结构时，常会发现每个社会结构都有它配合的原则，原则不同，表现出来结构的形式也不一样。于是产生了“格式”的概念。[①]

20世纪80年代，复出的费孝通开始在理论和实践上回应弗里德曼等人的质疑和批评。他从自己在20世纪40年代的社区研究实践中升华出“类型比较法”，希望借此超越具体村落社区研究，达成对中国农村的认识。他在1987年为《云南三村》重版所作的序言中写道：

我明白中国有千千万万的农村，而且都在变革之中。我没有千手万眼去全面加以观察，要全面调查我是做不到的。同时我也看到这千千万万个农村，固然不是千篇一律，但也不是千变万化，各具一格。于是我产生了是否可以分门别类地抓出若干种“类型”或“模式”来的想法。我又看到农村的社会结构并不是个万花筒，随机变化出多种模样的，而是在相同的条件下会发生相同的结构，不同的条件下会发生不同的结构。条件是可以比较的，结构因之也可以比较的。如果我们能对一个具体的社区，解剖清楚它社会结构里各方面的内部联系，再查清楚产生这个结构的条件，可以说有如了解了一只“麻雀”的五脏六腑和生理循环运作，有了一个具体的标本。然后再去观察条件相同的和条件不同的其他社区，和已有的这个标本作比较，把相同和相近的归在一起，把它们和不同的和相远的区别开来，这样就出现了不同的类型或模式了。这也可以称之为类型比较法。

① 费孝通：《乡土中国 生育制度》，91～92页，北京：北京大学出版社，1998。

应用类型比较法，我们可以逐步地扩大实地观察的范围，按着已有类型去寻找条件不同的具体社区，进行比较分析，逐步识别出中国农村的各种类型。也就由一点到多点，由多点到更大的面，由局部接近全体。类型本身也可以由粗到细，有纲有目，分出层次。这样积以时日，即使我们不可能一下认识清楚千千万万的中国农村，但是可以逐步增加我们对不同类型的农村的知识，逐步综合，接近认识中国农村的基本面貌。①

可是，费孝通也十分清楚地意识到“类型比较法”虽不失为认识中国农村的一种方法，却不足以认识中国社会和文化。所以，1982 年之后，他把社区研究领域从农村扩大到小城镇，把小城镇看成城乡结合部，进行深入调查研究，提出了“模式”的概念；而后，又从小城镇研究延伸到经济区域研究，提出了“区域发展”的概念。② 通过“模式”和“区域发展”的概念，他将村落社区与小城镇、经济区域联系起来，走出了社区研究。费孝通在 1996 年所撰的《重读〈江村经济·序言〉》一文中，对此进行了理论总结：

直到 80 年代，我第二次学术生命开始时，才在总结过去的实践中，清醒地看到了我过去那种限于农村的微型研究的限度。我在 60 年代提出的“类型”概念固然可以帮助我解决怎样去认识中国这样的大国对为数众多、结构不同的农村的问题。但是后来我明白不论我研究了多少类型，甚至把所有多种多样的类型都研究遍了，如果把所有这些类型都加在一起，还不能得出“中国社会和文化”的全貌，因为像我所研究的江村、禄村、易村、玉村等等的成果，始终没有走出“农村社区”这个层次的社区。整个“中国文化和社

① 费孝通：《云南三村·序》，6～7 页，北京：社会科学文献出版社，2006。

② 费孝通：《农村、小城镇、区域发展》，载《北京大学学报》（哲学社会科学版），4～14 页，1995（2）。

会”却不等于这许多农村所加在一起的总数。农村不过是中国文化和社会的基础，也可以说是中国的基层社区。基层社区固然是中国文化和社会的基本方面，但是除了这基础知识之外还必须进入从这基层社区所发展出来的多层次的社区，进行实证的调查研究，才能把包括基层在内的多层次相互联系的各种社区综合起来，才能概括地认识“中国文化和社会”这个庞大的社会文化实体。用普通所熟悉的现成概念来说就是中国文化和社会这个实体必须包括整个城乡各层次的社区体系。[①]

与费孝通主要着眼于产业类型和经济发展而勾连村落社区和城市及经济区域的视角异曲同工的是，中国台湾的社会人类学者自20世纪70年代以来，主要通过“祭祀圈”、“信仰圈”、“方言群”或“族群”的研究，建构“市场体系范式”、“祭祀圈范式”、“婚姻市场理论范式”和“区域性文化变异范式”等，将小社区与整个乡镇甚至更大的范围联系起来。他们所开展的“浊大计划”、“闽台计划”等项目不仅研究范围超出了农村聚落，而且在方法上强调了文字史料的重要性，促成了社区研究与汉学、史学等多学科的结合。[②] 社区研究的创新，带来了理论的突破。台湾社会人类学家提出的“从周边看汉人的社会与文化”理论[③]，从某种意义上说，便是在把社区与大社会联系起来研究的过程中提炼出来的，如今这一

① 费孝通：《重读〈江村经济·序言〉》，见马戎、周星主编：《田野工作与文化自觉》（上），22页，北京：群言出版社，1998。

② 庄英章：《汉人社会研究的若干省思》，载《中央研究院民族学研究所集刊》，27～35页，1996（80）；庄英章：《历史人类学与华南区域研究——若干理论范式的建构与思考》，载《历史人类学学刊》，155～169页，2005（3）；张珣、江灿腾：《当代台湾宗教研究导论》，210～237、485～502页，北京：宗教文化出版社，2004；王建民、张海洋、胡鸿保：《中国民族学史（1950—1997）》（下卷），287～303页，昆明：云南教育出版社，1998。

③ 黄应贵、叶春荣主编：《从周边看汉人的社会与文化》，台北：“中央研究院”民族学研究所，1997。

理论在汉人社会与文化研究中发挥着巨大影响。

在中国乡村社区研究的新探索中，“国家与社会”分析框架被广泛运用。如《文化、权力与国家——1900—1942年的华北农村》以国家权力与区域—地方权力网络糅合的模式，解释了华北农村20世纪前半叶的历史进程①；《中国农民：革命的人类学》着眼于国家对农民和社会结构的影响，对华南茶山20世纪40年代至80年代的社会历程深入考察，阐述了毛泽东时代基层社会运转机制、中国人的情感社会建构、婚姻与家庭、计划生育、共产党的道德和组织原则、社会分层、城乡差别、集体经济的瓦解、联产承包责任制的实施及招商引资等过程②；《当代中国农村历沧桑：毛邓体制下的陈村》描述了国家与社会互动背景下陈村近40年的变迁③；《华南的代理人与受害者》考察了国家权力下沉农村社会并建立行政控制的过程④；《中国乡村，社会主义国家》通过对河北五公村的考察，探讨了中国共产党在战争时期和胜利后在华北农村所推行的一系列改革对农村社会和农民的影响⑤；《林村的故事》通过描述林村党支部书记叶文德的人生经历，分析了中国农村社会变迁过程中国家对村落政治文化的改造⑥。还有国内学者的《村落视野中

① 〔美〕杜赞奇著，王福明译：《文化、权力与国家——1900—1942年的华北农村》，南京：江苏人民出版社，1994。

② S. H. Potter. J. M. Potter（1990）. *China's Peasants*：*The Anthropology of a Revolution*，Berkeley：Cambridge University Press.

③ 陈佩华、赵文词、安戈著，孙万国、杨敏如、韩建中译：《当代中国农村历沧桑——毛邓体制下的陈村》，香港：牛津大学出版社（中国）有限公司，1996。

④ Helen F. Siu（1989）. *Agents and Victims in South China*，Yale：Yale University Press.

⑤ Edward Friedman. Paul G. Pickowicz & Mark Selden著，陶鹤山译：《中国乡村，社会主义国家》，北京：社会科学文献出版社，2002。

⑥ 〔美〕黄树民著，素兰、纳日碧力戈译：《林村的故事：1949年后的中国农村变革》，北京：三联书店，2002。

的文化与权力：闽台三村五论》[①]、《岳村政治——转型期中国乡村政治结构的变迁》[②] 和《村治变迁中的权威与秩序——20 世纪川东双村的表达》[③] 等。他们分析的主轴都是通过审视“国家”力量如何影响“社会”，“社会”如何回应冲击，从而将小村庄与大国家串联了起来。

“文化过程”、“社区史”等研究方法兴起，成为中国乡村社区研究新探索的重要方法。例如，自 20 世纪 80 年代以来，科大卫(David Faure)、陈其南、萧凤霞（Helen Siu)、陈春声、刘志伟、郑振满、蔡志祥等中外历史学家和人类学家合作在珠江三角洲、香港、潮汕和闽南等地区对明清历史进行批评性的反思研究，形成了一个历史人类学的“华南学派”。这个学派以“文化过程”或“文化实践”研究方法关注平民史、日常生活史和当地人的想法，对过往的精英史、事件史和国家的历史权力话语持批评态度。[④] 在具体的研究中，他们把个案的、区域的研究置于对整体历史的关怀之中，注意从中国历史的实际和中国人的意识出发理解传统中国社会历史现象，从不同地区移民、拓殖、身份与族群关系等方面重新审视传统中国社会的国家认同，又从无时不在、无处不在的国家制度和国家观念出发理解具体地域中“地方性知识”与“区域文化”被创造与传播的机制。在追寻区域社会历史的内在脉络时，特别强调“地点感”和“时间序列”的重要性。[⑤] 随着该学派高水平的研究

① 王铭铭：《村落视野中的文化与权力：闽台三村五论》，北京：三联书店，1997。

② 于建嵘：《岳村政治——转型期中国乡村政治结构的变迁》，北京：商务印书馆，2001。

③ 吴毅：《村治变迁中的权威与秩序——20 世纪川东双村的表达》，北京：中国社会科学出版社，2002。

④ 张小军：《历史的人类学化和人类学的历史化——兼论被史学“抢注”的历史人类学》，载《历史人类学学刊》，1～28 页，2003（1）。

⑤ 陈春声：《走向历史现场》，见张应强：《木材之流动：清代清水江下游地区的市场、权力与社会》，Ⅰ～Ⅶ页，北京：三联书店，2006。

成果日益丰硕，影响与日俱增，其研究方法愈来愈受学术界的关注和重视。

王铭铭的《社区的历程——溪村汉人家族的个案研究》是运用“社区史”方法开展村落社区研究的代表作之一。[①] 为了避免20世纪三四十年代社区民族志的“无时间性”和社会达尔文主义“宏大历史叙事”的“无地方感”，把村庄社区与时间和空间广阔的国家与社会关系史勾连起来，该书试图采用一种社区史的叙述框架，提供闽南村庄与超越社区的国家与社会力量之间关系的历史视野。[②] 尽管曾有历史学家对该书提出尖锐批评[③]，该书亦确有田野资料难以支撑其与西方理论“对话”的明显不足，然作者采用历时性的叙述架构，将溪村的社区历程与中国大历史联系起来进行阐述，不仅“超越”了村落的空间，而且“充实”了“村落的历史”[④]，诚为一种难能可贵的探索。英国社会人类学家王斯福（Stephan Feuchtwang）对该研究评价说：

社会结构、经济组织、规则和权威的包罗万象的形成在过去一直是社会学和人类学的主要研究对象。不过，在社会学和人类学的论述中，很少包容结构形式的转型和改造过程。溪村的研究提出了在结构的研究中包容历史过程的观点。在这里，“历史学”意味着对结构转型过程的研究。结构变迁的过程不是简单的单线历史。溪村的个案研究不仅是一个村落历史的叙说，它的漫长而广博的故事

① 王铭铭：《社区的历程——溪村汉人家族的个案研究》，5～9页，天津：天津人民出版社，1997。

② 王铭铭：《走在乡土上——历史人类学札记》，24页，北京：中国人民大学出版社，2003。

③ 曹树基：《中国村落研究的东西方对话——评王铭铭〈社区的历程〉》，119～133，载《中国社会科学》，1999（1）。

④ 刘朝晖：《超越乡土社会：一个侨乡村落的历史文化与社会结构》，17页，北京：民族出版社，2005。

告诉我们许多社会形态如何在同一社区获得自我表现的方式。这些社会形态是大的政治、经济、文化系统背景下产生的，而且在不同的时代以不同速度变化。①

江村的研究已成为模式，溪村也可以被作为模式对待。当然，在其他的个案研究中，可能发现不到溪村的制度，因为在中国其他地方家族和节庆可能不如溪村流行。不过在中国和中国以外的地区，历史的写作可以采用溪村的模式。②

王斯福的评价是否公允，姑且不论，溪村的研究对于中国乡村社区研究的启迪作用是不容忽视的。

因此，本研究力图突破功能主义的“封闭性社区整体论”和“无历史”局限，将乡村社区与代表工业文明和资本力量的重大经济项目建设联系起来，通过研究乡村社区面对工业文明挑战时的变迁过程，向人们展现“转型中国”的状况，揭示中国社会转型的特点和趋势。

① 王铭铭：《社区的历程——溪村汉人家族的个案研究·序》，2页，天津：天津人民出版社，1997。

② 王铭铭：《社区的历程——溪村汉人家族的个案研究·序》，3页，天津：天津人民出版社，1997。

第一篇　田林县那善屯

第一章　社区背景

一、那善屯的地理位置和建制沿革

那善屯是由贵州、云南往广西百色、南宁通道上的一个内陆村落，现隶属于广西壮族自治区田林县利周瑶族乡爱善村。

田林县位于广西西北部，北与贵州省册亨县隔南盘江相望，西与隆林各族自治县和西林县毗邻，南与云南省富宁县接壤，东北与乐业县为界，东与凌云县和百色市右江区相连。县城乐里镇距广西壮族自治区首府所在地南宁340公里，距百色市所在地70公里。南昆铁路经过县境内乐里镇的新建、新昌、田平、乐里、百花寨、新宁、风洞、渭额村，潞城乡的旺吉、潞城、营盘村，板桃乡的马逻、东力村，旧州乡的广龙、平林、旧州村，共89公里。

作为广西面积最大的县，田林东西横距80公里，南北纵距70公里，总面积5,577平方公里。据1993年统计，其中耕地面积20,642公顷，占全县面积的3.7%；林地面积364,588.5公顷，占65.37%；牧地面积36,451公顷，占6.54%；荒山荒地115,915.5公顷，占20.78%；水面面积13,020公顷，占2.34%；村庄道路占7,083公顷，占1.27%。[①] 县境内居住着壮、汉、瑶、苗、彝、仫佬、侗、回、满、布依等民族。据1993年统计，全县有42,905户，217,018人。其中壮族人口135,453人，占全县人口的

---

① 李懋春主编：《可爱的田林》，3～4页，南宁：广西人民出版社，1995。

62.41%；汉族人口57,376人，占26.44%；瑶族人口23,535人，占10.84%；苗族人口433人，占0.20%；彝族人口166人，占0.08%；其他民族人口55人，占0.03%。①

因正处于广西丘陵至云贵高原的过渡地带，所以田林是“地无一里平”的山区。全县的山脉属都阳山系。青龙山脉位于县境与乐业、凌云县交界边缘，东北、东南走向，分别向东南和西北方向伸展。境内的西支系，横亘浪平、平山、利周、乐里和潞城北部，龙车乡和百乐乡西南，板桃乡东北，至旧州镇东部。金钟山脉从隆林县东南面贯入县境西北部，向东南方向伸延，跨平塘至旧州西南部，并经定安、者苗、福达至板桃西南部、潞城西南部、八渡东部、弄瓦东半部、八桂乡、乐里镇西南部、能良、洞弄等乡（镇）境。六韶山脉从西林县东南及云南省东部入境，位于高龙、那比、八渡和弄瓦西半部。各山脉蜿蜒曲折，峰峦起伏，形成全县崇山峻岭、山地连绵的地形地貌。其中土山占95.3%，石山占4.7%。土山切割强烈，河谷深切，山峰尖峭，山脊狭窄；石山地带，峰林、山洞和地下河发育很好。全境地势，东北、西北、西南和中部较高，并向东南及北部倾斜。

田林县河流分属右江和南盘江两大水系。右江水系主要有驮娘江、乐里河（又名甲江或潞城河）、八桂河（又名者仙河）。驮娘江发源于云南省大冲脑包山北麓，先自西向东流入西林县，再从西林县的平那村弄南屯流入县境地，经定安、八渡的部分地域，而后在福达村折向南流，由那比、八桂乡的边界出周马村，进云南富宁县。境内流程155公里，年平均流量135.7立方米/秒，天然落差556米，流域面积1,158平方公里，主要支流有西洋江、那门河、八中河、那囊河、弄瓦河等。乐里河发源于板桃乡米花岭南麓，自西北向东南流经潞城、乐里后，入百色县境，在供屯附近注入剥隘河，到百色市即为右江。田林境内河长83.5公里，年平均流量

① 李懋春主编：《可爱的田林》，3～4页，南宁：广西人民出版社，1995。

3～6.24立方米/秒，天然落差281米，流域面积375.3平方公里，主要支流有利周河和启文河。八桂河有两支源头，一支是发源于潞城乡平板村岩消山东南麓的八修河，另一支是发源于岩消山南麓的六丹河。此二河在八桂乡八母屯汇合后往南流，经八江、小榄、百怀、列屯等村进百色市境，注入剥隘河。田林境内河长59.1公里，年平均流量3.75～4立方米/秒，天然落差241米，流域面积645.6平方公里，主要支流有平六河、供央河和洞弄河。南盘江水系主要有板坚河、旧州河和百乐河。板坚河发源于旧州梅花山东南麓的老鹰洞，流经板仰、那度、板坚村后，注入南盘江，河长31.5公里，流域面积114.8平方公里，年平均流量0.75～3立方米/秒，天然落差252米。旧州河发源于板桃乡米花岭西北麓，往西北流经平满、旧州村，到八渡口注入南盘江，全长28.8公里，流域面积101.3平方公里，年平均流量0.5～1.0立方米/秒，天然落差189米。百乐河发源于浪平乡李闹老山北麓，由南向北流经小坳、香维、板干、百乐村后，于百乐圩东面注入南盘江，全长63公里，流域面积666.7平方公里，年平均流量2～7.16立方米/秒，天然落差714米。田林两大水系中，右江水系流域面积3,894平方公里，占全县总面积的69.7%；南盘江水系流域面积882.8平方公里，占全县总面积的15.83%。

由于所处纬度较低，田林全县属亚热带季风气候，全年太阳辐射较强，平均强度为110,085.1卡/平方厘米，年平均温度16℃～21℃，平均降雨量1,204毫米，降雨天数128天，气候温暖，热量丰富，雨量适中。大部分地区夏长冬短，无霜期长（246天），雨热同季。但随着海拔高度的不同，地势的变化、地貌的差异，气候的地域性和季节性差异也较大。因地势高低、热量和雨量的地区性差异，全境大致可划分为三个小气候区：

高寒山区：包括浪平、平山、平塘、那比、高龙、旧州等乡大部分以及海拔900米以上的高山地带，春暖迟，秋冷早，年平均气温14℃～17℃，日平均气温稳定在10℃以上的可持续220～270

天，无霜期为280天左右，年平均降雨量1,300～1,600毫米。

温凉中山区：散布于县境海拔600～900米的中山地带，年平均气温17℃～19℃，日平均气温稳定在10℃以上的可持续270～300天，无霜期平均约310天，年平均降雨量1,200～1,300毫米。

温暖低山区：包括驮娘江、西洋江、乐里河、八桂河、南盘江、板坚河、旧州河、八中河等沿岸海拔600米以下的河谷低山地带，年平均气温19℃～20℃，日平均气温稳定在10℃以上的可持续300～330天，无霜期331天，年平均降雨量1,000～1,200毫米，冬干，春旱，夏涝。

利周瑶族乡位于田林县东部，东邻凌云县，南接百色市，西连乐里镇，北靠浪平乡。乡政府所在地利周圩距离县城22公里。全乡面积262平方公里，属中低土地区，地势自北向南倾斜，气候温暖潮湿。属右江水系乐里河支流的利周河（古称阪丽河），发源于乡辖区北部的尾火老山，自北而南经凡昌、那平、那福、坛达、坛亮、和平，至河口汇入乐里河，纵贯乡境。河谷阶地土壤肥沃，田畴连片，全乡耕地1,379.53公顷。主种水稻，其次是玉米、旱稻。因所产大米品质优良，素有“利周好白米”之称。这里森林茂密，覆盖率高。经济林主要有油桐、油茶、八角、松杉等，历来是油桐、八角的重要产地。作为一个民族乡，利周是一个多民族聚居的地区，乡境内居住着壮、汉、瑶、布依四个民族。据1990年的统计，利周共有人口15,576人。其中壮族9,426人，占总人口的60.516％；瑶族4,454人，占28.595％；汉族1,694人，占10.876％；布依族2人，占0.013％。

爱善村是利周乡所辖9个村之一。它位于利周乡的西部，东邻福祥村，南连百达村，西接乐里镇，北靠老山村，下辖六爱、那善、囊混、囊许、尾寿、平凉、当后、可立、那柴、禄恩10个自然屯，“爱善”之名即取“六爱”和“那善”之末字而得。村公所设在那善屯，距乡政府所在地约3公里。全村总面积2,293亩，北部崇山峻岭，南部有较宽阔的河谷阶地，平均海拔490米。全村共有耕地 2,930 亩，其中水田 1,280 亩。粮食作物主要为稻谷和玉米，经济作物主要为甘蔗、八角、油桐等。与整个利周乡一样，爱善也是多民族“小聚居，大杂居”的地方，据 1995 年统计，全村 305 户，1,623 人。其中壮族 1,018 人，汉族 87 人，瑶族 518 人。爱善所属之处历史非常悠久。利周河边坛昔村出土的有肩石斧、砺石、尖状器、砍砸器等石器①表明，至迟在新石器时代，已有人类栖息、繁衍于此。②

春秋战国时期，在今广西西部和云贵高原前沿崛起了一个句町国。据对西汉句町县范围的推考，其疆域范围大致包括今云南的广南、富宁县及广西的西林、隆林、田林、百色县和那坡、德保县的部分地区。此前句町国的范围可能较大。③ 利周应属于句町国的范围。秦灭蜀而通五尺道时，“南中，在昔盖夷越之地，滇濮、句町、夜郎、叶输、桐师、崔唐，侯国以十数”④ 概为秦“置吏主之”⑤，句町作为南中一侯国，受秦的直接管辖。“及至秦王，……南取百越之地，以为桂林、象郡”⑥。据考证，象郡的范围北起今湖南省靖县，西起贵州省贵定—册享—云南省富宁一线以东，包括今湘西南、黔南、黔东南，广西河池地区西北、百色和南宁地区大部、玉林地区南部、钦州地区以及越南北部高平、谅山、广宁等省的全部或一部分地方。⑦ 利周在象郡的范围之内。

---

① 广西壮族自治区文物工作队：《广西百色地区新石器时代文化遗存》，载《考古》，1986（7）；陆群和等：《田林县综合考察报告》，见《红水河开发与民族问题参考资料》，1993。

② 距利周不远的乐里镇百花寨、万鸡山、定安镇平些屯已发现了旧石器，说明旧石器时代利周附近已有古人类活动。

③ 覃圣敏：《句町古史钩沉》，载《广西民族研究》，1988（3）。

④ 〔晋〕常璩：《华阳国志·南中志》。

⑤ 〔晋〕常璩：《华阳国志·南中志》。

⑥ 〔西汉〕司马迁：《史记》卷 6《秦始皇本纪》。

⑦ 谭其骧主编：《中国历史地图集》，7～8 页，北京：地图出版社，1982。

秦亡后，秦曾置吏管辖的诸国“遂不宾”①，句町也在其列。直至元鼎五年（前112年）汉武帝平定南越后，乘胜“平西南为牂牁郡”。② 牂牁郡属益州，据《汉书·地理志》的记载，汉代牂牁郡领故且兰、镡封、鳖漏卧、平夷、同并、谈指、宛温、毋敛、夜郎、毋单、漏江、西随、都梦、谈槀、进桑、句町等十七县。利周乃为益州牂牁郡句町县地。

此后直至南朝的梁王朝，利周均属句町县，但句町县所属却有不同。汉帝国崩溃，魏、蜀、吴三国鼎立，句町为蜀国地。“蜀建兴三年，分建宁、牂牁置兴古郡”③。句町属新设置的兴古郡。蜀汉既灭，司马氏篡魏灭吴，三国归晋。西晋初年，全国设十九州，后增至二十一州，州之下仍设郡县。据《晋书·地理志》载，晋武帝泰始二年（266年），分益州地置梁州，七年（271年），又分益州地置宁州，兴古郡归属宁州。西晋晋怀帝永嘉五年（311年），宁州刺史王逊又将兴古郡分为兴古、西平二郡，句町县仍属兴古郡。此制历南朝的宋、齐王朝，直至梁王朝。

553年，西魏将尉迟回攻取成都，南下经营宁州之地。因北魏时曾置宁州于彭元郡，为北宁州，西魏袭之，故改西南之宁州为南宁州。以爨氏家族中人为南宁州刺史。④ 梁睿给北周大丞相杨坚的上书云：“南宁州，汉世牂牁之地，近化以来，分置兴古、云南、建宁、朱提四郡……”由此可知兴古郡在南宁州辖下。

589年，隋统一中国后，爨氏主动归降，隋文帝授爨震为昆州刺史，并设南宁州总管府，派韦冲为南宁州总管。此时利周约为南宁州总管府昆州属地。

开皇十七年（597年）后，昆州刺史爨翫一叛再叛，隋文帝先

---

① 〔晋〕常璩：《华阳国志·南中志》。

② 〔汉〕班固：《汉书·西南夷列传》。

③ 〔晋〕常璩：《华阳国志·南中志》。

④ 正德《云南卷》卷二十一曰：“云，建宁郡人，仁魏，累官骠骑大将军开府仪同三司南宁州刺史，封同乐郡侯。有碑在陆良州南三十里。”

是派史万岁为行军总管，率众击之，后又派大将军刘哙之和杨武通将兵讨伐，将爨翫及其诸子俘解到长安，随之“弃其地”，不再在南宁州设治。于是西南各部族势力膨胀，自立疆场，各自为政。利周不知所属。

唐王朝建立后，施行道、州、县三级区域制。贞观元年（627年），将全国依山川形便分为十道，其中岭南道下分广州、桂州、容州、邕州、安南五管，各置总管府。懿宗（860—874年）年间，又分岭南道为岭南东道和岭南西道。岭南西道治所设在邕州（今南宁），其地域包括今广西、海南岛和雷州半岛。岭南西道下设桂、容、邕三管经略史。邕管的治所在今南宁，辖地除今南宁市、崇左市、柳州市和河池市外，还有梧州市和玉林市的部分。邕管之下分邕州、贵州、党州、横州、田州、严州、山州、峦州、罗州、潘州，其中田州“开元中开蛮洞置，贞元二十一年废，后复置。户四千一百六十八。县五。都救、惠佳、武龙、横山、如赖”[①]。利周即为如赖县地。

五代十国时期，利周先属楚国领土，后楚为南汉所灭，利周乃为南汉之地。

宋继隋唐统一全国之初，建制与唐朝相同。及乾德（963—968年）后，因于诸道设转运使，专掌地方财赋，而其转输财赋辖有一定的陆路、水路，故以其所辖之地称为一路，于是改道为路。路下设府、州、军、监、县。皇祐五年（1053年），宋王朝置利州属广西西路邕州横山寨。此后，利州之设直延至明初，但因各朝政制不同，其所属也有所变化。元朝以中书省总理全国行政事务，在地方则设行中书省，代行中书省职权，行中书省下设路、州、县，利州隶属湖广行中书省广西两江道来安路。明初袭元朝建制，分全国为十个行省。洪武九年（1376年），为了加强中央集权，防止地方割据，遂废除行中书省，改设都、布，按“三司”，以承宣布政使司掌地方行

① 〔宋〕欧阳修等编纂：《新唐书》卷四三三上。

政，司之下设府（州）、县，利州直隶广西布政使司。按明顾祖禹《读史方舆纪要》卷一百十一的记载："利州东至泗城州界八十里，南至田州府界二百五十里，西至安隆长官司界百五十里，北至贵州永宁州界六百里。"利州的地望包括今利周乡和乐里镇。

经历宋、元、明三代的利州，与泗城州相毗邻。因两者都是羁縻州，各自为政的土官，为了扩充地盘，谋求更大权利，长期以来互相攻掠、仇杀。自明以来，愈演愈烈。"洪武十三年（1380年）二月丙子，广西泗城知州岑善忠之子振作乱，寇利州，广西都司发兵讨平之"[①]。"宣德七年（1432年），总兵柳溥以泗城与利州争地，议将古那易利州之利甲莊，不果"[②]。正统二年（1437年），泗城州土官知州岑豹率部攻夺利州知州岑颜地方二十五甲，并囚其母覃氏，掠其妻子财物。岑颜屡上诉朝廷，朝廷为息事宁人亦屡遣官员抚谕，然岑豹负固不服，以增兵据守。[③] 正统六年（1441年），总兵柳溥奏请发附近官军送岑颜回故土，以利州、利甲等庄易泗城、古那等甲，开设利州衙门。[④] 但第二年，"豹复与颜相仇杀，帝敕总兵官吴亮宣布恩威，令各罢兵，而豹终杀颜及其子得，夺州印去，遂以流官判州事"[⑤]。及至"嘉靖二年（1523年），泗城土酋岑接[⑥]为田州岑猛所攻杀，督府始遣官按问州印，岑颜宗技无可据

① 〔明〕董伦等纂修：《明太祖实录》卷一三〇。

② 〔明〕顾祖禹：《读史方舆纪要》卷一一〇。

③ 〔明〕柯潜纂修：《明英宗实录》卷二六、卷七〇。

④ 〔清〕徐元文等纂修：《明史》卷三一九。

⑤ 〔清〕徐元文等纂修：《明史》卷三一九。

⑥ 按《明史·广西土司三》所载，岑接乃岑豹之庶侄孙。岑豹夺利州印后，于成化元年（1465年）聚兵四万攻劫上林长官司，杀土官岑志威，踞有其地。不久，岑豹死，其子岑应袭职。弘治三年（1490年），岑应复据上林长官居中及贵州镇宁等处一十八城，并与恩城土官岑钦勾结，攻夺田州驱逐知府岑溥。其后岑应又与岑钦相仇杀，岑应为岑钦所杀，其堂弟岑接袭位。嘉靖二年（1523年），田州岑猛借口岑接非岑氏后，据其祖业，欲得所侵地，率兵攻泗城。

者，印贮宾州库中，而以地方兵民归并泗城州[1]”。至此，利州的建制退出了历史舞台。

清王朝建立后，继续推行明中叶以来即推行的“改土归流”政策，逐渐取消羁縻州的设置，剪除土官势力，改派流官，按省、府（直隶厅）、州（直隶州）、县、亭的区域制规范地方政权的设置，但进展并非一帆风顺，直至康熙年间（1662—1722年），由于经济、社会条件已经成熟，“改土归流”在右江流域方得以顺利展开。雍正五年（1727年），泗城土司改流，设泗城府（治今凌云县）。乾隆初，置凌云县。利周便属泗城府凌云县利周亭。

中华民国建立之初，继承清王朝之行省区域制。民国元年（1912年），将直隶州、厅改为府。原泗城府所辖之西隆州改为西隆县。民国二年（1913年），撤销府制，由省直接统辖各县，泗城府被撤。民国六年（1917年），旧桂系军阀将广西95个县划归桂林道、苍梧道、柳江道、南宁道、田南道、镇南道六道，凌云县及西林县、西隆县属田南道。民国十六年（1927年），六道撤销，全省划分为若干区，直至民国结束。民国二十四年（1935年），当时的广西省政府从西林县划出潞城、八桂、供央三个乡及者苗乡的央边村，从西隆县划出旧州、南角两个乡，从凌云县划出乐里、浪平、百平三个乡，设置田西县（县城在潞城圩，因地处旧田州以西，故名之田西），隶属百色区。田西县是今田林县的前身，但此时，利周不属田西，而属凌云县。

1949年中华人民共和国成立后，基本上沿用了省、县、乡、村的区域制度。1950年1月15日，田西县人民政府成立。1951年1月，广西省人民政府决定将凌云县利周乡划入田西。8月，田林县裁撤，将定安、八渡、者苗、高郭四乡并入田西，从田西、西林两县名中各取一字，改称田林县，隶属广西省百色地区。当时，田林县下设潞城、乐里、旧州、浪平、八桂、八渡、定安、那比、百

---

① 〔明〕顾祖禹：《读史舆纪要》卷一一一。

乐、央边（今板桃）10 个区 98 个乡。利周属乐里区。1958 年 9 月，上述 10 个区改为公社。利周属乐里公社。1961 年置得周公社，次年又取消，直至 1981 年 2 月复置。1984 年，公社改为乡（镇），并按民族政策成立民族乡，利周便成为田林 6 个瑶族乡之一。

二、那善屯所处区域特点

按自然地理的区域划分，那善屯在岭南地区西部右江流域的西北缘上，处于云贵高原向两广丘陵过渡地带上的右江流域，西北部属云贵高原余脉，其地貌构造主要是山地。从西北向东南穿行的右江，将此山地分为南北两部分。南部山区包括德保、靖西、那坡三县及百色、田阳、田东、平果之一部；北部山区包括隆林、西林、田林、凌云、乐业五县及百色、田阳、田东和平果之一部。那善屯属于北部山区。

从文化地理学（Geoculturalism）的观点看，那善屯所处区域属于“越文化区”。因为“自交趾至会稽七八千里，百粤杂处，各有种姓”[①]。古代中国东南沿海和岭南地区是越人诞生的摇篮，是最早的百越居住区。在这个区域内，存在着许多共同的文化特征，如以双肩石斧和有段石锛为代表的新石器文化，以印纹为特点的陶器制作、铸造和使用铜鼓、“便于舟”、乘象与役象、居干栏、农耕和植稻，擅纺织、文身、凿齿、产翁之俗及共同的语言越语等。右江上游北部山区中处于百越分布区的边缘，但百越文化的特点却显而易见。将发现于隆林县老磨槽洞的晚期智人化石[②]与当时中国内地已分化出的以山顶洞人体质特征为代表的华北类型、和以柳江人体质特征为代表的华南类型古人类相比较，其下颌为突颌型，颏形

① 〔东汉〕班固：《汉书·臣瓒注》。

② 张兴永等：《广西隆林人类下颌骨化石的研究》，载《广西文物》，1988（1）。

接近圆形，下颌联合高等都是传统华南地区人类较多见的特征，显然属于华南类型，特别是其下颌联合高接近甑皮岩人，可能代表着华南灯型古人类的特征之一。它很可能是承柳江人之前、启甑皮岩人之后的一支生活在桂西北的更新世晚期人类，[①] 而柳江人、甑皮岩人是广西瓯越人的祖先，亦即壮侗语诸族的远祖。隆林德峨乡老磨槽洞[②]、岩洞坡、委乐乡岩晚丁桑屯、田林乐里、八渡那囊、利周百达村坛昔屯[③]发现的有肩石斧、有段石锛及印纺陶等典型的越文化遗物也表明，壮侗语诸民族的祖先越人是这块古老土地的土著民族。正因如此，此区域的地名，不论是自然地理实体地名，还是政区、自然村（屯）及其他地名，多为壮语地名或具有壮语命名的特色。地名中常冠以“渭”（或写作“尾”、“委”，壮语本意为“山溪”）、那（壮语意为“田”）、“八”（或写作“百”，壮语本意指“口”，有“旁边”、“附近”之意）、“弄山”（或“峒”，壮语意指“山间小平地”）、“平”（壮语意指“平地”）、“囊”（壮语意指“山”）、“板”（或“班”，壮语意指“村”）等字。我们调查点的地名即是颇为典型的壮语地名。利周原名叫“板丽庄”，“板”是村子的意思，“丽”与“利”同音，壮语指畲地，宋皇祐年间在此设羁縻州，因附近多畲地，故名“利州”，清康熙时方将“州”改为“周”。那善，壮语是“一千亩田”的意思，“那”为“田”，“善”是数词“千”，因该村有一口泉，据说可灌溉千亩田，故得那善之名。

长期生息于此的越人大约在春秋战国时期建立了句町国。《华阳国志·南中志》云：“句町县，故句町王国名也。其置自汉，王

---

① 李富强等：《壮族体质人类学研究》，44～47页，南宁：广西人民出版社，1993。

② 彭书彬等：《桂西北屋脊上的新石器时代遗址》，载《广西文物》，1985（1）。

③ 广西壮族自治区文物工作队：《广西百色地区新石器时代文化遗存》，载《考古》，1986（7）；彭书彬等：《试论广西的双肩石器》，见《广西博物馆建馆60周年论文选集》，南宁：广西民族出版社，1993。

姓毋，汉时受封至今。”国名“句町”及其王姓“毋”即反映了越人鲜明的语言特色，因为越人命名常冠以“句”（通“姑”、“诸”、“鸠”等）和“无”（通“于”、“乌”、“毋”、“芜”、“夫”、“亡”等）。以地名言，《史记·吴太伯世家》：“太伯之奔荆蛮，自号句吴。”《国语·越语上》：“勾践之地，南至句无。”《左传·哀公二年》：“叔孙州仇，仲孙何忌及邾子盟于句绎。”东汉服虔云：“吴蛮夷，言多发声，数语共成一言。”[①] 颜师古注《汉书·地理志》曰：“句，音钩。夷俗语之发声也，亦犹越为于越也。”此类古越语地名在古文献中尚见有“句章”、“句容”（《汉书·地理志》）、“句甬东”（即“甬句东”，《左传·哀公二十二年》、《吴越春秋·夫差内传第五》）、“句注山”（《吕氏春秋·有始览》）、“句余之山”（《山海经·南山南次二经》）、“夫椒”（《左传·哀公元年》）、“无锡”（《汉书·地理志》）、“芜湖”（《汉书·地理志》）等。如今江苏有句容县，句容县有句容山、句曲山；浙江有句江县、乌凤山、乌带山、乌戎山、乌胆山、乌午山、乌蜀山、乌巨山；广西北流有句漏山、陆川有乌石；等等。以人名而言，《史记·楚世家》：“熊渠曰：我，蛮夷也，不与中国之号谥。乃立其长子康为句亶王。”《史记·越王勾践世家》：“（越王）无疆立……越兴师北伐齐，西伐楚，与中国争强。”《索隐》于无疆下云“盖无颛之弟也”。《史记·东越列传》：“闽越王无诸……越王勾践之后也。”此类古越语人名尚有“无任”、“无日四幸”、“无余”、“余善”、“余祭”、“余昧”、“夫差”、“夫木既”等。句町国以“句”字冠其国名，王又姓“毋”，可见其遵循越人的命名习惯。

句町文化的诸多特点，如善于习水操舟，鸟图腾字舟，崇信巫、鬼，使用铜鼓、铜棺葬具等，也体现了其越文化的属性。

然而，当我们考察该区域的全部历史过程，并以动态的眼光审视该区域与其他区域的关系时，我们觉得，将该区域的特点简单地

① 佚名：《世本·居篇》。

归之于“越文化区”，如果不是浅薄无知的话，至少也是一种疏忽，流于片面。该区域既处于西南—华南的通道上，又可出右江盆地、广西丘陵，经湖南而与中原交流，还可通过右江南部山区、左江流域和云南或由水路经钦州而与东南亚往来，因而该区域便具有另一个特点：多重文化在此交汇和碰撞。在这个区域内，我们不仅可以看到越文化的发育和成长，而且可以看到中原文化、西南文化与本土的越文化在这里交汇。这种交汇至迟在战国时期即已发生。如果说田东县祥周锅盖岭战国墓出土的铜鼓、扁身剑等滇文化系统的遗物和铜矛、铜弋等中原文化系统的遗物①，只能说明滇文化和中原文化已传至右江上游北部山区的话，普驮汉墓出土的那些在中原文化和滇文化影响下由句町自己制造的遗物②则可以说明，此区域的越文化已对外来文化进行了消化和吸收。伴随着中原和西南生产、生活器具和技术的传播，中原的儒学思想、道家学说和“北方化”的佛教以及西南各族原始宗教信仰和“西南化”的佛教接踵而至，并与本土越人的原始崇拜相结合，形成巫、佛、道、儒相糅合的奇特信仰。此外，东南亚文化对那善所处区域的影响也不应忽视。印度佛教由越南传入广西，大约于宋元时扩散至右江上游，与“北方化”和“西南化”的佛教汇合于此，影响深远；19 世纪晚期，西方殖民主义者统治了越南等东南亚国家后，为了向北扩张，积极派传教士到我国西南地区和西林、田林一带传播天主教，也对此区域的文化产生了一定的影响。正因如此，此区域曾发生过在中国历史上闻名遐迩的“西林教案”和“乐里教案”。

多种文化在右江上游北部山区与当地越文化交汇、碰撞的结果之一，是丰富和发展了当地的越文化，使之在消化、吸收各种外来

① 广西壮族自治区文物工作队：《广西田东发现战国墓葬》，载《考古》，1979(6)。

② 广西壮族自治区文物工作队：《广西西林县普驮铜鼓墓葬》，载《文物》，1978(9)。

文化的基础上，分化发展成为具有地方特色的壮侗语族诸族文化。以壮族为例，多种文化的交流与融合，使之具有与其他地区壮族不同的经济类型、方言类型（北部壮语方言，当地自称“瑞”语）、戏剧类型（北路壮剧）和岑大将军崇拜等民间仪式类型。

多种文化在右江上游北部山区与当地越文化交汇、碰撞的结果之二，是使该区域形成多民族聚居的格局。由于该区域土地肥沃，人口稀少，因此，随着文化交流的发生和发展，民族迁徙也就相继而来。迁徙进来的民族有的被当地越人及其后裔同化，有的则由于迁徙进来的规模较大或迁徙进来的时间较短等原因，而保持了自身的特性。这就使该区域成为多民族居住的地区。目前，右江上游北部山区的民族，除有壮侗语诸族外，尚有汉、苗、瑶、彝、仡佬等族。

汉族是秦统一中国后进入右江上游北部山区的第一个外来民族。其进入该地区的方向有两个：一是东南方向，即先由湖南经灵渠进入岭南地区，沿西江而上到达右江流域，继而沿右江上溯；一是西南方向，即经四川、贵州、云南而至驮娘江流域和红水河流域。虽然汉人由东南方向进入右江流域的历史较早，但由于右江流域长期处于“随故俗治”的土司制度统治下，民族风俗与汉族多有不同，直至明清“改土归流”前，进来的汉人还不多。右江上游北部山区路途更加遥远，交通更加不便，进来的汉人也就更少了。“改土归流”后，尤其是民国时期以后，随着商品交换范围的不断扩大，湖广和桂东南的汉人陆续进入右江流域从事商业或其他经济开发，进入上游北部山区的汉人才相应多了起来。这些人进来后，比较集中地分布在商品经济比较发达的乐里镇、潞城镇、八达镇、新州镇、泗城镇、同乐镇及这些镇（圩）的附近，形成“白话”、“客家话”和“平话”区域。而西南方向的汉族人，由于占据有毗邻驮娘江流域的地利，宋代以后，便陆续迁徙到驮娘江流域，特别集中分布在与驮娘江流域相连的红水河流域。这些汉人操的是“西南官话”。由于迁来的人口较多，而原有的少量水田和平地已为壮族占据，所以他们多居住于崇山峻岭之中，以耕种旱地为主，因而又有“高山汉族”的称号。

右江上游北部山区的苗族主要聚居于隆林、西林县境内。他们是清朝初年起陆续从黔西南的安顺、兴义地区迁来的，这个迁移过程相当长，直到 20 世纪 50 年代尚有少量苗民迁来。

瑶族聚居于西林、田林和凌云，有盘古瑶、木柄瑶、蓝靛瑶、背篓瑶 4 个支系。他们是几百年前才由湖南、贵州等地迁来的。

彝族聚居于隆林县，是隋唐以后陆续从云南迁来的。有些是明洪武年间（1368—1398 年）明王朝派兵进剿西南彝族时，为逃难而迁居至隆林的。

仡佬族杂居于隆林县，是从清代开始陆续从贵州迁来的。

这些民族与原住的壮侗语诸民族一起，为开发右江上游北部山区做出了自己的贡献，他们的文化与土著文化相互交映，使这个区域的文化更加绚丽多彩。

第二章　那善屯的建立：姓氏与聚落形态

那善屯（图 1-2-1）依山傍水，坐北朝南，北有信娄山，东有定混山，西边自北向南有由龙宝山、百罗山、威冷埂山（壮语意为“猴子山”）、巴度山、威岸山和冷刹山组成的连绵山脉，南面近处有一个叫宝峰山的小丘孤立于大片田畴之中。此大片水田与屯南边百达村的水田相连，随东西两侧山脉走向的变化，形成一个西北—东南走向的大田峒，直至利周圩，与利周河谷连成一片。发源于平凉屯的达有河和发源于老山的达叉河分别经六爱和当后，于那善屯前的田畴间交汇后，沿西侧山脉流经百达而汇于利周河。沿那善—百达田峒之东侧山脉，有一条 1975 年开通的机耕路自那善至利周圩。此机耕路开通之前，村民到县城多抄小路经立屯前往；开通之后，人们到县城多走此路先到利周圩，然后乘汽车至乐里。除非有重物，需用传统的马驮的运输方法。

那善是一个与瑶、汉民族杂处的壮族村落。同属爱善村的平凉（在那善北约 5 千米）、尾寿（在那善北约 3 千米）、囊许（在那善西北约 2 千米）、囊混（在那善北约 2 千米）、那柴（在那善西南约 1.3 千米）、可立（在那善东北约 3 千米）是瑶族屯，当后（在那善东北约 3 千米）为汉族屯。因而，那善人以其母语——壮语作为日常交流的主要语言，同时，大多可操汉语和瑶语。他们把自己的母语称为“瑞”语，自称“布瑞”（布越），分别将瑶人、汉人称为“布瑶”和“布那”（意为“种田人”）。而当地瑶人称他们为“布依”，当地汉人称他们为“布当”。按壮语的方言分类，那善壮语属壮语的北部方言。

图 1-2-1　那善屯外景

那善聚居有 14 个姓氏。1997 年，罗姓 87 户，黄姓 32 户，王姓 8 户，廖姓 6 户，苏姓 4 户，韦姓 3 户，刘姓 2 户，李姓 2 户，唐姓 2 户，蒙姓 2 户，郭姓 2 户，洪姓 2 户，班姓 1 户，冯姓 1 户。各姓来到那善定居的历史长短不一。

通过对那善各姓源流的追溯和梳理，可以看到那善屯的创建大约是在乾隆年间，较早的开拓者是罗姓、王姓和黄姓。其余各姓都是较晚才迁居于此或因入赘而形成的。由于这里入赘婚较普遍，入赘者的后裔既可随母姓，亦可随父姓，因此那善的姓氏愈来愈多。

尽管现在政府将那善屯分为 4 个村民小组（相当于改革开放以前的生产队）进行管理，但姓氏仍是那善人最主要的自我识别方法。在日常生活中，婚、丧、祭祖及“贝楼”（帮工）等活动都不是以村民小组而是以姓氏进行的，甚至在村一级领导的安排上，人们首先想到的或最为关注的也是本姓有多少人进入班子，是否担任重要职务。当然，同一姓氏内还有圈子，如罗姓还要看是“大罗”还是“小罗”。这是宗族认同的表现。

那善宗族认同的另一表现是14个姓氏几乎都有族谱和字辈，特别是罗、王、黄、廖四大姓，比较完整。诚然，壮族修订家谱族牒是受汉文化影响的结果。明清时期封建王朝从政治上、文化上加强了对广西壮族地区的控制，汉文化在桂西的传播更为广泛而深入。面对如潮而来的一直处于绝对优势地位的博大精深的汉文化，壮族人民既存在“向慕”的心理，又因统治阶级在推行汉文化的同时，采取以汉文化为评判标准的不平等政策，使壮族人民的自尊心和民族意识受到极大的伤害和扭曲。一些壮人为了摆脱卑微的地位，免受压迫歧视，把自己等同于汉人。于是仿汉人修订家谱族牒，并牵强攀附，把自己的祖先列入汉族之宗。那善“大罗”说自己的祖先从江西怀远迁来，黄姓的黄Ⅰ支说自己的始祖从“江夏”（今湖北省一带）迁来，王姓说自己的祖宗从浙江余姚迁来，都在一定程度上反映了这种心理。但由于那善的历史不长，各姓族谱都没有着力于中古、上古时代的追溯，没有攀附于某一汉族名人，只是简单记述其祖先从何处到那善，排列了到那善后各代子孙的名字，且多有墓碑为证，因而基本上是可信的。族谱不仅是对宗族历史的总结，而且是宗族凝聚力的标志。它明确规定了族人之间的关系，以避免宗族内部的混乱和冲突。通过族谱规定的字辈，严格界定了不同辈分之间的关系，并且使这一界定贯穿到个人的名字，使族人见其名而知其在宗族中的位置和关系，从而根据其角色和地位，对其做出相应的期待。

那善的宗族认同还表现在聚落形态上。“大罗”、“小罗”、王姓、黄姓都曾有各自的墓地，外姓不得侵入。墓地中都有一个始祖墓。近些年来，始祖墓经过修整，都很气派。特别是“大罗”和“小罗”的始祖墓，都立了碑，碑上按排辈刻有各代子孙的名字。每年清明时节，族中乡亲都要到始祖墓祭拜。每隔几年，还要联宗祭祖，即集中所有子孙，包括迁出了那善的宗支（如“大罗”一支迁到了利周、立屯的华纹公、赞纹公的子孙）共同集资购买祭品，集中在始祖坟前祭拜，而后全部族人在坟前聚餐。1997 年农历七月二十六日，“小罗”族人就曾联宗祭拜始祖布林公。在外工作者，每人捐资 100 元，屯中每人捐 10 元，为布林公修坟立碑，购来一头猪和一头牛宰杀，隆重祭拜。然后全族男女老少在坟前聚餐。整个活动由在县政府机关工作的青年干部小罗发起并主持。因为他有文化，近些年潜心梳理宗族历史，弄清了宗族的世系。在活动过程中，男人主要负责仪式方面的事宜，妇女则做一些后勤工作，如剪纸钱、纸花、做饭、做菜等。聚餐时，年长和辈分高者自然与年幼或辈分低的分开就座。

在居宅分布方面，“大罗”、“小罗”、王、黄、廖等历史较长的大姓，曾有相对集中的聚落：“大罗”集中于屯之西部；“小罗”集中于东部；王姓集中于南部，近那善泉处；黄姓集中于西北部；廖姓集中于东北部。尽管现在似乎难以清晰地看到此种布局，但我们宁愿视之为随着社会的发展而使宗族意识减弱的结果或反映。因为上述各姓专用墓地也只是遗迹，那善现代墓地是各姓共同的。而且，那善现在的村落布局虽然是各姓杂处，但屯之西部多“大罗”，东部多“小罗”，南部多王姓，西北部多黄姓，东北部多廖姓，仍依稀可见上述布局的影子。因此，在那善的聚落形态中也反映了宗族的界线。

那善的壮族宗族与华南及江南某些地区的汉族那种庞大、复杂、联合式的宗族不同。南方汉族宗族多有较大的族户，宗族成员散布数村，它不仅沟通向上浮动的渠道，而且保护同族弱者，具有强烈的共同意识。而那善壮族宗族除“大罗”、“小罗”在新中国成立前各有一至二亩族田外，几乎没有什么族户，举行公共活动的费用多是各家各户临时拼凑，因而那善之外的宗族关系只能维持三至四代。而这种关系除了派几个人到主支宗去或召分支宗来联宗祭祖及续入同一族谱外，再无其他牵连。

那善内不同宗族的关系比较复杂。前面已经说到，那善姓氏中，除几个是开创者外，其余的都是入赘而来或后面迁来的。入赘者，一旦确定子女随父姓，则意味着一个新的宗族的产生。但这个新的宗族还必须依附女方所属宗族一段时间，在这段时间里，入赘者及其后裔要像女方宗族成员那样行事，要参加女方宗族的祭祖活动等。依附时间的长短，与女方所在宗族的势力、男方父母所在宗族的势力，以及入赘后人丁繁衍的情况密切相关。一般说来，女方父母死后，入赘者即可摆出自己祖先的牌位与女方祖先牌位一起供奉，并率子孙回自己父母家为祖先扫墓或参与联宗祭祖。入赘者死后，除非女方旁系亲属很有势力，否则其子女不再参与女方宗族的祭祖等活动，因为入赘者成了该姓在本屯的始祖，有了新的中心。①

在后来迁居那善的“新罗”、黄Ⅲ、黄Ⅳ、黄Ⅴ、黄Ⅵ和班姓各支中，因那善原来的黄氏宗族势力不强，那善原本无班姓，所以黄Ⅲ、黄Ⅳ、黄Ⅴ、黄Ⅵ和班姓各自独立发展成为宗族。但“新罗”一支迁到那善时，那善原来的罗氏宗族势力已较强（人丁较旺，且有族田），因而自其始祖罗定宽始，即依附于“小罗”：以“小罗”的祖先为祖先，参与“小罗”的祭祖仪式；将自己的名字按“小罗”的字辈改定后，子孙后代的名字也按“小罗”字辈来起，并续入“小罗”族谱。

西方人类学家弗里德曼（Maurice Freedman）、库尔伯（Daniel Harrison Kulp）等在深入研究了华南地区汉人的宗族组织后认为，宗族只要有公共财产，则外移的成员仍然能维系在一起，而形成所谓的高层次宗族（higher—order lineage）或分散的宗族（dispersed lineage）。换言之，这种高层次的或分散的宗族是经由分支的过程所产生。关于这点，帕斯特耐克（Burton Pastenak）、孔迈隆（Myron Cohen）和陈其南等则有不同意见。他们根据台湾的田

① 广西壮族自治区文物工作队：《广西西林县普驮铜鼓墓葬》，载《文物》，1978(9)。

野调查资料指出，高层次或分散的宗族在某种情况下也有以融合或联合的方式形成者，并不一定经由分支的过程。① 从那善“新罗”一支融入“小罗”宗族的情况看，后一种意见值得重视。尽管我们不应忘记，宗族的差异可能会因族别因素而产生。

① 庄英章：《台湾宗族组织的形成及其特性》，载《现代化与中国方化研讨会论文汇编》，香港：香港中文大学社会科学院暨社会研究所，1985。

第三章　那善屯的经济变迁

一、土地制度的变革

美国人类学家沃尔夫（Erec R. Wolf）曾将传统的土地占有制度分为世袭的（Patrimonial）、俸禄的（Prebendal）和商业的（Mercantile）三种类型，指出这三种土地占有制度并不必然彼此排斥，在大多数实例中它们都是并存的；决定一个社会的组织特性的，毋宁是这三者如何综合，以及他人相对的重要性[①]。按照这一分类和观点，那善一带壮族在雍正五年（1727 年）"改土归流"之前，其土地占有属于世袭制。当时，那善与整个桂西一样，处在土司的统治之下。土司制度既是政治制度又是经济制度。土司统治下的壮族社会形态是封建农奴制。各羁縻州、县、峒的知州、知县、知峒等，都是一些大大小小的封建领主。"提陀"或称"民"、"民户"、"峒民"者，是农奴阶级的主体。其经济结构是以土司完全占有生产资料土地和不完全占有农奴的封建领主经济。这种经济以庄田经济的形式出现。其特点是：归封建国家所有的土地，由中央政权赐给土官。这些土地，不论是官田、官地、官庄、官塘、荒山野岭，一草一木都归土司支配，即所谓"地方水土，一并归附"、"尺土寸地，悉属官基"。土官死后，封地由其子孙后裔继承。土官没

① 〔美〕沃尔夫著，张恭启译：《乡民社会》，66～70 页，台北：巨流图书公司，1983。

有上面给予的俸禄，因而他们留下官田——知州得“养印田”，权州以下无印者得“荫免田”，由农奴无偿代耕，其余田地，均“计口给民”，分配给所属的峒民耕种。峒民分得的这份土地只有使用权，没有所有权，不得典卖。峒民在领得“份地”后，即世代依附于土官，以劳役、实物或货币的形式向土官交付地租。

劳役地租是最简单、最原始的地租形式。统治那善一带的泗城土司主要实行劳役地租。各种役田即是土官实行劳役地租的形式。凡领种土官役田的农奴，都要服与役田名目相当的劳役。1941年的《凌云县志》载有泗城土司的役田名目：“应夫则有夫田，应工则有工食田，应役则有役食田，若禁卒田、仵作田、吹手田、画匠田、裱匠田、柴薪田、马草田、花楼田、针线田，以至管沟、管厕，凡百执役，无不有田，各乡则有保正田、头人田，种种名目，均采食租服力制度，不另给薪。”

实物地租作为封建地租的另一种形式有定租和活租两种。那善一带以定租为主。租率一经确定，不论年成好坏，农奴须按原定的租额交租。乾隆二十五年（1760年）的永革陋规碑的碑文，叙述了改流后不久，凌云年可收“官庄禾谷二十八万零七十斤，以五万斤缴府为班役食之需，以三万零七千斤留给县设饭食等费……”①。说明当时年收入二十八万余斤谷子是实物地租。与劳役地租交织在一起的实物地租，随着社会的发展，逐渐成为地租的最主要的形式。

货币地租是土官根据其消费需要，将要农奴交纳的部分实物地租，改要农奴以货币交付。由于那善一带商品经济不发达，所以货币地租没有发展起来，只是劳役地租和实物地租的一种补充形式。

土官不仅要农奴交纳地租，还巧立名目，要农奴负担多如牛毛的苛捐杂税。农奴继承财产、年节赶圩、修房造屋、嫁娶婚丧、生

① 广西壮族自治区编辑组：《广西壮族社会历史调查》（第四册），383页，南宁：广西民族出版社，1987。

儿育女、渡河过桥、砍柴割草等，都要捐物交税。土官及其子女、官族修建衙门官舍、出巡、上府、开印、宴请宾客、生儿育女、婚嫁丧葬、做寿、过节等，也要强征滥派。此外，土官还有强制的手段，强迫农奴及自由民为其服各种徭役，对他们实行超经济强制。强制的范围广、名目繁多，举不胜举。

1728年“改土归流”后，那善一带的领主世袭制日渐式微，土地占有的俸禄制逐渐占据主导地位。土地不再为各级土官所世袭，而是以俸禄赐予流官，以交换流官管理此方土地的服务。于是，壮族社会经济由封建领主经济演变为封建地主经济。其特点是：拥有大量土地的官僚、地主，把土地分散出租给无地或少地的佃农耕种，以收取实物地租、劳役地租或货币地租。在那善屯，新中国成立前有10户地主、4户富农、4户小土地出租者，他们共掌握了那善50％多的土地，而其余76户（中农、贫农、雇农）仅占有那善土地的40％多。地主、富农和小土地出租者，把土地出租给无地或少地的农户耕种，收取地租。那善的实物地租主要采取定租制。一般是农民将田产稻谷的四分之三交给佃主，农民只得田产谷子的四分之一及冬种作物的全部。有时也采取活租制。收割时，请地主到田边“临田分租”边割边分，由佃农把租谷送到地主家里。租率通常是50％，即将田地收入双方平分。在此活租制下，有的农民还要负担一些劳役，如地主家有红白喜事时，佃户要帮工等。在民国时期，那善地主几乎全部是收取实物地租，劳役地租也有一些，货币地租是很少的。

尽管土地世袭制和俸禄制下的经济制度包含有严重的经济剥削的实质，但却具有高度的仪式性。每年立春那天，那善所属泗城府（后属凌云县）的统治者，都要举行隆重的迎春礼。举行迎春礼的头一天，在衙门北郊迎春的礼房搭个彩棚，棚下陈设各官员的座位，中间摆糖茶水果。迎春那天，吃完早饭，府县的官员们都换上朝衣，摆起全副仪仗到北郊迎春。全副仪仗有：春令牌一对、官衔牌、出身牌、肃静牌、回避牌、头锣牌一对、请道旗、飞龙旗、三檐伞、枧槽一对、红棍一对、龙头一对、蔗棍一对、金爪一对、红绿衣、万民伞一对、签筒马一对、腰锣一对、门枪座枪各一对、腰刀马一对、弓箭插袋马一对、红日照掌扇、样马一匹、提炉一对、民壮四名、郎箱勒袱马一对、红黑帽。知府、知县坐上八人抬的大轿，其他官员坐四人抬的轿，依次排在仪仗队的后面。知府、知县乘坐的轿没有棚顶，用大红彩的大红伞和万民伞来遮盖，座位上用好的毡子来垫，铺上虎皮，府县官坐在虎皮上面。在仪仗队伍中，另扮有渔、樵、耕、读四人，坐于八仙台上，每桌用四人来抬，桌边饰些花草，称为“台阁”。官员们到彩棚下轿，入堂官员在彩棚下畅谈，预祝今年丰收的兆头后，脱去朝服换上花衣和大褂（府县官穿花衣，其他官员穿大褂），由礼生带到春田中去耕田。府县官抓犁头，礼生牵春牛的牛头，捕厅、经历、土官等跟随知府、知县之后，各人捧着小盆谷种，凡五谷种子皆有。府县官犁过去后，其余官员便将谷种撒于地面，犁了个圈圈后，大家进彩棚休息，脱下花衣、大褂，穿回朝服，坐在棚下看群众舞狮子。在彩棚的旁边，用禾草扎有一头牛，涂着泥巴，上贴五颜六色的纸。黄色代表五谷，白纸代表棉花等，各种纸都有象征性。祭毕，将扎制的花春牛扛回来，官员们随着仪仗坐轿回府，但须绕路，不得从原道回。到府衙门口，待府官走进衙门后，其余官员各自归家。次日是招春日，又举行拜春礼。县官、捕厅、土官等早饭后坐轿到府衙陪同知府拜春牛。拜礼完毕，知府手持彩鞭打春牛，边打边唱吉祥话语：一打风调雨顺，二打国泰民安，三打万民乐业，四打五谷丰登，五打牛头落地。唱完，礼生用斧砍牛，牛头落地后，群众蜂拥而上去抢禾草泥巴等物，各人带点回家置于牛、猪栏等处，以保耕牛畜类安康兴旺。[①] 在基层，领主与依附的农奴、地主与佃户之间也常常体现出浓郁的人情关系。农奴或佃户通常在中元节、重阳节等重大

① 广西壮族自治区编辑组：《广西壮族社会历史调查》（第四册），412～413 页，南宁：广西民族出版社，1987。

节日时，给领主或地主送鸡、鸭、粽子等礼物，或在农忙时为地主、富农帮工；而领主、地主、富农也往往在一些节庆或农奴、佃户来帮工时，宴请农奴、佃户。

这些仪式具有不容忽视的功能：一是可借此平衡农奴、佃户与领主、地主之间的不平等关系；二是以此确立统治者在信仰体系中的地位，从而保证其统治的合法性。所以尽管领主庄田经营和小农租佃经营对农奴和佃户进行苛刻盘剥，使他们连起码的生存条件都难以保证，但在那善等壮族地区还是延续了相当长的一段时间。

在小农租佃经营体制下，土地是可以自由转移、让渡和买卖的。那善也确实存在着土地买卖的情况。据调查，在20世纪30年代和40年代初期，那善王家曾拥有相当多的土地，只是到20世纪40年代中后期，由于家运衰落，才将大量土地出卖给本屯的罗家。但是，这里的土地买卖不是出于商业目的，而是主要出于买卖财富的目的。土地一旦购到，就不再轻易出售，不追求在交易中获取更大的利润。例如罗家购得的土地直至新中国成立初期都没有出售，所以在土改划定成分时，那善的地主、富农多为罗家。

在土地商品化较盛的地方，土地不仅被视为地主的私有财产，而且被视为可以买卖或为地主获利的商品；不但像其他商品一样有价格，且一旦有人买入，即可用以生产其他商品然后出售：所以土地的购买价格可视为资本投资。在此情形下，地主可以抵押土地借钱。如果不能偿还，放贷者可占有其土地，并销售出去。于是，一些效率不高的经营者被淘汰，土地的占有和使用越来越集中，从而步入资本主义农业的发展之路。但那善显然不是土地商品化较发达的地区，这里只肯定土地的拥有权和征收地租的权利，而不将土地视为一种商品。因此，地主只关心如何增加地租收入，既不承担生产风险，又不改变生产基础，无视农业经营。在这样的体系下，地租越来越高，农业借贷的利率上涨，普遍的贫困使人们不得不动用生产的投入维生，从而使农村经济停滞不前。因此，“土地的公平分配和有效使用，对乡村发展、人力资源的动员、增加生产和缓解贫困来说是必要的”[①]。新中国成立后，那善与全国农村一样，进行了土地改革。到1953年秋，那善94户全都分得了土地，领到了土地证，实现了农民土地个体所有制。

但是，旨在解决农民生存问题的土地改革，只改变了农村的社会制度，特别是土地制度，没有创建一套防止农村再度出现两极分化的机制以及使农村社会向现代社会转变的机制。一方面，当时的中国共产党在全国范围内看到，通过土地改革实现的农民土地个体所有制虽然改变了封建土地所有制，使每个农民拥有了一定量的土地，并可以自由买卖，但一些农民的土地投入、生产技能和生产态度等问题没有解决，要靠出卖土地维持生存，因而又出现了土地集中的态势。而另一方面，由于我国城市化水平低，城市的第二、三产业非常落后，没有大量吸收农村人口的能力，出卖了土地的农户无法向城市转移，所以农村社会不可避免地趋向两极化。为了解决这些问题，实现农村共同富裕和发展，中国共产党选择了另一条道路：农村土地的集体化和国有化。

于是，那善与全中国农村一样，又开始了由农民土地私有制向合作集体所有制和公社所有制的转变。土地集体化是以农村集体化为先导进行的。而农村集体化则是由互助组和初级社启动的。1952年底，那善出现互助组。1953年，互助组蓬勃发展。到1954年，上级政府要求建立农业生产合作社，那善即在县委的协助下，在互助组的基础上建立了4个初级社。1955年，中共中央颁布《关于农业合作化问题的决议》，在批判右倾保守思想后，小社并大社，那善便与六爰、当后、可立、尾寿、平凉、囊力、囊许、那柴、囊混组合为一个大规模的爰善初级社，原来的小社改为生产队。互助组和初级社是在承认农民土地私有的前提下互助生产、共同劳动、按劳和土地取酬的两种生产组织和管理形式。在互助组，所有的生

① 1949年“世界土地改革大会”上100多个国家代表的共识。转见于王春光：《中国农村社会变迁》，昆明：云南人民出版社，1996。

产资料都是私有的。尽管初级社的组成是农民以土地作股入社，入社的土地不能出租和买卖，按集体经济的要求统一经营、管理，显示了土地集体化的倾向；但农民除获劳动报酬外，还享有体现土地私有的土地报酬。从初级农业合作社向高级农业合作社的升级和转化，才是向农村土地集体化迈进的实质性步伐。爱善高级社是在1956年建立起来的。高级社建立后，原初级社所执行的土地分红制被取消；耕牛、农具付息也停止，转而实行公有、公管、公修、公养；以耕牛、农具评价入社的股金，作为股份基金转入高级社；以生产队为单位，划出耕地面积的7%，分给社员做自留地，按人口均分到户；粮食分配由原来的“分等定量”改为“老小口分等定量，劳动力按工分分粮”；对生活上无依靠的鳏、寡、孤、独实行“五保”制度（即保衣、保食、保住、保教、保死葬）；劳动力由社统一调配，并推行基本劳动日制，一般情况下，男劳力每年要出工250～300天，女劳力每年要出工200～250天。

不论是在全国范围内来说，抑或仅就那善屯而言，高级农业合作社的建立都是经济制度的巨大变革，因为它标志着主要生产资料已由私有制过渡到集体所有制。从此，农民个人再也不能对土地拥有所有权，只是土地的使用者，或更确切地说，土地只是农民的劳动对象了。

但变革没有停止，1958年，中共中央政治局北戴河会议做出《关于在农村建立人民公社问题的决议》后，爱善高级社改为爱善大队，并入乐里公社。1961年田林析置利周公社后，改属利周公社。人民公社的体制几经变化。起初，资金、土地、农具、耕牛、劳力、生产、吃饭、食宿等全部集中，一切归公社所有，由公社统一调动，统一安排使用。财务实行公社统一管理，统一核算。大队设会计员、出纳兼保管，管理大队范围的收入和开支，并按公社要求，上缴产品和收入等。粮食由生产队收晒，大队统一保管。社员口粮由大队按月拨给食堂。公社分配采取“先留后分，多扣少分”的原则。在总收入中，先扣除各项费用、税负和征购粮食后，剩余部分为纯收入。从纯收入中扣除约50%的公积金、5%的公益金，余者才分配给社员。分配实行“固定等级工资和奖励工资相结合”的办法。固定工资等级是依社员参加劳动的繁重和复杂程度及体力强弱、技术高低、劳动态度好坏来评定的。固定等级工资约占纯收入的30%，奖励工资约占工资总额的20%。

1959年夏秋，开始执行以生产大队为核算单位的公社、大队、生产队三级所有制。生产队的劳动产品，除缴纳国家税收和提留少部分公积金外，全由大队统一分配。

1962年，根据中央指示，全面调整农村生产关系，爱善大队改为爱善公社，乐里公社撤销，改为乐里区。解散食堂，取消工资制，生产计划由区下达，实行生产队核算。1968年，乐里区又改为公社，爱善公社复改为爱善大队，生产队保留不变，仍实行“三级所有，队为基础”的管理体制。这种体制直至1979年没有发生变化。

土地集体化、国有化及与之相应的经济制度割断了农民与土地的直接联系，损害了农民对土地的感情，抹杀了农民之间的技能差别，因而不仅没有提高农业劳动生产率，相反，却阻滞了农村经济的增长。为此，急需对其进行变革和创新，以解放对农村经济发展的束缚。联产承包责任制正是在这样的条件下诞生和推广的。

联产承包责任制是在保持土地集体所有制的前提下，把过去由公社、大队或生产队集体所有、共同经营的土地分包给农民。那善实行此制始于1979年。起初是实行联产计酬责任制，即在生产队统一领导、统一计划、统一分配的前提下：分组作业，定产到组，以产计工；费用包干，节约归组；耕牛农具，养用合一；超产奖励，减产赔偿。1980—1981年间，更进一步地实行大包干到组责任制。在包产到组的基础上，该给国家的给国家，该留集体的留集体，剩余的由小组分配，不再需要以产计工。从1981年开始，又进一步实行了包干到户生产责任制。包干到户责任制就是在坚持生产资料集体所有制的前提下，让农民以户为单位承包耕种土地，只要求农民根据合同交公购粮和集体提留，不需上交承包的所有农产品，不统一分配。此制既在经营方式上实现了农民与土地的结合，使农民能够比较自由地使用支配土地，又赋予广大农民对其劳动行使自主的支配权。因而深受欢迎，一直延续至今。

当时，国家规定土地的承包期是15年。在15年内，承包农户享有土地的使用权和经营权，土地的所有权属于集体。家庭联产承包责任制打破了以前集体经营、集体劳动、统一分配的僵化模式，在经营方式上实现了农民与土地的结合，使农民有了经营自主权，重新调整了生产关系，促进了生产力的发展。那善很快就基本解决了温饱问题。

1998年，随着15年承包合同到期，那善屯又根据国家的政策，进行土地延包30年，并对部分土地进行小规模的调整。第二轮土地承包是在乡政府和村委会的领导下进行的，主要是核实农户现有土地亩数，将各农户因女子出嫁、老人过世、家庭迁移等原因退出的土地综合起来，平均分给新娶进来的媳妇和新生婴儿，尽量使每个人都分到土地。2000年，第二轮土地承包基本结束。

从那善屯来看，这次土地延包与1979年开始实行家庭联产承包责任制有所区别。

首先，农民对土地的观念发生了变化。第一次土地承包时，农户都认为土地越多越好，没有土地就无法生存；而在第二轮承包时，许多农户认为农业收入已不那么重要，耕田种地不再是农民维持生计的唯一出路，农民对土地的依附已经下降了许多。第一轮土地承包几乎是全民参加，轰轰烈烈；而第二轮承包大多数工作由乡、村干部完成，波澜不惊，农户基本上没有受到干扰，部分家庭人口没有变化的农户甚至不关心这次调整。按农民的说法，分田到户是大势所趋，即使没有第二轮承包，农户也会依照目前的状况继续生产、经营。

其次，两次承包的背景和实施方式不同。第一次土地承包是在计划经济体制实行多年的情况下打破计划经济体制的行动，而第二轮承包是在家庭联产承包实行20年以后，社会主义市场经济体制基本形成的环境下进行的。同时，两次实施的方式也不同。第一次是在一定原则指导下，把土地包括水田、旱地、林地等全部分配到各农户，使农民有可以自主经营的责任田、责任地和责任山；而第二次承包则主要是在核定第一次承包土地数量的基础上实行延包，是“大稳定小调整”的策略，即总体人、地关系保持不变，只是在人、地关系冲突的地方进行小规模调整，并没有对土地重新洗牌。

再次，1998 年，新修订的宪法把家庭承包制规定为农村的基本经营制度。据此，那善农户与政府签订了土地延包合同，以协议的形式明确了农民与土地、与政府、与村委会的关系。农民取得土地经营权证，从法律上保证了 30 年的土地承包期，这较第一次靠行政手段完成的承包方式有了明显进步。

最后，农户对农业投入的态度也不同。第一次土地承包时，农户几乎把所有的人力、物力、财力都投到农业生产上；而在第二轮承包中，那善农民则显得更具理性思维，在投入前会考虑产出和回报等问题。那善农民认为，家庭联产承包责任制仍作为长期的土地制，是合乎实际的。田地分到手就跟自己的东西一样，会尽心尽力搞好生产。

土地在整个经济社会变迁中占有重要的地位。那善土地制度的变迁在一定程度上也是民族地区乃至整个中国农村变迁的缩影。新中国成立以来，中国农村发生了翻天覆地的变化，与政府不断调整生产者（人）、生产资料（土地）和环境（自然资源和社会资源）之间的关系是分不开的。

二、经济模式的转型

壮族在传统上是一个农耕民族，由于地处南方亚热带地区，气候炎热，雨量充沛，农业的自然环境非常优越，他们世代植根于土地上，生活安定，商贾观念极其淡薄，正所谓“唯知耕织，不事商贾”也。那善壮族也不例外，历来是“男妇专业耕种，无别生活”，唯有依靠农业维持生计，虽然手工业、商业没有与农业分离，但只是作为依附于农业的副业而存在。直至 1944 年，时任广西省参议会议长的李任仁先生，因日寇迫近衡阳，桂林紧急疏散，而到那善避难时，见到的仍是“人有古风堪沥胆，门虽常设不需关。耕樵自食无他事，时与白云共往还”、“水浒设机堪碾米，山中采药不论钱”[①] 的自然小农经济生活方式。这与刘锡蕃《岭表纪蛮》对当时岭南经济状况的描写如符节之合：“蛮人无功名富贵之奢望，其男女皆以苦力农耕为其毕生之事业……蛮区地方，其所谓经济制度亦纯粹的农业经济制度；其所谓工业，亦即纯粹的家庭手工业。间中或有三数商店，以洋纱、火柴、花绒……或食盐、碗碟、锅釜之属陈列于肆。然营此业者，亦皆为汉人（就中粤人较多，湘人次之，百色一带杂有滇人），蛮人则完全以一农夫之资格，向汉人或买或卖而已。”这是典型的自给自足的自然经济。

自然小农经济的生产效益是十分低微的。据统计，1933 年，广西各种农作物的亩产分别是：水稻 241 斤，陆稻 124 斤，大小麦 90 斤，玉蜀黍 114 斤，高粱 85 斤，粟 77 斤，荞麦 71 斤，红薯 520 斤，芋 500 斤，木薯 159 斤，大豆 73 斤，落花生 129 斤，芝麻 35 斤，油菜子 56 斤，甘蔗 2569 斤[②]。1934 年，广西全省各种农作物的亩产分别为：水稻 251 斤，籼稻 250 斤，早稻 237 斤，晚稻 257 斤，粳稻 256 斤，糯稻 259 斤，旱稻 124 斤，玉米 130 斤，花生 115 斤[③]。生产力的低下，导致了人民的极度贫困。1933 年，1937—1945 年，广西人均有粮在 191.65～599.82 斤之内，数量很少，且随着人口的增多，呈减少的趋势。

因而，1934 年《广西农村经济调查报告》指出，当时广西全体贫农和多数中农正在趋向贫困的深渊，少数富农从衰落之中挣扎出来，农村经济正在普遍衰落。1936 年《广西一览·社会篇》亦

① 卢文精：《历史行程向前——介绍李任仁先生在利周乡爱善村的诗作》，见《田林文史资料》（第二辑），1990。

② 广西统计局编：《广西年鉴》（第二回），1935。

③ 转见于顾有识：《试论解放前壮族的自然经济——兼评近代壮区自然经济“解体说”》，见《壮族论稿》，南宁：广西人民出版社，1989。

云："广西社会经济条件既薄，则人民之生活自必简单。农民之中产者，年不过三五十元之生活费用。粗食布衣，茅□矮屋，作息于田园山林之间。浑噩一如古荒时代……自植棉麻，自事纺织，供被帐衣履之需；种薯莨蓝靛，以作染料……恒终年赤脚，严冬仅着布履。儿童多着旧絮，裸腿股，受风霜之侵袭……贫者常衣不蔽体，无论被帐，夏日焚草驱蚊，冬则燃木取暖……食则充饥而已……东北、东南及中部（汉族地区）农民普遍日食米饭一餐，粥及杂粮一餐，省之西部及西南、西北等处（壮族地区），其生活更简单，食品多以杂粮为主，竟或终年食玉蜀黍，逢年节圩期始食米饭。农民住处，殊为简陋……西北一带多茅屋，闭塞处少畜舍之建筑，犹有楼上住人楼下住畜者，间或人畜同住一屋。"那善地处桂之西北，新中国成立前其生产萧条、人民生活贫困的情形，虽不见有载于籍，但民国三十一年（1942 年）《凌云县志》对当时凌云各族人民的生活情形有详细描述："土著居处平原，所食之粮以稻为主，辅以包粟及其他杂粮；客民瑶民居处山地，所食之粮以包粟为主，辅以其他杂粮，间亦食稻。均日两餐。未变更区域以前，全县产粮在收成之年，仅堪自给，以故民国十四年间，遭遇灾荒，竟至满地哀鸿，掘采薇蕨草根以为食。现值变更区域以后，产粮饶裕之乡，多划归邻县，所余者皆硗瘠。民国二十六年，办土地陈报。据测量所得，全县地总共七万三千八百六十七亩，除不产粮之山荡宅共八千八百二十二亩不计外，田四万一千七百三十八亩，以每亩产谷三石五计算（三百五十斤），合共产谷一十四万六千零三十八石，畲二万三千三百零七亩，以每亩产包粟二石五计算（二百五十斤），合共产包粟五万八千二百六十八石。计田畲两项所产粮食总共二十万零四千三百五十一石，分配于全县六万六千零四十一人口，每人应得粮食三石一（三百一十斤），依照日常生活，每人每年平均应食粮五石，两相比时，每人每年实不敷粮食一石九（一百九十斤），运输挹注，须有待于邻粮，民食前途堪可虑也。”[①] 那善时属凌云县地，通过这些文字可见其人民生活境况之一斑。

新中国成立后，那善的农业经济有了较大的发展，各种农作物的单产及人均有粮较民国时期大大增加。近50年来，那善粮食产量虽有波动，但总的来说是稳步增长，尤其是最主要的农作物水稻最为明显。究其原因，一方面固然是由于众所周知的生产关系的改变，调动了人民的生产积极性，社会的安定使人民得以努力生产，但另一方面，科学技术的因素也不容忽视。由于县、乡两级政府均设有农业技术的推广机构，农业科技人员及上级干部经常深入农村推广农业科学技术，使那善农业生产与现代科学技术成果联系了起来。具体表现在：

（一）耕作制

新中国成立前，那善的耕作制度是一年一造水稻加冬种作物。而自20世纪50年代以来，随着双季稻的试种成功，那善的水稻种植逐步改一造为二造，有时还种植少量中稻，为一年三熟。除水稻外，旱地一般种植旱稻、玉米，间种豆类加冬种作物。现在那善一年的农作季节安排如表1-3-1。

（二）种子

新中国成立前，由于当时的政府不重视选育和推广良种的工作，水稻的选种育种有很大的局限性，那善长期以来种植的水稻品种多为8月谷、9月谷、晚叉、施禾和油粘细米等。上世纪五六十年代，为适应早、中、晚三造种植，先后引种了“黑督4号”、“白谷糯”、“杨村1号”、“马房粘”、“浔粘”、“广造3号”、“莲塘早”、“陆川早”、“广选早”等。70年代，又引进了“团结1号”、“团结糯”、“包选2号”、

① 何景熙、罗增麟：《广西凌云县县志》，83～84页，民国三十一年油印本影印，台北：成文出版社有限公司，1974。

“桂潮 2 号”、“桂潮 13 号”、“双桂 1 号”、“双桂 35 号”、“铁秋矮 15 号”、“727”等。70 年代下半叶，开始种植杂交水稻，至 1996 年种植杂优品种已达 90%以上，基本上实现了良种化。

表 1-3-1　那善农作的季节安排

时间（农历）	节气	农作及祭祀
正月	立春	耙旱稻秧田，犁旱田，旱地，拜土地庙。
二月	雨水	种旱玉米，南瓜，播谷种育秧。
	惊蛰	耕旱稻田，铲田基。
三月	春分	给旱稻秧施肥。
	清明	种旱稻田，拜坟扫墓。
四月	谷雨	种中玉米。
	立夏	给旱稻田施肥，耘田。
五月	小满	给中玉米培土，种红薯。
	芒种	种黄豆，耕晚稻秧田。播晚稻秧，种中稻田。
六月	夏至	收旱稻，种晚稻，六月初六拜岑大将军庙，拜田地。
	小暑	收玉米、番瓜，种青菜、豌豆、萝卜，耘田，修路。
七月		收中稻谷、山谷（旱稻）。
八月		八月十五摆月饼、柚子、芋头，拜月亮。
九月		收晚稻，给茶果树培土，九月下旬，剪取已黄尚青的糯谷穗，用碗口刮取谷粒，文火炒熟，连同嫩姜叶一起舂，做成香郁的“houmou”祭祖并分送邻里尝新，并拜岑大将军庙。
十月		收桐果、茶果，收稻草积肥，做糯米糍粑。
十一月		犁田过冬，收红薯、木薯，旱地。
十二月		砍柴、积肥、犁旱田。

表 1-3-2　那善水稻种植品种的变化①

年份	品　种
新中国成立前	8月谷、9月谷、晚叉、施禾和油细米
1950—1960	“黑督4号”、“白谷糯”、“杨村1号”、“马房粘”、“浔粘”、“广造3号”、“莲塘早”、“陆川早”、“广选早”
1970年代	“团结1号”、“团结糯”、“包选2号”、“桂潮2号”、“桂潮13号”、“双桂1号”、“双桂35号”、“铁秋矮15号”、“727”
1998	汕优99、特优99、特优63、特优559、汕优63
1999—2002	1998年品种十金优402、培杂99
2003	1999年品种十两优2186
2004	与2003年同

那善在20世纪50年代以前及其初期种植的玉米品种多是对水肥条件要求不严、栽培技术要求不高的本地黄、白玉米，雪玉米和糯玉米。20世纪50年代中、后期至60年代初期，引种了广金皇后、白马牙、靖西1号、靖西2号、右江1号、红卫1号、色单4号等。20世纪70年代以后，一些常规品种也不再使用，而开始引种杂交种。至20世纪90年代，鲁玉、贵顶等杂交玉米品种的种植率几乎已达100%。由于这些玉米杂交种抗逆力强，米质较好，产量也较高，因而颇受欢迎。

那善的大豆和黄豆种植自20世纪70年代起，也不再采用本地品种，而引种大黄豆、靖西早黄豆、平果早黄豆、上海早黄豆等新品种。

在新中国成立前和20世纪50年代早、中期，那善种植的红薯是“千年薯”，种一年收几年，产量很低。20世纪50年代晚期引种了“无忧饥”白皮白心良种红薯，不仅可以夏种、秋种，而且可

① 资料来源：根据利周乡农业服务中心干部介绍资料整理。

以冬种，次年即可收薯，产量也较高。

（三）生产工具

那善人世代都以牛和人为耕作的动力，农业工具一直沿用古老简单的犁、耙、锄、铲、锹、镰等铁、木农具。这些农具工效低，费时费力，影响了生产的发展。20世纪50年代以后，传统的农具有所改进。如半月形手镰逐步淘汰而改为木柄勾刃镰。原本为竹木结构或铁木结构的犁、耙逐渐改为了全铁结构，更具简单、轻便、耐用、深耕、混浆的特点。尤其重要的是，手扶拖拉机、人力打谷机、人力插秧机、人力喷雾器等农耕机械的引入，虽进展不快，但到20世纪70年代之后也达到了一定的数量，在较大程度上减轻了农民的劳动强度，提高了劳动生产率。

（四）栽培技术

新中国成立前及其初期，那善的水稻耕种比较粗放。浸种、选种均用清水，播种一般不起畦，采用深水大田播种，大株疏植。20世纪50年代开始，实行黄泥水、石灰水、盐水选种法，提高了种子的精壮度和质量。播种以“合式秧田”播种法取代过去的“海洋播种法”，播种前对种子进行消毒催芽，并施底肥，撒上种子后再覆盖一层肥料，增强了秧苗抗虫害及恶劣气候的能力。1991年农用薄膜技术传到那善后，那善出现了地膜育秧法，这种方法以地膜保持秧田的温度和湿度，有利于排除气候的影响，使早、晚稻插秧能抢上季节。在栽插时，那善改变以前大株疏植的方法，实行单株合理密植或小株合理密植，既最大限度地利用了土地，又使禾苗能充分地进行光合作用。

值得一提的是，1997年利周乡开始示范水稻抛秧栽培技术，4年之后全乡抛秧普及率达到95%。2002年起，利周乡又开始引进免耕抛秧技术，2004年推广的面积达400多亩。笔者当年7月入点调查，恰逢那善早稻收割结束，晚稻种植刚刚开始，全村上下无一例外都采用了抛秧栽培方式，形成夏日壮乡一道绚丽的风景。抛秧首先是改变了育秧的方式，从过去在田里育秧改为秧盘育秧，不仅没有传统育秧的烦琐手续（如传统育秧需 1 个月，抛秧只需 10 来天），而且也免去了插田前从秧田拔秧、去泥、捆扎和运送的麻烦。更为重要的是，据估计，以一个劳动力而言，传统的拔秧和插秧，一天连拔带插只能完成 0.3 亩的面积，而使用抛秧技术，一个人从拔秧到抛秧，一天可完成 1 亩的面积，劳动效率是原来的 3 倍。这改变了长期以来弯腰栽插、长期触水、效率低下且极易引起腰酸背疼的做法，在很大程度上减轻了农民的劳动强度，节省了劳动力，提高了劳动生产率。

那善农民在新中国成立前种植玉米采用“株行等距”、“双株稀植”的规格，穴间留苗过多、拥挤，不利于光合作用。20 世纪 50 年代后，逐渐改变了旧有方法，一般采用单行播种和挖坑点播的办法，在合理密植的同时，还采取“玉米去雄”、人工帮助授粉等技术措施。

（五）田间管理

清代之前，那善与整个桂西地区一样，“仍无粪埌”，“皆不粪不耘”。清代之后，才普遍使用人畜粪尿、豆饼、石灰、骨粉、草木灰、草皮泥、塘泥、绿肥等。20 世纪 70 年代以后，使用的化肥越来越多。在新中国成立前，那善人不懂得使用农药，农作物有病虫害即请道公驱邪赶鬼，祈求神灵保佑丰收。农药的使用是从 20 世纪 50 年代开始的。在 20 世纪五六十年代，那善人使用的农药主要是“六六六”粉，20 世纪 70 年代代之以“敌敌畏”、“敌百虫”、“甲铵磷”、“杀虫脒”等，且越来越普遍。进入 20 世纪 80 年代，那善还使用了除草齐（“丁草胺”、“草绝”等）和增产素（“喷施宝”、“920”等），尽管不很普遍，但由于它们既能大大减轻田间管理的劳动强度，又能提高粮食产量，因而愈来愈多地为人们所使用。20 世纪 90 年代以来，化肥的使用主要采用配方施肥，增加钾肥、磷肥的使用量。到 1999 年，整个利周乡都已经大范围采用了配方施肥。从 2001 年开始，又提倡使用生物肥，但还未大面积推广。

正由于那善农业生产与现代科学技术紧密结合，科技含量日益提高，为那善粮食产量的稳步增长提供了重要的保证。从以下两个案例可以看到那善农业生产变化之一斑[①]：

表 1-3-3　那善作物种植品种的变化（以水稻和玉米为例）

个案 1. 罗永华户

年份＼作物	品种		种植面积		耕作方式	亩产量（公斤）	
	良种	本地种	良种	本地种		良种	本地种
1998	汕优 63		2		畜力、农机各半		
	汕优 99		1.6	0.4	畜力、农机各半	150	100
1999	汕优 99		3		畜力、农机各半	375	
	特优 99	大糯	1.6	0.4	畜力、农机各半	160	100
2000	特优 99		2		畜力、农机各半	375	
	汕优 63		2		畜力、农机各半	175	
2001	培两优		2		畜力、农机各半	375	
	特优 63		2	1	畜力、农机各半	175	
2002	特优 99		3		畜力、农机各半	375	
	特优 99		2	1	畜力、农机各半	180	

① 资料来源：根据受访人提供的资料汇总

续表

年份 作物	品种		种植面积		耕作方式	亩产量（公斤）	
	良种	本地种	良种	本地种		良种	本地种
2003	特优 99		2		畜力、农机各半	380	
	汕优桂 99		2	1	畜力、农机各半	160	
2004	汕优桂 99		2		畜力、农机各半	325	
	国丰 1 号、金优 99	大糯	1.6	0.4	畜力、农机各半	175	

表 1-3-4　那善作物种植品种的变化（以水稻和玉米为例）

个案 2. 罗显光户

年份 作物	品种		种植面积		耕作方式	亩产量（公斤）	
	良种	本地种	良种	本地种		良种	本地种
1998	汕优 63、汕优 99		3		畜力、农机各半		
	汕优 63		3	1	畜力、农机各半		
1999	汕优 99		3		畜力、农机各半		
	汕优 99		3	1	畜力、农机各半		
2000	特优 99		3		畜力、农机各半		
	汕优 63		3	1	畜力、农机各半		
2001			3		畜力、农机各半		
			3	1	畜力、农机各半		

续表

年份＼作物	品种		种植面积		耕作方式	亩产量（公斤）	
	良种	本地种	良种	本地种		良种	本地种
2002			3		畜力、农机各半		
			3	1	畜力、农机各半		
2003			3		畜力、农机各半		
			3	1	畜力、农机各半		
2004			3		畜力、农机各半		
			3	1	畜力、农机各半		
1998	苏弯、马牙	7			人力、畜力各半		225
1999	同上	7			人力、畜力各半		225
2000	同上	3			人力、畜力各半		225
2001	同上	3			人力、畜力各半		225
2002	正大 619		4		人力、畜力各半	400	
2003	正大 619		4		人力、畜力各半	400	
2004	迪卡		4		人力、畜力各半	400	

据报道人罗显广介绍，从 2001 年开始，粮食作物良种品种开始繁多，农民根据品种说明书来选用品质优良、产量高、时间上与本地季节相符合的品种进行轮换种植。本地保留的主要是糯米品种，一般只有晚造时才在农户的自留地少量种植。耕作方式上，水稻种植历来都是用畜力（即牛耕），那善 2002 年开始有农户购买铁牛，进行农机耕作。而玉米多在山地种植，所以一般是畜力加人力相结合的耕作方式。自采用杂优品种以后，粮食产量一般波动不大，早造亩产可达 450 公斤以上，晚造亩产 250～300 公斤，糯米亩产量在 150～200 公斤之间。

表 1-3-5　那善粮食生产情况表[①]

年份	播种面积（亩）	产量（公斤）	亩产量（公斤）	人均有粮（公斤）
1978	1,430	263,371	184	383
1984	1,489	276,106	185	361
2002	1,555	444,440	286	589
2003	1,539	455,790	296	600

然而，那善壮族的农业经济长期发来一直拘于“小农业”的格局。由于片面强调以粮为纲，因此，除粮食作物外，经济作物的种植很少，多种经济作物的大面积种植是 1983 年之后的事情，在此之前，经济作物种类单调，种植面积也很少。不仅如此，林牧副渔各业也没有得到应有的发展。在 1982 年，那善种植树木种类贫乏，种植面积少，林副产品产量低。畜牧业的发展虽一直比较稳定，但快速发展也是进入 20 世纪 80 年代之后，水产养殖也是在 1987 年之后才有较大突破。从劳动力的分布状况看，1978 年，那善 235 个农业劳动力中：种植业的劳动力有 221 个，占全部劳动力（235 个）的 85.66%；林业劳动力 3 个，占 1.2%；畜牧业劳动力 8 个，占 3.1%；渔业劳动力 3 个，占 1.2%。林牧渔劳动力总共仅占劳动力总数的 5.5%，这个数字在 1979 年略有提高，但亦仅占 5.7%。1978 年那善农户总收入约 243,368 元，其中：农业收入 178,074元，占总收入的 73.17%；林业收入 6,929 元，占 2.85%；畜牧业收入 52,660 元，占 21.64%；渔业收入 265 元，占 0.11%；副业收入 5,440，占 2.24%。林牧副渔总共所占比例不过 26.84%，说明当时那善的经济模式是单一的、偏重于粮食农业的经济模式。在这种模式下，土地得不到合理有效的利用，广大农民被束缚在有限的，且随着人口递增而日益减少的土地上，生活长期

① 资料来源：据多年《农业统计年报》整理。

得不到根本的改善。

转机是从1981年实行联产承包责任制后开始的。由于把过去由公社、大队和生产队集体所有、共同经营的土地分给了农民，农民生产的自主权扩大，那善农业经济逐渐突破“小农业”的格局，朝着“大农业”的方向发展。首先，种植作物单一的状况开始改变，各种非粮食的经济作物种植增加，成为农民收入的主要来源之一。(见表1-3-6，1-3-7，1-3-8)①。

表1-3-6　那善非粮食作物种植情况表

年份	经济作物（单位：亩）（花生、木薯、甘蔗）	其他农作物（蔬菜）（亩）	果树（亩）	总计（单位：亩）
1979	9		24	33
1984	61	36	78	175
2002	176	180	215	571
2003	200	190	221	611

表1-3-7　那善非粮食作物种植个案1. 罗永华户

品种	年份	实有面积（亩）	实有量（株）	果实收入（元）
板栗	1997	3	70	
	2000	7	180	
	2003	7	180	600
八角	1998	2	150	
	2001	5	360	
杉木	1985	17	4,050	
柿子	2000	2	70	

① 资料来源：据多年《农业统计年报》整理。

表 1-3-8　那善非粮食作物种植情况个案 2. 罗显光户

品种	年份	实有面积（亩）	实有量（株）	果实收入（元）
板栗	1999	10	250	
八角	1998	4	300	
	2003	5	370	
	2004	6	440	
油茶	1998	7	100	
松木	2004	10	4,050	

其次，广大农民因地制宜，使林牧副渔各业得到了较快的发展。自1980年以来，农业劳动力所占的比例总的趋势是越来越小。在农村劳动力中，林牧渔业劳动力所占的比例越来越大，农业劳动力所占比例越来越小。从2003年那善农村劳动力的分布情况看，357个劳动力中：种植业劳动力249人，占全部劳动力的69.7%，比1978年的85.66%下降了近16个百分点；林业劳动力20人，占5.6%，比1978年的1.2%增加了4.4个百分点；畜牧业劳动力11人，占3.08%，与1978年基本持平；渔业劳动力41人，占11.48%，比1978年的1.2%有较大提高；工业劳动力41人，占11.48%，较以前也有显著变化。从经济收入的构成来看，1994年那善经济总收入为619,380元，其中：农业收入282,480元，占总收入的45.61%；林业收入31,640元，占5.11%；畜牧业收入212,210元，占34.26%；副业收入52,600元，占8.49%；渔业收入2,550元，占0.41%。与1978年那善经济收入的构成相比较，农业收入的比例下降了27.56%，林牧副渔收入的比例上升了21.43%，其中林业收入上升2.56%，畜牧业收入上升12.62%，副业收入上升6.25%，渔业收入上升0.3%。说明林牧副渔各业已在那善经济中占有了相当重要的位置。

随着土地对农民束缚的减弱和打破，那善的劳务输出发展了起来。1991—1998 年间，那善约有 80 人曾离开家乡外出打工。外出者年龄在 18～43 岁之间，打工的时间有长有短，有的几年，有的几个月，有的甚至仅 10 多天。外出的地点近的在利周、田林县境内及凌云和百色等邻近县市，远的到南宁、广州、深圳、东莞、惠州、高要等地。所做工种有饮食、商业、运输、轻工及家庭服务等。而到 2002 年，仅上半年，就有 34 人加入到这个群体，年龄在 17～45 岁之间，其中女性 6 人，占 17.6%。剩余劳动力短期或长期地与土地分离，使工业、商业、交通运输业等非农行业在那善发展起来。据对那善非农业产值的统计：那善工业产值在 1977 年仅 7,000元，至 20 世纪 90 年代翻了若干倍；运输业年产值在 20 世纪 80 年代仅 10,000 元左右，1991 年后，最多增至 36,000 元，增加了 3 倍多；商业投入在 20 世纪八九十年代，时少时多，波动较大，但利润几乎是直线上升，由 1985 年的 500 元，至 1993 年的8,000 元，增加了 16 倍。这表明，那善的农业经济已打破了单一的结构模式，走上农林牧副渔全面发展、农工商相结合的道路。

“大农业”是一种优化的产业结构。它不仅为农村剩余劳动力开拓了广阔的就业门路，使各种自然资源得到充分、合理的开发利用，而且促进了商品经济的发展。在 1994 年那善人均收入的 524 元中，农业现金收入（出售农业牧副渔产品收入）293.90 元，占 56.09%，说明到 1994 年，那善农民的农产品中，已有 56.09%进入了市场交易。

那善壮族农产品商品化的趋势，反映在其生产资源的安排上，是人们自觉地将自己的生产与市场需要联系起来。过去他们种粮食和经济作物的目的，首先是为了自己消费，余者才进入市场交换，而现在，他们种植某些作物首先是为了进入市场。20 世纪 80 年代末，那善李杰明之子李良一家农转非后，其表弟一家从邕宁到那善李杰明家居住，并耕其田。其表弟一家除种水稻外，还种了 7 亩蔬菜。其主要目的不是为了自家食用或用做饲料，而是为了到县城乐里镇、利周圩或在本村出售，有时还到高龙乡出售，所以才种如此之多，成为那善的蔬菜专业户。进入 20 世纪 90 年代，那善出现了具有一定规模的园艺场。如罗永星、罗永华、罗显光、罗光景兄弟四家合伙搞了一个育有 15,000 株板栗苗的园艺场，其首要目的是卖苗获利，而非为自家使用。表 1-3-9 所示的是罗氏兄弟苗圃的发展状况，由此可见，那善壮族对市场的依赖性已大为增强。

一般说来，商品经济有三大特征：一是并非人的供求力量决定货物的价格；二是买主与卖主依市场交易维持生计；三是货物的市场价格影响劳动力及其他各种生产资源在不同生产线上的安排，从而影响生产的方向。以此为标准，分析那善壮族的农村经济，可见其已具有某些商品经济的因素。这标志着那善经济已由传统的自给自足的小农经济朝着商品经济的方向发展。这一趋势与“小农业”向“大农业”发展的趋势相伴而生，前者是后者的结果。

表 1-3-9　那善罗氏兄弟苗圃发展状况①

品种	年份	实有面积（亩）	实有量（株）	总收入（元）	合伙人数
八角	1998	4	100,000	60,000	4
	2000	2	60,000	12,000	3
	2002	2	65,000	9,750	2
板栗	1998	3	15,000	12,000	4
	1999	2	16,000	12,800	4
	2002	2	20,000	12,000	3
杉木	1995	5	200,000	10,000	4

① 资料来源：根据受访人提供的资料汇总。

三、交换模式的变化

人类学家对被研究民族的经济生活的关注始于马林诺夫斯基（Bronislow Kaspar Malinowski）对特罗布里恩群岛的“库拉”（Ku-la）交换的研究，似乎不是偶然的。因为人类学以揭示整个社会的结构和面貌为主旨，而人类社会正是通过生产和交换形成的，人类除了生产生活所需外，还通过交换的形式与别人发生关系，因而产生了社会。所以，人类学家通常把生产与交换置于一个模式中来探讨。

那善壮族的交换模式是随着其经济模式的变化而变化的。在“改革开放”以前，那善经济本质上是自给自足的自然小农经济，农业商品率低，人们从事交易活动主要到利周圩或县城乐里镇进行。这两个集市均形成于明清时期。长期以来，一直是七天一圩。1981 年，利周曾试图改为五天一圩，但因货物交易不多，来赶圩的人很少，改制没有成功。直至 1997 年 5 月，由于商品经济已有了某种程度的发展，农产品商品化提高，当地群众对市场的依赖性增强，利周圩才成功地改为五天一圩。

在对乡、县圩场（利周圩、乐里街）的依赖性增强的同时，那善屯的“村头市场”也发展了起来。1985 年，自利周供销社退休回村的黄学康搞起了第一个小卖部后，1993 年，那善小学校长王大茂也利用那善小学的房屋，注册 2,000 元，搞起了另一个小卖部。前三年每年上交学校 1,000 元，3 年后，每年上交 720 元。1995 年、1996 年罗永景和罗永章也分别搞起了小卖部。本来在 1989 年前，黄光许、罗衍辉也曾开过小卖部，只是因为他们所盖的小卖部是在水井附近，属公共场地，村中父老不许他们继续经营，他们不得已才将小卖部拆去。此后，具有初中文化的黄光许便改行到附近的瑶寨收购油桐子、油茶子回村加工，或收购八角到利周、乐里倒卖；高中文化的罗衍辉到南宁等地买鸭子回到乐里做烤鸭卖。现在那善的小卖部有 4 家，每家所经营的日用品有 100 多种，每月的销售额在 3,000 元左右。

除小卖部外，那善还有一个肉类销售点。销售点的位置就在村子的凉亭（又叫风雨亭）内。黄光全、黄文进两人轮流在本屯或到附近村屯购买猪、牛、马来宰杀，并在此摆卖。一般是两天杀一头，逢利周圩日，一天杀一头，一半在村中凉亭摆卖（由黄光全或黄文进的妻子或其他亲属负责），另一半拿到利周去卖（由黄光全或黄文进负责）。

那善还有一个蔬菜水果的代销点，在那善小学的小卖部内。村民们将一部分剩余的自产蔬菜、水果等定好价格后，托付给小卖部的主人王大茂（王校长上课时，托付给其妻）无偿代卖，王校长每天卖完后与之结账。这种“代卖”时常不断，有时还不止一家托卖。托卖的产品通常都有三四种。

此外，那善还是一个当地土特产和木材的集散地。村中有 2 户人家（一户姓王、一户姓罗）长期收购附近村屯的土特产，8 月、9 月收购柿子和板栗，10 月、11 月收购桐果等。附近瑶、汉族村民很多人用马将土特产驮来，那善屯中也有一些人家到附近瑶、汉族中去收购来卖给这两户人家。到村屯去收柿子 0.45～0.50 元/斤，板栗 1.80～2.00 元/斤，桐果 0.50 元/斤；在那善收购，柿子 0.50～0.55 元/斤，板栗 2.00～2.20 元/斤，桐果 0.60 元/斤。在收获季节内，每天都可收购 3,000～5,000 斤。收购后卖到利周或田林土特产公司，每斤可赚 0.30～0.50 元。木材收购也有 2 户人家（姓罗）经营，这 2 户人家是连襟关系。其中一人在乡林业站工作，可取得树木准砍证；另一个是村干部，也有收购的便利。他们在全村范围内收购，以 130 元/立方米收购原木，加工成方料后，以 600 元/立方米的价钱卖出，除去加工费、运输费、税费，利润还是很丰厚的。木材收购和销售在那善长期存在，其中大规模收购有 2 次，一次是在 1986—1987 年，一次是在 1997—1998 年，后一次共收购和外销木材近 300 立方米。

那善村头市场的发展及与乡、县市场关系的密切，不仅促进了农户多种产品的交换，而且便于农户将农产品换成具有通用价值的通货，克服自给自足状态下农户的消费内容极其有限、生计深受季节影响的景况，使之不断得到生活用品的供给。这既是商品经济发展的结果，又反过来在一定程度上刺激农村商品经济的发展，诱发农民的市场意识。

英籍经济人类学家卡尔·波拉尼（Karl Polanyi）曾将人类社会的经济制度分为三种不同的类型：互惠经济，基于交换原则；再分配经济制度，有一个权威出现，必要时将财物再分配；市场经济，非人性化的交换。① 并认为，所谓的经济理性，只能在市场经济体系下存在。② 但从那善的实际情况看，商品经济（市场经济）的发展，并没有破坏传统的交换体系。互惠交换尽管有一定的条件和范围限制，但确实与市场交换（即非人性交换）和谐地共存。当某一家有红白事（婚礼、丧礼等）时，亲朋好友都要送礼。尽管当事者为操办这些事宜，有可能向这些亲朋好友中的某位或某几位购买某些物品，但送礼与买卖是泾渭分明的。斤斤计较的买卖与慷慨大方的送礼可能在同一对人身上同时发生，并不冲突。因为送礼不是慈善行为，送礼者自信地知道，待将来自己遇有红白事时，会得到相应的回报。当然，送礼不是随心所欲的事，要与事件的内容与送礼者的身份相符。送给婚礼的礼物叫贺礼，同宗者一般送米、酒，姻亲一般送被、毯之类的物品，外姓朋友一般送红包，红包的大小视各人与当事者的关系亲疏而定，少者5元、10元，多者100元。送给丧礼的礼物叫唁礼，吊唁者一般要送1.2丈白布（或黑布、蓝布，但红布不行），4～5斤米，2～3元的白封包。若是较亲的亲戚，白封包要封50元。如果是女婿，还要送一头猪及鸡、鸭

① 蒋斌：《经济人类学》，见《社会文化人类学讲演集》，455～463页，天津：天津人民出版社，1996。

② 李富强：《经济人类学简论》，载《广西民族研究》，1995（1）。

等。参与红白事的人，还可能义务地为当事者提供劳力服务。

那善的互惠交换形式还体现在借贷上。在这里，债权人绝不会要求债务人交付利息，但却期待一定的礼物回报。债务人在归还借贷时，也会自觉地带上一些礼物，而且这些礼物是有讲究的。如果借贷是为了养猪，礼物应该是猪肉；如果借贷是为了养鱼，礼物应该是鱼。当然，如果无礼物可送，也就只能平时多给予劳力或其他帮助了。应该记住的是，借贷的互惠关系一经建立，便有了相对的稳定性。因为当债权人需要贷款时，一般会先向以往的债务人借款。如果后者有相当经济实力的话，一般是不能也不会拒绝的。

在那善新出现的租赁关系反映了互惠交换的特点。曾到百色学过 3 个月理发技术的黄光全自 1997 年 6 月开始，以每月 4 元的租金租用黄月英的一间房屋开理发店。其实不论是黄月英还是黄光全都知道，每月 4 元的租金远不是房屋的实际租价，因为就在只有几步之隔的那善小卖部，王大茂校长用学校的房屋每月要交 60 元。所以，这每月 4 元的租金实际上包含有“人情”。这“人情”是有所回报的：黄月英的家人理发，黄光全不会收钱；黄月英家如需要帮工，黄光全必然前往；某些节日庆典，黄光全会请黄月英家人吃饭。

除了红白事中的馈赠礼物、借贷中的互惠及租赁中的“人情”外，劳力的互惠交换也很常见。那善一直存在着当地人称为“贝楼”（壮语直译是“去喝酒”，意为换工）的习俗。“贝楼”主要体现在建房、修猪栏和牛棚等劳作上。参与“贝楼”者一般都是亲朋好友，自带工具，在自己家吃早饭，在主人家吃中午饭，晚饭大都是各自回家去吃，也有在主人家吃的。“贝楼”都是义务劳动，不取工资；但接受过“贝楼”的人，有义务给提供过“贝楼”者还一个“贝楼”。

在传统上，农忙时一般没有“贝楼”。但近年来，那善出现了一种类似于“贝楼”的劳力交换方式。这种方式即是：没有耕牛的家户 A 与拥有耕牛的家户 B 共同劳动，轮流完成各自的耕种任务。

这种组合多是在同宗兄弟或姻亲间进行。一般来说，无耕牛的家户A劳动力较充裕，而拥有耕牛的家户B劳动力缺乏。如此组合，他们可在一星期或十天内完成夏天的“双抢”任务。否则，无耕牛者要以13元/天的价格租牛，有牛而劳力缺乏者要以15元/天的价格雇人来完成农忙时节的耕种、收割任务。

现在，那善的“贝楼”不仅体现在农业生产和家务劳动上，而且扩展到具有商业性质的劳务中。那善人有做木工的传统，中老年人大多都懂得这门技术。近些年来，人们常做些椅子、桌子等到利周或乐里去卖。因为木头在附近山上有的是，做这些产品卖的税不重（每张椅子交税0.5元，2椅1桌的书桌椅每套交税4.20元），而出售的价格不低（椅子每张7元，2椅1桌的书桌椅每套70元）。以此为副业，农闲时，每人每月可收入150元左右，所以，那善人乐此不疲。长期以此为副业的有黄光友、黄光荣、罗振庭、罗永音、罗永克、李文京、刘品香、王大春、罗书行、罗永丰、罗兆群、罗书丰、罗振凡、罗光彩、罗永波、罗永华等16个家户。这些家户，有的由于社会关系较广，能够得到成批的订货。如罗光彩、李文京、罗永波、罗永华等，曾得到潞城乡、能良乡、龙车乡教办等为单位做书桌椅的订单。订货都是有期限的，但他们不用担心不能按期交货，因为他们可请帮工。1997年8月间，罗光彩为龙车乡教办做25套书桌椅（2椅1桌为一套），木料已全部准备好，但罗光彩是村民委主任，各种事情较多，眼看不能按时于9月前交货，便请邻居罗永波来帮忙，不给工钱，以后“还工”就可以了。李文京也遇到过同样的问题，当潞城乡教办定做的30套书桌椅的交货日期临近时，他便请了几个青年来帮工，只管两餐饭，不付工钱，日后有机会“还工”。由于“贝楼”只是针对劳动内容本身的交换，不受时间、地点和内容的限制，因而是非等价、非等时、非等地的劳动交换。

可见，在那善，“非人性”的交换（即市场交换）与互惠交换并行不悖。商品经济的发展不仅没有破坏他们传统的交换体系，反而扩大了传统交换的范围。

因此，在壮族农村，传统经济与商品经济并不必然是冲突的。我们完全可以在传统小农经济的基础上发展出现代商品经济。

第四章　那善屯的婚姻制度、家庭关系及变迁

一、婚姻制度及其变迁

婚姻作为社会所认可的男女两性的结合形式，是建立家庭、实现人类自身生产的前提。由于它使配偶双方具有公认的性关系、为婚生子女建立起合法地位、将权利和义务转移到配偶双方、建立双方亲戚间的姻亲关系，可说是社会借以界定人文关系的重要手段。正如结构功能学派（Structural functionism）的人类学家E. 利奇（Edmund Leach）所指出的，婚姻不仅涉及性，而且涉及经济、法律和政治等多种因素。[①] 因而，那善壮族不仅视婚姻为个人人生过程中的重要环节，且视之为涉及众多社会关系的神圣大事，必定要按照习俗举行一定的仪式，郑重地宣告婚姻的缔结。在漫长的岁月中，那善壮族的婚姻制度以丰富的历史文化积淀，形成了自己的独有性格，也随着历史的发展进步，发生了一些变化。

（一）婚姻类型

如果从婚姻形态考察，那善壮族早已实行了一夫一妻婚。尽管在新中国成立前有一夫多妻的现象，但其在那善婚姻制度中是非常次要

① 北晨编译：《当代文化人类学概要》，143页，杭州：浙江人民出版社，1986。

的成分。延至1953年，一夫两妇的婚姻只有4例，仅占132宗婚姻中的3.03%。而其中2例是由于元配妻子无生育，1例是由于元配妻子无男嗣才重婚纳妾的，只有1例是作为财产和地位的象征而存在的。

若从婚后居住的情况来考察，那善壮族的婚姻主要是夫方居住婚。这种从夫居的婚姻，完全由男方主办婚礼和酒宴，婚后女方住在男方家，成为夫方家庭的一员，所生养的子女随父姓。

妻方居住婚在那善也长期存在，一直占有相当比重。在1997年的220宗婚姻中，婚后男方住在女家，成为妻方家庭一员的“入赘”婚有15例，占6.82%。

自清至民国时期，那善入赘婚有两类情况：

A类：男方要更改姓名，即婚后男方要放弃自己原来的姓，改用妻姓，并按妻方取名所用的字排，另行取名。从居住到姓名完全成为妻方家庭的人。罗书立即是此例。他本姓岑，到那善入赘罗家后，按与妻同辈的罗家男子的字排，改姓名为罗书立。在这种情况下，女方迎娶时一般比较隆重，要给男方较多的彩礼。男方则完全脱离原来的家庭，最多是在妻家神龛中央祖宗牌位“［妻姓］门堂上历代始高曾祖考妣远近宗亲之位座”的妻姓后加上自己的原姓，使之变为“［妻姓、已姓］门堂上历代始高曾祖考妣远近宗亲之位座”。例如，如果男方原姓黄，入赘罗家后，则将妻家祖宗牌位之“罗门堂上历代始高曾祖远近宗亲之位座”，改为“罗黄门堂上历代始高曾祖远近宗亲之位座”。以此表示在供奉妻方历代祖宗的同时，也供奉夫方的历代祖宗。但这一般要待妻子的父母过世，夫妻成为家庭的长辈后。这种婚姻所生养的子女全部随母姓。

B类：男方仍保留自己的姓名，婚后居住妻方家中成为女方家庭的一员。在这种情况下，女方家主持的婚礼不需如A类婚隆重，操办的酒宴不需如A类婚丰盛，也无须给男方家太多的彩礼。入赘的男子在妻子家中不仅有一定的发言权和决定权，也与原来的家庭保持千丝万缕的关系。有的入赘若干年后，或因妻子父母过世，或因男方家中确有困难等，还携带子女重回男家居住。有的入赘者，还将自己原来家中无人照顾的父母或弟妹等接到妻家共同居住。反映在祖宗神位上：妻方父母健在时，夫方祖宗神位一般不上妻家神龛；妻子父母去世后，有的人家逐渐将神位全部改为夫方祖宗神位，有的则是将夫妻双方的祖宗神位共同供奉。神龛中央的祖宗神位写考妣“门堂上历代始高曾祖远近宗亲位”字样，两侧各书夫妇先辈祖宗神位，同享香火。此种现象至今尚存。李文明家的神龛（图 1-4-1）即是此类。李文明本是广西平果县人，新中国成立初期大学毕业后到那善小学任教，入赘黄家，其岳父母去世后，家中神龛便是夫妇双方祖宗神位一起供奉。现在，李文明尚健在，他的上门女婿罗显光还不是家长，因而罗家祖宗还不能上李文明家的神龛。待将来李文明去世后，罗显光就会在神龛上改而供奉罗家祖先神位，或把神龛上的“黄李门”改为“李罗门”，将李家、罗家的先祖并列供奉。此类婚姻所生育的子女可随母姓，亦可随父姓。一般而言，妻子无兄弟者，子女随母姓，妻子有兄弟者，子女随父姓。

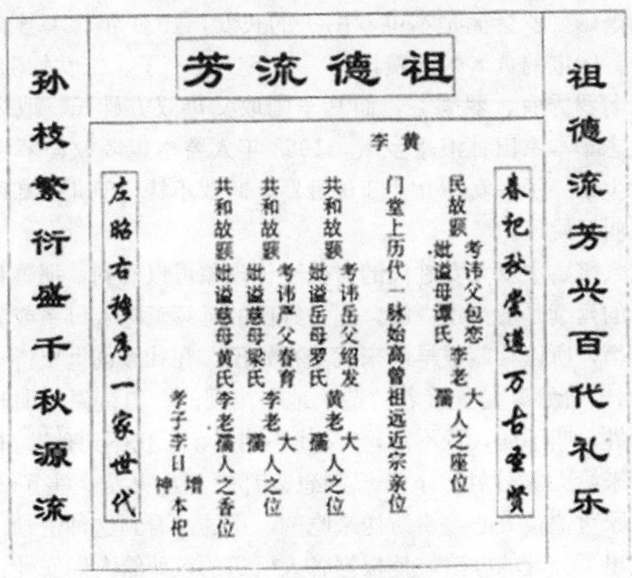

图 1-4-1　李文明家的神龛

A、B两类入赘婚中，A类在新中国成立后已经不存在，现在见于那善的入赘婚均属B类。近些年来，这类婚姻也有了某些变化。最明显的是反映在小孩的姓氏上。以前，小孩可随母姓，可随父姓，具体到一对夫妇所生养的小孩，一旦确定随母姓，则全部小孩均随母姓，同理，一旦确定随父姓，则全部小孩均随父姓。但现在，出现了一对夫妇所生养的几个小孩中有的随母姓，有的随父姓，或随父母双方姓氏的情况。据1997年6—8月的统计，全屯15例入赘婚中，除有10例的子女随父姓，2例的子女随母姓外，有1例是长子、次子随父姓，三子随母姓，有2例是女儿随母姓，儿子随父母复姓。前1例是指罗秀英与廖志宏的婚姻。罗秀英是本屯罗定标的女儿，廖志宏是廖德裕的第四子，1978年廖志宏入赘罗家，生下三子。长子和次子分别叫廖本胜、廖本坤，随父姓，并按父方排辈以“本”命名；而三子叫罗永岭，随母姓，并按母方排辈以“永”命名。后2例是罗会楠与黄××的婚姻以及罗翠奇与姚志华的婚姻。罗会楠是本屯罗书玉的长女，1974年，本县潞城乡弄图村弄图屯的黄××入赘该户，生下二女一子。二女均随母姓，分别取名罗秀宜、罗秀芬，而其子则取父母双方姓氏，取名黄罗吉。姚志华本系田林浪平乡人，1988年入赘本屯罗家与罗翠奇完婚后，生下一子一女，女儿随母姓罗，叫罗小妹，但儿子却取父母双姓，叫罗姚班。

由入赘婚中就儿女姓氏的讨价还价现象可以看到，那善壮族对于姓氏的延续是极为重视的。因为姓氏的延续意味着母系或父系家族的繁衍，所以壮族很早以来就重视姓氏。在壮族创世史诗《布洛陀》中，“分姓”是紧接着“造天地”出现的。史诗说，那时的人无名无姓，叫不便，认不清，“父找不到子，子找不到孙”。布洛陀派卜黄来给大家分姓。卜黄想来想去都想不出办法，害了一场大病。大家对他很关心，纷纷送来吃的、用的。看到这种情景，卜黄忽然想出了分姓的办法，他根据各人所送的东西给人们安姓：送李果来的姓李；送黄牛来的姓莫（壮语称黄牛为“莫”）；送鸟来的姓陆（壮语中鸟叫“陆”）……有一个人没东西送，只提了个空篮子来，好心的卜黄也给他分姓，安他姓篮。所有前来探病的人都得到姓了，唯有一人在厨房里负责给大家煮饭，没得姓，便发了火，敲着砧板质问。卜黄见他敲砧板，便安他姓覃（壮语里“覃”与“砧”同音）。分姓结束后，有个人才匆匆赶来。这人平时吊儿郎当，爱捣蛋，现在又姗姗来迟，卜黄心中恼火，便给他安了个丑姓——伟（壮语 vaez 指男性生殖器），以示惩罚。此人不服气，表示今后要改邪归正。于是，大家劝卜黄给他个美姓。卜黄便给他改姓韦（壮语 vix，无贬义）。“从此天下人，分成百家姓”[①]。那善王家流传着这么一个说法：王家到那善时间虽长，但人丁不旺，原因是原来的坟场风水不好；虽有财，但人丁不旺。所以，自“周”一代后，宁要人丁，不要钱财，不再集中到原坟场（瓶格山）埋葬。由此可见人们对于姓的繁衍、发展的重视。

就那善壮族的整个婚姻状况来看，那善壮族所谓的姓氏延续主要以父系为衡量的标准，可能是由于汉文化影响的缘故，其父系父权的特征相当明显，但不容忽视的是，那善的父系父权观念不如汉族强烈，母系母权的传统在此一直占有一席之地。近三四十年来，更由于政治和法律等方面的影响，妇女地位相对提高，尤其是计划生育的强烈影响，使入赘婚越来越普遍地为人们所接受，父系父权原则进一步受到挑战。与男女平等的新型性别关系或趋势相适应，出现了同时按父系和母系衡量姓氏延续的新规则。因此，那善出现同一对父母的儿女不同姓以及取父母双方姓氏的现象不是偶然的，是有其内在必然性的。

（二）婚姻的缔结

不论是夫方居住婚，还是妻方居住婚，以婚姻缔结的方式论，

① 欧阳若修等编著：《壮族文学史》（第一册），58～59 页，南宁：广西人民出版社，1986。

那善壮族的婚姻主要是聘娶婚，即以聘的程序而娶，以聘的程序而嫁。

聘娶婚总的说来是包办婚。新中国成立前，那善壮族婚姻多是选择门当户对之家，凭“父母之命，媒妁之言”而缔结的。当男孩长到十五六岁，女孩长到十二三岁时，男方父母就请媒人（当地俗称中间人，可以是自己的亲戚，也可以是外姓人，但都要与自己较合得来，能为自己说话，多数为女性）带上3～5斤猪肉、1只鸡、1瓶酒到女家去问亲。女方父母如果同意，就接受这些礼物，将女方的年庚八字交给媒人带回，由男家请道公来为男女双方“合命”。男女双方生辰若有三五个字相合，就可以订婚；若相冲相克，则说明无缘。在整个择偶过程中，当事人的意志并不重要。

但是，那善壮族联婚的包办性质远不如汉族强。表现在择偶方式上，除父母代为物色对象外，那善的青年男女还有自己择偶的自由。“坐廊”和“欢筒”即是他们自主择偶的形式之一。“廊”即那善屯中的公共建筑，木瓦结构，人们俗称凉亭。这个建筑最初是由罗辉文建于新中国成立前，目的是祈求其子罗兆鹏的健康，因为罗兆鹏一贯体弱多病；而按当地的说法，多做善事积阴功，可消除疾病灾难。于是，他建了个亭。原亭到1988年时已彻底垮了，村民们便凑钱凑粮在原地按原样重建了一个。此亭平时是村民聚首之所，夏天大家在此纳凉讲古，冬天在此烤火聊天，而春节期间则是“坐廊”的地点所在。“坐廊”时，男女分群排列，面对面地坐于“廊”中，中间置一木棍为界，不得随意跨越。开始，由男方或女方开口唱歌，相互挑逗嬉戏，接着互相酬答，你来我往，由早晨直至黄昏。由于“坐廊”是集体性的公开活动，对唱时虽有主唱，但却是集体对唱的形式，因而所唱歌词只是个人情爱的前奏。“欢筒”是“坐廊”的延伸。“坐廊”至黄昏时刻，青年男女即用楠竹筒蒙以猪牛油薄膜，做成两个传话筒，用棉线连起来，对面而坐的男女各执一筒，相互邀请中意的对象进行个别对唱，通过“欢筒”以歌传情，表达爱慕。

利用赶歌圩寻求配偶是那善壮族又一传统的择偶方式。歌圩活动期在每年的农历三月十二日至四月初八。最近的歌圩点是利周街，以前人们常到此赶歌圩。此外，远一些的歌圩点，如乐里、汪甸（属百色市）等，也有一些人去。各歌圩点开始举行活动的时间各不相同，活动时间的长短亦不一致，少则一天一夜，多则三天三夜。参加歌圩的常有数千人，吃住有的是到情人家，有的是到亲戚家，没有什么关系的随便到谁家都行，主人都会热情地免费招待。歌圩的活动内容除对歌外，还演壮剧或古装戏。青年男女就通过对歌和叙谈结交朋友，寻找意中人。

打算招婿上门的姑娘也有其择偶的方式。在春暖花开或秋高气爽的农闲季节，姑娘经过一番精心打扮之后，便与姐妹们成群结队地串寨招郎。她们到达目的地后，找亲戚或熟人家住下，通过东家的女人传话，物色对象。姑娘主动帮东家干活，以博取人们的好感。愿意上门的男子即与姑娘搭讪、攀谈，与之共同劳动。在劳动的过程中“唱欢”（唱山歌），谈情说爱，订下终身，并商定“上门”的具体事宜。

不管是父母包办，还是自主择偶，对象选定后，即进入订婚和结婚的程序。订婚多在春天进行，有的在秋季或冬季，在夏季者绝少。订婚时，男方请本族或同村外族长辈来聚谈交亲，并给女方家和房族送去猪肉、糯米饭、酒、面条、鸡等礼物，礼物的多少视女方家和房族人数的多少而定。女方则还给男方黑土布、鞋、袜、毛巾、笔、墨、红鸡蛋、甘蔗等礼物，并请银匠用银子打成银牌，将自己的年庚八字刻在银牌上作为信物交给男方。

订婚之后，每逢节日，男方都要给女方送礼。所送礼物多寡由人，视女方人数而定，礼物的种类在不同节日也有所不同：

三月三：猪肉、酒、鸡二只、糯米饭、红糖。

五月五：猪肉、酒、三角粽、水果、糖糕。

七月十四：猪肉、鸡二只、酒、蕉叶粽粑。

八月十五：月饼、鸡二只、猪肉、酒。

春节：粽粑、猪肉、酒、水果、糖糕、鸡二只。

另外，若男方家有重大庆典，要请女方前往参加，并要给女方家送一些礼物；若女方家举行重大庆典，男方要前来帮忙，女方也要给男方家送些礼物。

如无变故，订婚1～3年后，就可以结婚了。结婚前一个月，男方便给女方送去聘金及棉被、蚊帐、衣服、柜箱等嫁妆。婚礼前一天，男方将女方办酒宴所需的酒、肉等送到女家。女方在婚礼当天，要将自己做好的礼服穿上，并把被面缝好。缝被面要根据男女双方的生辰八字算定时辰缝，当地称之为“缝针线合”。缝时，村中姐妹及夫妻双全的嫂婶等一同前来帮忙，当天做好。

婚礼是在晚上举行的。女家举行晚宴招待女方亲朋好友后，按照所择定的吉时良辰，一般在深夜，新娘到祖宗神台前拜别祖宗，由兄长背出门、上轿。出门时不能碰门槛，否则认为娘家要受穷；不能回头，否则认为将来生小孩会像娘家的人，而不像婆家的人；出门槛后，新娘要换上自己做的新鞋，将原来穿的那双留在娘家。女方送嫁者，有新娘自己找来的平时亲密的姐妹，也有中老年夫妻双全、子女较多的妇女，一般是8个人。男方迎亲者有新郎最亲密的男伙伴3～4人，还有几个轿夫和挑夫。新娘坐的轿背后有一面镜子、一个米箕、三把剪刀、一本通书（意思是怕外面鬼怪作祟），轿门和轿身用一块红毯盖着，轿内有一穗谷子（意思是祝愿婚后五谷丰登）。新娘坐轿往男家时，女方还送给男方糯米若干，公鸡和母鸡各一只，由挑夫送去。到男家门口，不能马上进门，只能在门口聊天、唱歌、饮酒、喝茶，直到天亮。

天亮后，整个迎亲和送亲队伍被男家迎进门。男家一般在门口点燃一个火堆（火堆里加放桐果），整个队伍的人挨个跨过火堆，以示将路上沾的邪气消除，然后进入家门。新娘由男方家人引导，来到祖宗神台前祭拜。拜毕，进入洞房。过了一夜，直至第二天早上，新娘才能步出洞房，挑水做饭，以示勤快。

那善一带壮族在晚上举行婚礼的原因，当地人有两种解释：一说是为了避免踩别人的脚印，否则别人过好日子，自己受穷；二说是由于古时那善一带土匪多，白天举行婚礼，常被土匪抢人抢物，故改为晚上举行婚礼。这两种说法中，第二种已触及事实。不过，人们所要避免的不是土匪为害，而是土官。由于过去统治这一带的土官对新娘享有初夜权①，一旦得知谁家办喜事，即由家丁组成抢人的队伍“拉生队”，把新娘强行拉到府上，先供自己淫乐一宿或三宵，满足后才放回夫家，如若反抗，势必家破人亡。于是，这里的百姓为了不让土官知道，不敢在白天举行婚礼，而改在晚上，久之便成为习惯。

在民国之前，那善一带的壮族妇女婚后有“不落夫家”的习俗。妇女婚后只在夫家三天，此后即回娘家居住，有的达数年之久，只在农忙季节或节庆时，夫家派人通知才回来帮助生产或参与节庆。三五天后又转回娘家，直至有了身孕，才到男夫长住。这种风俗到民国时期已逐步消失。然结婚后第三天早上，新婚夫妇必定要“回门”，即去新娘的娘家，但不能住在娘家，必须当天去当天回。较远的，第七天早上去，可在娘家住几宿。至“回门”之后，整个婚姻缔结的过程方告结束。

以上所述主要是新中国成立前夫方居住婚的缔结过程。至于妻方居住婚，即入赘婚，在择偶后，也要经历订婚和结婚的过程，但男女双方角色与夫方居住婚正好相反，结婚仪式要简单一些。如果女方较穷，随便送点食品，在男方家办几桌酒席后，男方便随身带些日常用品来到女家，女家办几桌酒席，告知叔伯婆婶及左邻右舍便结束了。若女方家比较富有，也可仿接媳妇的办法办理。

新中国成立后，由于政治和法律诸方面因素的影响，那善壮族缔结婚姻的方式发生了变化。尽管以“父母之命，媒妁之言”而缔结的包办婚姻一直存在，但自由恋爱、自主择偶而配的自主婚越来

---

① 广西壮族自治区编辑组：《广西壮族社会历史调查》（第四册），431页，南宁：广西民族出版社，1987。

越多，渐居主流。当然，青年男女自主择偶的方式也发生了改变。“坐廊”、“欢筒”已经消失，“赶歌圩”也越来越少见，但由于社会生活的内容日益丰富，人们活动的空间日益扩展，青年男女在日常生产、生活中相互接触、恋爱的机会越来越多，其恋爱、择偶也就不拘形式了。

虽然新中国成立后自主婚越来越普遍，但即便是自主择偶者，也要请媒人去问亲，有的仍要讨取女方的年庚八字，请道公来“合命”。尽管人们越来越有办法不让“命”来妨碍情意相投的恋人的结合，但这一形式还是要经过的。问亲之后是订婚和结婚，婚姻的缔结过程这时没有变化，但在一些细节上却有所不同了。如以前新娘出门时都要哭嫁，哭的内容大多是发泄父母兄嫂待自己不好，或者发泄对父母包办婚姻的不满；但现在，由于家庭关系趋于平等、婚姻自由趋于普遍的缘故，哭嫁者日趋罕见，即便哭，其含义也只是表示难舍娘家亲人而已。另在接新娘的工具上，新中国成立前多是轿子，现在则是拖拉机或步行。以前置于轿内的镜子、米箕、剪刀、通书、谷穗等，现在改置于陪嫁的棉被等嫁妆内。

那善壮族婚姻缔结方式和程序发生变化的原因，除政治、经济因素的影响外，还有族际联姻的影响。诚然，族际联姻的出现本身也是那善壮族婚姻的变化之一。因为那善壮族历来不与别的民族通婚，尽管他们长期与汉、瑶民族杂处。笔者遍访村中老者，均无法溯寻那善壮族在新中国成立前曾与汉、瑶等民族通婚的线索，村民们都普遍宣称，非到迫不得已，不与其他民族通婚。据说是因为邻近的汉、瑶族以前不种水稻，只种玉米等旱粮，生产和生活习惯大不相同，无法相互适应。然而，这种惯例到新中国成立后已逐渐打破。1998 年 11 月，那善共有族际婚姻 15 宗，其中娶汉族姑娘为妻者 12 例，汉族男子入赘 2 例，嫁与瑶族男子为妻者 1 例。之所以有此突破，一是由于民族间生产生活的差异缩小。汉、瑶等族经过土改有了一部分水田，懂得了耕种水稻。二是一些新观念的产生使民族间的差异不再成为不可逾越的婚姻障碍。上述 15 对夫妻中，多是当地文化较高或“见过世面”者。如那善唯一嫁与瑶族为妻的姑娘是右江师范学校毕业的，毕业后到那柴屯去当代课老师，该校只有她和本乡平阳屯的一个瑶族小伙子两位老师，天长日久产生了爱情。虽然女方的父母叔伯等亲友极力反对，但两人冲破重重阻力结了婚。

伴随着族际婚姻出现的是民族间婚姻文化的冲撞和融合。由于汉、瑶民族的风俗习惯与那善壮族不同，缔结婚姻和举行婚礼时，双方都不能只按自己一方的风俗习惯行事，而要互相折中、调和。那善壮族婚姻缔结方式和程度的变化，反映出新的婚姻因素和内容与传统的形式和内容是可以糅合共存的。外来的文化可在不与本民族文化相冲突的情况下，与本民族文化有机结合，从而构成新的体系。

改革开放以后，由于青年男女出外打工等机会的增加，接触了一些新事物，开阔了眼界，婚姻的传统内容以更快的速度变化着。

（三）婚姻地缘

由于那善壮族社会具有乡土社会的重要特征，即其社会圈是以血亲和姻亲组成的亲戚关系为中心，因而通婚区域的大小与变化反映了他们与外部世界的关系和文化心理及其变迁。

从婚姻情况看，据对那善晚清缔结的20宗婚姻的了解：其配偶来自本屯4人，占20％；来自百谷屯3人，占15％；来自坛亮屯、福祥屯各2人，各占10％；来自坛达、平坤、平旺、亮福、那平、六爱、百花寨及凌云、隆林各1人，各占5％。若以现在的行政区域划分：爱善村内的联姻5宗，占25％；本乡内联姻16宗，占80％；跨乡的联姻2例，占10％；跨县的2例，占10％。

据对那善民国时期缔结的40宗婚姻的了解：其配偶来自本屯14人；来自今爱善村禄恩屯1人，当后屯1人，六爱屯2人；来自利周乡百达村百谷屯2人，百达屯2人，坛达屯1人；来自利周乡亮福村坛亮屯3人；来自利周乡福祥村那福屯2人；来自和平村百逢屯2人；来自本县潞城乡营盘村营盘屯2人；来自乐里镇乐里村百花寨2人；来自能良乡那色村六雄屯1人；来自凌云县朝里乡平广村平广屯1人；来自百色1人；来自田阳县1人；来自天等县2人。本屯内联姻占35%，本村内联姻占45%，本乡内联姻占75%，跨乡联姻占2.5%，跨县联姻占12.5%。

据对新中国成立后那善缔结的175宗婚姻的了解：其配偶来自本屯59人；来自爱善村六爱屯13人，禄恩屯6人，当后屯3人；来自本乡百达村百谷屯13人，百达屯5人，坛昔屯1人；来自本乡福祥村那平屯5人，那福屯1人，祥杏屯5人；来自本乡老山村那罕屯3人，凡屯3人；来自本乡亮福村坛福屯1人，坛亮屯3人；来自本乡和平村平坤屯2人，百逢屯2人；来自本乡平布村冷屯1人；来自潞城乡三瑶村1人，弄读村弄读屯1人，平吉村百览屯1人，平吉村红旗屯2人，营盘村营盘屯2人，鹅外村巴兰屯1人；来自本县乐里镇16人；来自本县平山乡2人；来自本县八桂乡3人；来自本县八渡乡2人；来自本县浪平乡4人；来自本县龙车乡1人；来自本县福达乡1人；来自凌云县2人；来自靖西县（渠祥镇）3人；来自平果县（太平乡甘隘村内礼屯）3人；来自乐业县（甘田镇甘田村）1人；来自邕宁县1人；来自广东省罗定县1人；来自云南省富宁县1人。本屯内联姻占34%，本村内联姻占46%，本乡内联姻占72%，跨乡联姻占21%，跨县联姻占6%，跨省联姻占1%。

而从出婚的情况看，所能了解到的生于20世纪40年代的5人中：有4人嫁在利周乡内，占80%；有1人嫁到乐业县，占20%。

所能了解到的生于20世纪50年代的15人中：嫁在屯内3人；嫁到本乡百达村百谷屯3人，坛昔屯2人；亮福村坛亮屯3人；和平村和平屯1人，百逢屯1人；嫁到本县乐里镇马田屯1人；嫁到武鸣县1人。屯内婚占20%，乡内婚占86.67%，跨乡婚占6.67%，跨县婚占6.67%。

所能了解到的生于20世纪60年代的35人中：嫁在本屯12

人；嫁到本村六爱屯3人，当后屯1人；嫁到本乡百达村百谷屯4人，百达屯3人；福祥村那福屯1人，祥杏屯1人；老山村凡屯1人；亮福村坛福屯1人，坛亮屯3人；嫁到本县乐里镇2人，乐里镇启文村华屯1人，新建村平旺屯1人；潞城乡三瑶村1人。屯内婚占34.29%，村内婚占45.71%，乡内婚占85.71%，跨乡婚占14.29%。

所能了解到的20世纪70年代的35人中：嫁在本屯10人；嫁到本村六爱屯3人；嫁到本乡百达村百谷屯2人，百达屯2人；福祥村那平屯3人，那福屯1人；亮福村坛福屯2人，坛亮屯2人；和平村平坤屯2人，百六屯1人，六之屯1人；嫁到本县乐里镇新建村平旺屯1人，河口屯1人，百花寨村百花寨屯1人；嫁到本县八桂乡1人；嫁到乐业县1人，田东县1人。屯内婚占28.57%，村内婚占37.14%，乡内婚占82.86%，跨乡婚占11.43%，跨县婚占5.71%。

所能了解到的20世纪80年代的70人中：嫁在本屯18人；嫁到本村的六爱屯5人；嫁到本乡百达村百谷屯2人，百达屯2人；老山村凡屯1人；亮福村坛福屯3人；和平村和平屯1人，平坤屯3人，百逢屯5人，百六屯1人；嫁到本县乐里镇1人，乐里镇新建村平旺屯3人，百花寨村百花寨屯1人，风洞村风洞屯2人，弄平村弄平屯1人；潞城乡旺吉村3人，弄读村1人；八桂乡1人；百乐乡1人；浪平乡1人；嫁到凌云县3人，乐业县1人，柳州市1人，博白县5人，北流县2人；嫁到山东省1人，广东省1人。屯内婚占25.71%，村内婚占32.86%，乡内婚占58.57%，跨乡婚占21.43%，跨县婚占17.14%，跨省婚占2.86%。

所能了解到的20世纪90年代的75人中：嫁在本屯17人；嫁到本村六爱屯1人；禄恩屯1人；嫁到本乡百达村百谷屯1人，百达屯2人；平阳屯1人；福祥村那平屯7人，祥杏屯1人；老山村凡屯1人；亮福村坛福屯3人，坛亮屯2人；和平村平坤屯3人；嫁到本县潞城乡6人；乐里镇5人；八桂乡2人；旧州镇1人；浪平乡2人；平塘乡1人；那比乡1人；嫁到百色汪甸乡3人；凌云县1人；靖西县1人；德保县1人；平果县2人；灵山县1人；隆林县1人；柳州市1人；博白县2人；北流县1人；嫁到广东省2人；江西省1人。屯内婚占22.67%，村内婚占25.33%，乡内婚占53.33%，跨乡婚占24%，跨县婚占18.67%，跨省婚占4%。

分析上述材料，可以发现：

1. 那善本屯内通婚一直占有相当大的比重。这一方面是由于那善姓氏多及各姓氏来源复杂，壮族传统的“同姓不婚”的婚姻观念无法限制屯内联姻。另一方面，它可能在一定程度上说明那善的相对封闭，那善这个相对独立的“小社会”与外界“大社会”的联系欠发达。由此却导致了近亲婚姻的产生。笔者在调查时发现有2例。其中1例是表姐的儿子入赘表妹家与其女儿结婚；另一例是“小罗”支的一对青年（“永”字辈，第九代），他们在4代前还有共同的祖先。这2例婚姻是在20世纪80年代末和90年代初缔结的。

2. 长期以来，那善联姻绝大部分是在利周范围内，主要地点有那善、六爱、当后、禄恩、百达、百谷、坛达、坛昔、坛亮、坛福、平坤、百逢、冷屯、那罕、凡屯等。这是那善通婚区域的中心地带。

3. 那善自古以来就有少数婚姻是与邻近乡（镇）、县联姻的，其地点包括乐里镇、潞城乡、平山乡、平塘乡、八桂乡、八渡乡、能良乡、凌云县、乐业县、靖西、百色、田阳、平果、天等及邕宁县等。这是那善通婚区域的外沿地带。

那善通婚区域的中心地带正是利周河两岸谷地（图1-4-2）。河谷村落的关系具有天然的密切性。虽然没有取得各村落联姻的量化材料，但那善的材料清楚地表明，通婚的过程不仅是以那善为中心出发，而且是双向的，在此范围内，通婚的联系广泛存在，是一个完整的婚姻圈。而此婚姻圈大略与利周乡境内的人文经济区的划分相对称。由于居住于河谷的村落与居住于河谷外围的高山地区，以种旱粮为主的瑶、汉民族迥异，都是依山傍水近田而居、以种植水稻为主的壮族。他们不仅有相同的稻作文化，而且有统一的市场——利周圩，以及共同的精神领袖——岑大将军，河谷中心利周圩的岑大将军庙是全利周壮族都朝拜的庙宇。经济文化的相同，所处地理位置的一致和交通的便利，使此区域自然而然地形成为一个完整的区系网络。形成与维持此一区系网络的力量，包括生态、交通、市场、宗教等因素以及通婚行为。相互间的通婚以姻亲和血亲关系将不同的村落联系了起来，从而推动了当地社会经济的互相交流。

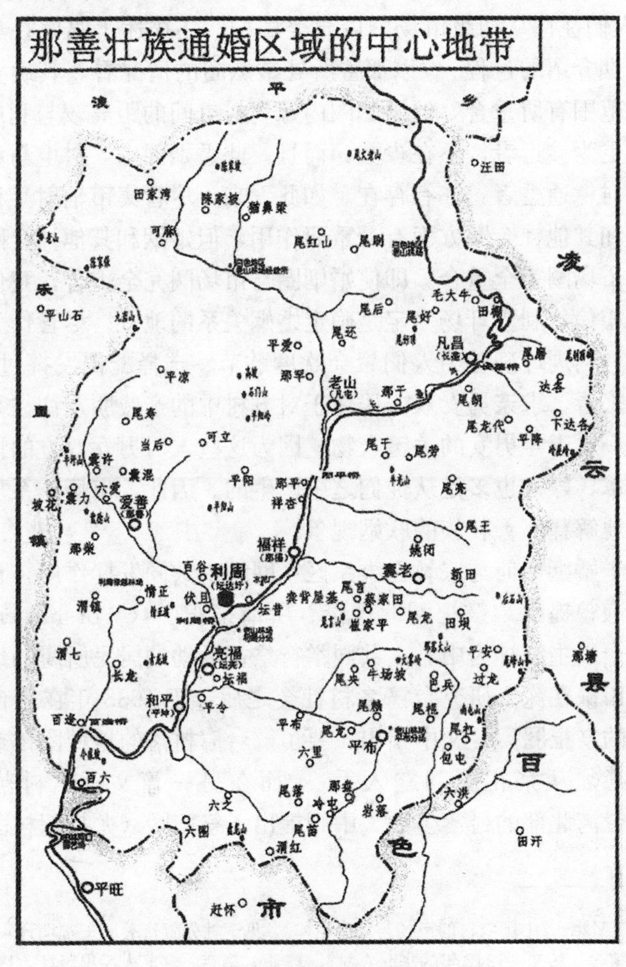

图 1-4-2　那善通婚的核心区域

关于婚姻如何与市场在维系区系网络中共同发挥作用，美国学者施坚雅（G. William Skinner）曾在深入研究中国乡村社会的市场与社会结构的基础上，提出了一个市场体系理论，认为中国农村的市场圈等同于社交圈和通婚圈。为了说明这一观点，他以四川的乡村社区为例，指出四川的初级市场是一个内生的社会区域（社会区），人们往往从初级市场圈内寻娶媳妇，还描述了媒婆在集市上完成婚姻介绍的过程。[①] 以那善所处婚姻圈的情况看，其确实与利周圩的范围有所重合，但婚姻圈内嫁娶村屯间的距离较与利周圩场的距离更为接近者，不在少数，而且，此婚姻圈内，村屯与利周圩场圈外村屯通婚者，亦有存在。如此看来，尽管集市辐射半径在限定婚姻和其他社会圈方面有着重要作用，但婚姻和其他社会圈并不一定与市场圈完全重合。即使婚姻圈与市场圈完全重合，我们也没有理由相信，利周圩场一定是确定婚姻关系的地方。尽管作为歌圩所在地，利周圩确曾为人们聚会欢度歌节、选择配偶发挥过作用，但总的来看，求亲男女双方居住于对方村中的亲戚朋友往往是促成或拆散一对青年男女的关键人物，因为这些人对男女双方的情况都了如指掌，媒人也多是从他们之中产生的。因此，市场体系理论只能部分地解释那善壮族的联姻现象。

关于婚姻如何与宗教在维系区系网络中共同发挥作用，日本学者冈田谦曾提出"祭祀圈"理论。所谓祭祀圈（Worship circle），是指一个以主祭神为中心，共同举行祭祀活动的居民所属的地域单位。冈田谦在深入研究台湾乡村社会之后，于1938年在《台湾北部村落的祭祀圈》一文中指出：要了解台湾村落的地域团体或宗族团体，必须从祭祀圈问题入手。[②] 而在另一篇文章《村落与家族——台湾北部的村落生活》中则提出了祭祀圈（尤指超村落或地

① 施坚雅：《中国农村的市场与社会结构》，见于杜先赞奇著、王福明译：《文化、权力与国家——1900—1942年的华北农村》，17页，南京：江苏人民出版社，1992。

② 〔日〕冈田谦：《台湾北部村落的祭祀圈》，载《民族学研究》，1938（4）。

区性祭祀圈）与通婚圈是互相重合的观点。[①]

依照祭祀圈的概念，考察那善的情况，我们发现，那善的祭祀圈计有社神祭祀圈、大榕树祭祀圈和“岑大将军”祭祀圈。

社神，那善壮族称“伯公”、“社公”或“土地公”，以几块石头为象征物，置于村屯西南方向，与“岑大将军”庙遥遥相对。每月农历初九至十五期间，各家各户都要凑钱，置鞭炮、香、纸、猪头、鸡等前往祭拜。而后，全屯每户1人聚餐。

那善的大榕树在村屯的东北角，祭拜的时间和情形与社神相同。

“岑大将军”庙位于那善屯东南角，与社神遥相对应。庙为一座长、宽、高各2米的小屋，坐北向南，门额上书“保我黎民”，门右侧书“保村民五谷丰登”，左侧书“佑老少四季康泰”。屋内设有神台，上置两块巨石，右边一块为“凸”形，左边一块为长方形。其上，中竖书“本境岑大将军爷爷之神位”，右竖书“晨昏求必应”，左坚书“早晚叩则灵”。巨石前有一泥塑观音像、三只香炉、一只香碗。“岑大将军”据说叫岑仲淑，宋代随狄青南来镇压侬智高起义后，留驻广西，因保卫地方太平有功，群众立庙纪念。此说固不足信，因遍查正野史籍，随狄青南来者，均无岑仲淑此人，但当地壮族群众崇拜“岑大将军”却是不争的事实。解放初期及以前，每年都要举行隆重的祭祀岑大将军的仪式。祭祀与“迎铜鼓进寨”结合进行。农历腊月二十九，众人用四把关刀、四把马刀先护送铜鼓至岑大将军庙，将刀插于庙门，铜鼓置于岑大将军神位左侧，日夜焚香供奉。正月初二，捧起插有岑大将军牌位的香炉，抬起铜鼓，敲起来游村。大烛在前，花烛在后，三弦、笛子在两边响起，群众夹道欢迎。队伍每到一家门口，主人便把一枝银纸花插在香炉里。游完全屯各户后，来到风雨亭，把铜鼓绑吊在亭上敲

① 〔日〕冈田谦：《村落与家族——台湾北部的村落生活》，载日本社会学会年报《社会学》(5)，1937。

击，将岑大将军的牌位送回庙中。20世纪60年代以来，这样的游祭虽已没有，但到庙中焚香上供祭拜仍保留着。人们每月初九至十五，祭拜社神、大榕树时，或有什么重大事件（如天旱）要祭拜社神、大榕树时，也一同祭拜岑大将军，以求保佑和帮助。

从这些情况看，那善祭祀圈都是聚落性的，其范围仅限于那善屯。尽管在那善所属的更大地区内有着地区性的神庙，如利周岑大将军庙、田林岑大将军庙，那善壮族及附近壮族群众有时也前往祭拜，但对它们的所有祭祀行为都是个体性的，无共同的祭祀活动，因而没有形成祭祀圈。

显然，婚姻圈与祭祀圈相重合的认识不适用于那善壮族社区。那善婚姻圈与市场圈、祭祀圈之间虽有部分重合，但并未统一。这种关系反映了那善区系文化网络的黏合方式。

应该指出的是，在上世纪八九十年代，随着开放政策的实行，交通状况的改善，那善姑娘与外界联系增多，通婚范围扩大，甚至有一些姑娘到广东等地打工后，远嫁广东、江西等省，打破了原来的嫁出地缘，扩大了婚姻圈的地域范围。在婚出人口的年代分布上，八九十年代跨乡、跨县、跨省通婚的比例较70年代大幅度提高，即是有力的说明。因此，尽管娶入地缘尚无多大变化，但原婚姻圈的缺口已经出现。

二、家庭关系及其变化

尽管人们一般认为，中国汉族家庭史的特征是包括三个甚至更多的世代、有两对或多对配偶的、成员人数较多的大家庭（Large family），但这只有理解为中国传统的家族制度有组织大家庭的可能性，才是正确的。实际上，无论是汉代还是唐代，古代中国的户均人数均只在5人左右。可见在现实中，家庭的抚养能力为家产的规模所制约，大家庭只限于拥有大资产的上层阶级，而占人口大部分的农民家庭“出于自然的或人为的限制，能够把人口数控制在各家庭所能供养的限度上”[①]。

壮族家庭的特征似乎与此有某些相同之处。尽管一方面由于壮族私有制得不到正常发展，村社土地公有制长期存在[②]，为父权家长制大家庭的存在提供了肥沃的土壤；但另一方面，由于壮族是一个社会经济落后的定居型民族，其集中性的定居生活限制了种植的范围，即耕作的水田、旱地只能在早出晚归的距离内，开垦荒地不能超出一定的活动半径，否则就只能采用分家移民另建居宅或居民点的方式来解决。其社会经济落后，阶级分化不严重，家庭规模普遍较小，又制约了大家庭的维持。所以，壮族民间流传着“人大分家，树大分杈”或“户大要分家，树大要分杈”的俗语，在现实社会中，大家庭是为数不多的。从表 1-4-1 可以看到，在 1953 年，那善的 94 个家庭中，扩大家庭只有 4 例，仅占 4.3%。[③]

一般说来，在传统农业社会向现代产业社会发展的过程中，家庭结构变迁的趋势是核心家庭逐渐增多，进而占据主导位置。那善家庭结构的变迁基本上符合这一规律。表 1-4-1 明确告诉我们：1953 年，那善 94 个家庭中，核心家庭 45 个，占 47.9%；到 1997 年，那善 154 个家庭中，核心家庭 76 个，占 49.4%，较 1953 年增长了 1.5%；而到 2004 年，那善 167 个家庭中，核心家庭 86

① 〔日〕富永健一：《社会结构与社会变迁》，145～146 页，昆明：云南人民出版社，1988。

② 李富强：《壮族社会发展轨迹之我见》，载《广西民族研究》，1992（2）；李富强：《壮族家庭制度简论》，载《广西民族研究》，1995（2）。

③ 关于家庭类型，人类学家提出过多种分类法。本文参照 O. 兰 1946 年在巴黎出版的《中国家族与社会》的分类法。将那善壮族家庭分成核心家庭、主干家庭、联合家庭和扩大家庭四种类型，并采用马多克（George P. Murdock）1949 年《社会结构》一书中多婚家庭的概念，将之作为一种类型。如此，那善壮族家庭被分为五种类型。多婚家庭是指一夫多妻的家庭；核心家庭是指一对夫妇及其未婚子女所组成的家庭，其中也包括一些变形；主干家庭是父母（及其未婚子女）与一对已婚子女所组成的家庭；扩大家庭即年老父母（及其未婚子女）与两对以上的已婚子女所组成的家庭；联合家庭是指已婚兄弟在一起组成的家庭。

个，占51.5%，较1997年增长了2.1%。这说明那善壮族家庭结构确实是在朝着“微小化”的方向发展。

表1-4-1　那善的家庭类型

年份 / 家庭类型	1953年		1997年		2004年	
	例数	%	例数	%	例数	%
多婚家庭	3	3.2	0	0	0	0
核心家庭	45	47.9	76	49.4	86	51.5
主干家庭	42	44.7	78	50.6	57	34.1
扩大家庭	4	4.3	0	0	23	13.8
联合家庭	0	0	0	0	1	0.5
合计	94	100	154	100	167	100

那善壮族家庭“微小化”的趋势与政治、经济的发展密切相关。如果说多婚家庭的消失是由于中华人民共国成立后，颁布了新的《婚姻法》，实行一夫一妻制，严格禁止一夫多妻和一妻多夫的话，扩大家庭的减少则是其经济发展变化的结果。因为扩大家庭是男耕女织的自给自足的自然小农经济产物。1953年，那善之所以存在少量的扩大家庭，是由于在同时从事农耕和手工业的经济形式下，家庭劳作需要相当程度的分工协作，需要较多的家庭成员作为永久性的劳力。扩大家庭正好能满足此种需要。同时，在土地可以自由买卖的旧中国，扩大家庭可避免父死则土地由诸子均分的继承法则，使之能够凭借聚集土地和资金获利益，起到防止家道中落的作用。但是，扩大家庭本身较核心家庭有更多的人际摩擦。首先是两代人之间不可避免的摩擦，比如家长的继承问题，年老的父亲必须将管理家产的责任和权利交给一个儿子，年老的母亲也必须交棒给继承父亲而任家长的儿子之妻。由此又产生的第二种摩擦，即兄弟姐妹之间，如果不分家，其中一位任家长，其他人要服从，但向新家长挑战的机会总是很多。此外，还有男人和女人之间的摩擦，

因为女人来自别的家庭，是“外人”，在以男子为中心的壮族社会中，妇女必须学会使自己的需要和丈夫的需要相协调。由于这些摩擦，扩大家庭中父子、婆媳、夫妇、妯娌之间都存在某种隔膜与对抗。这就会严重阻碍个人从事新经济作物的种植与新行业的尝试。因为在从事新的尝试前，要先说服家中众多的成员，特别是固守传统的父母辈；而辛辛苦苦赚来的收获，又得与众多的家庭成员共享，很难扩大投资。家庭的缩小，可打破长辈对晚辈在经济上的支配权和传统技艺的“专利权”，使后者对前者的依赖性减弱或瓦解；消除婆媳、妯娌之间的摩擦与相互牵制，为个人进行新的事业提供了自由，广泛的家庭“微小化”，将使人们的个人奋斗意志、竞争意识普遍增强，从而给乡村社会中的等级制度和狭隘的群体意识以巨大的冲击。因此，核心家庭是与商品经济相适应的，随着商品经济的发展，核心家庭必然增加。那善的商品经济虽说不上发达，但也有了一定的发展，其核心家庭的增加是合乎逻辑的。

然而，那善核心家庭的增长极其缓慢，扩大家庭虽不稳定，但也有一定的比例存在，主干家庭则一直占有相当大的比例。曾有学者认为，主干家庭是与嗣子单独继承制（嗣子定为长子的叫长子继承制 Primogeniture，定为幼子的叫幼子继承制 Ultimogeniture）相结合的家庭形态①。这种观点起码与那善的情况不符。因为那善壮族从来没有嗣子的观念。尽管在那善壮族社会中，年老的父母多与幼子共居（只有一个儿子者，多不分家），组成主干家庭，其余诸子婚后即另起炉灶，建立核心家庭；但在分家时，家产一般是诸子平分，父母占有 1 份，生时作为养老的基金，死后再由诸子平分。这与幼子继承制迥然不同。年老的父母虽然在看管小孩、操持家务等方面以服务于幼子为主，但对其余各子绝不可亦不会不管；而父母亲平时的日常生活虽主要是由幼子照顾，但在一些特殊的时

① 〔日〕富永健一：《社会结构与社会变迁》，49～50 页，昆明：云南人民出版社，1988。

候，如父母亲做寿、生病或逝世时，其余各子也要凑钱出力，共同料理。这种以若干核心家庭围绕父母所在的主干家庭的关系，随着父母的逝世，而改变为以长兄的核心家庭为中心的关系。这种关系在祭祖等方面显露出来。

那善壮族的主干家庭之所以一直占有相当大的比重，并有增多的趋势，其根本原因是壮族文化中亲子关系的反馈模式，即不仅父母对子女有抚养义务，子女对父母也有赡养的义务。由于那善壮族的社会经济长期处于落后的状态，至今仍比较落后，养老院和托儿所等福利机构一直无法建立起来。父母的赡养，儿童的照顾仍需由家庭来担负。主干家庭虽比核心家庭大，但家庭中心的老人基本上不干预因而也不能左右家庭的经营，而可使其得到安抚、照顾，同时也可使孙辈得到祖辈的看管，使儿子、儿媳无后顾之忧，充分发挥劳动效率。它既不阻碍商品经济的发展，又符合壮族（乃至整个中华民族）传统的伦理道德，因而具有较大的适应性和优越性，使其长盛不衰。不仅如此，我们甚至可预见，由于人们寿命延长，在一定时期内，主干家庭在那善壮族社会仍将继续增长。

随着家庭结构的变化，那善壮族家庭的内涵也有所改变。过去，家庭中最重要的关系是父子关系，即纵向关系，夫妻关系，即横向关系备受忽视。由于受“不孝有三，无后为大”、“三纲五常”、“三从四德”等封建思想的影响，男女结婚只是为了生儿育女，传宗接代，妇女们在家庭中的角色只是一个生孩子的“工具”，只能逆来顺受，其地位是比较低下的。她们既要生儿育女，操持家务，又要在生产上从事繁重的体力劳动，但在家庭事务的决策和管理上毫无发言权。“男主女从”是那善壮族传统家庭关系的重要特点。但现在，夫妻关系逐渐受到重视，并趋于平等。有相当一部分家庭，经济收入由妻子掌管，支出须经夫妻共同商量。这一转变主要有两方面的原因：首先，新中国成立以来，由于宪法和婚姻法的颁布和实行，妇女的地位大大提高；其次，那善壮族家庭虽是父权制家庭，且由于汉族封建思想的影响，父权的思想也比较深，但入赘婚等文化特质又说明那善壮族文化具有母系的内容。因此，那善壮族家庭由重视父子关系向重视夫妻关系的转变，比起周围的汉族、瑶族来，阻力要小一些。实行计划生育的情况可在某种程度上说明这一问题：在执行计划生育这一基本国策的过程中，那善附近的汉、瑶族群众抵触情绪较强，由于“养儿防老”、“传香火”、“多子多福”等观念深入人心，根深蒂固，因而一对夫妻没有儿子决不甘心，只有一个也不够理想，所以实行计划生育阻力很大；但那善壮族家庭对有无儿子或儿子多寡不太在乎，实行计划生育比较容易。

家庭关系主轴（dominant dyad）的变化导致了新的继嗣规则（descent rule）产生。在新中国成立前，那善壮族由于其婚姻主要是从夫居（virilocal residence）婚，所生子女多是从父居（patrilocal），他们与父方亲属相联系，而宗族（lineage）组织作为一种父系的世系群（descent group）具有重要的功能，因而，父系继嗣（patrilineal descent）原则占主导地位。但由于“入赘婚”的存在，有些男子自入赘之日起，就必须“以妻姓为姓”，并按女家祖宗排辈顺序推列名字，“其子孙皆以母族为宗”，因而，母系继嗣（matrilineal descent）原则与父系继嗣原则同时并存着。当然，它与父系继嗣原则相比较，居于次要地位。新中国成立后，父、母系继嗣原则依然共存。与此同时，由于体现在入赘婚上的夫妻关系更趋平等，出现了儿女随父母联姓，或几个儿女交替随父姓和母姓的现象，说明赘婚夫妻（或说赘婚男女双方）使所生子女兼含双方亲族的亲属圈（kindred）的愿望，因而产生了新的继嗣原则——双边继嗣（bilateral descent）。

第五章　壮族生活的微形图画：北路壮剧及其变迁

W. 施莱格尔在论述古希腊、罗马的戏剧时，曾指出：大多数人，由于自己的活动总是被禁锢在一个小的范围内，所以都把戏剧看作是个人活动范围和视野的成倍扩张。戏剧就像是生活的微型图画，也是人类生存中那部分最活跃的最富生命力的东西的提取物。由于它与现实生活联系得太密切，因而不仅那些有高度文化修养的人能理解它，就是那些较为天真的观众，也会在戏剧展现的幻想与现实的模糊中入迷。①

施莱格尔的论述同样适用于包括北路壮剧的壮剧艺术。壮剧作为反映壮族社会生活的一种艺术形式，其与壮族人生的密切关系，曾使它一度成为壮族人民文化生活中不可缺少的部分，成为壮族人民寄托和抒发自己的抱负、理想和牢骚的场地。尽管时至今日，对壮族年青一代来说，壮剧似乎已失去了以往的魅力，但它仍然存在，并将长期生存下去；虽然不再像过去那样作为壮族人民文化生活的中心，但它仍然给壮族人民提供一种电影、电视、音乐等无法代替的有意味的形式。

---

① 滕守尧：《艺术社会学描述——走向过程的艺术与美学》，304 页，上海：上海人民出版社，1987。

一、北路壮剧：民族文化交流的产儿

壮剧是在壮族丰富的民间故事、民间说唱、音乐舞蹈、节日庆典等光辉灿烂的民族文化的基础上产生出来的。由于各地壮族的方言土语、音乐唱腔、表演风格及伴奏乐器各有不同，壮剧可依各自的个性分为北路壮剧、南路壮剧和壮师剧三种。北路壮剧用北部壮语演唱，唱腔以“正调”、“嘿呀调”为主，伴奏乐器主要有马骨胡、葫芦胡、月琴等，流行于田林、隆林、凌云、百色、那坡等地；南路壮剧用南部壮语演唱，唱腔以“平板”为主，主奏乐器有清胡、土胡、小三弦等，流行于德保、靖西、那坡、大新、天等、田阳、田东等地；壮师剧用壮语中部方言演唱，唱腔主要是“师腔”、“欢腔”，主奏乐器以蜂鼓为主，流行于贵港、武宣、象州、来宾、上林、武鸣等地。那善地处北路壮剧的分布范围，其土戏从艺术特点上看亦是属于北路壮剧的范畴。

北路壮剧起源于田林县旧州，其形成经历了八音演奏—八音坐唱—板凳戏—门口戏—地台戏—游院戏—搭台戏等阶段。在这个过程中，当地壮族富有特色的民族文化固然是孕育北路壮剧的土壤，而外来文化的影响却是北路壮剧得以诞生的必不可少的条件。俗称“龙圩”的旧州，元属安隆峒，明属安隆长安司，清属西隆州，是岑氏土官属地，因地处滇、黔、桂交界的三角地带，所以是一个交通要冲。明清之际，成了贸易集散地和政治、经济、文化中心。尤其是“改土归流”之后，土司独霸一方的割据状态被打破，滇、黔、湘、粤及广西其他地区的文化得以更加顺畅地涌来，大大促进了民族文化交流的发展。北路壮剧正是在这样的条件下形成的。

北路壮剧的源头是八音演奏。所谓八音，是田林一带壮族人民用唢呐（长短各一）、笛子（横直各一）、二胡（大小各一）、琴（月琴、三弦琴）、小鼓、小锣、小钹、铜铃（一对）8种乐器演奏的音乐。这种音乐本是当地壮族在打斋建醮、婚丧嫁娶时演奏，以酬谢神祇求平安吉利的。因“广西诸郡人多能合乐，城郭村落，祭祀婚嫁丧葬，无一不用乐。虽耕亦必口乐相之，盖日闻鼓笛声也。每其音韵，鄙野无足听”[①]，到明代之初，田林一带八音班活动开始活跃。八音班每班约12人，每逢红白喜事、节日庆典及集会等都前去演奏。

“八音演奏”只奏不唱，形式单一乏味。清顺治年间（1644—1661年），作为商业交流点的旧州，常有马帮和客商歇宿，既促进了商业的繁荣，也带来了外地文化。客商们闲暇之余，或说书讲古，或既弹且唱，给了当地八音班以启迪。于是，他们将旧州山歌的曲调加以改进，创作出“平调”，配以民歌的内容，在八音班活动时进行演唱，这就是“八音坐唱”。

“八音坐唱”起初是一种有拉有唱、唱奏结合的集体演唱形式。后来引进民歌演唱、对唱的表演方式，或推举一至二人坐在板凳上就曲而歌，或多人对唱，有问有答，互争高低。而后，发展到叙述长篇故事。于是“歌之不足，故嗟叹之；嗟叹之不足，故手之舞之，足之蹈之也”，因此有了简单的表演动作和表情，具有了戏剧的基本要素。当地群众称这种形式为“板凳戏”。“板凳戏”可说是北路壮剧的雏形。

“板凳戏”的代表性剧目是康熙二十年（1681年）岑黄班编立的央白平调《太平春》（唱部）。《太平春》唱部有《开台歌》、《唱喜事》、《唱新屋》、《唱村寨》、《唱包公》、《唱神农》、《唱观音》、《唱唐王》、《唱清皇》、《唱新年》等10段。唱词一律用五言四句古方块壮字记录，有严格的腰脚韵。所唱的腔调“平调”是北路壮剧主要唱腔“正调”的前身。

“板凳戏”是在屋里演唱的，屋里容纳观众的人数有限，屋外的观众只闻其声，不见其人。后来观众越来越多，在观众的要求下，把演唱场地搬到了门外，面对门前空地演唱，形成“门口戏”。

① 〔宋〕周去非：《岭外代答》“平南乐”条。

“门口戏”的表演者在门口两旁坐定，你问我答，互争高低。

由于观众的增多，“门口戏”受场地限制的缺点越来越突出。于是，艺人们又把演唱地点搬到广场去，“门口戏”随之变成了“地台戏”（或称“平地戏”）。“地台戏”的出现大约在康熙年间。康熙四十年（1701年），在旧州壮族一年一度的庆神日（农历二月十九日）庆典上，各地八音班和道公集会表演。活动由道公主持，第一项内容是道公念经作法、八音班奏乐、供礼品祭神，第二项内容就是表演“地台戏”，剧目有《八仙过海》、《唐后游阴府》、《目连经》等。这些演唱已经配上民间舞蹈动作，从站、舞手到走场都有，表演技巧较“门口戏”更进了一步。乾隆三年（1738年），新任流官到旧州上任，当地乡绅组织各村寨八音班前往恭贺。旧州街有个陈姓道公，编了个有人物的节目《四代同堂》，音乐是“大过场”和“平调”。这次演出被认为是“地台戏”的新发展。

“地台戏”出现后，戏班除了逢年过节在村、圩上义务演出外，还常在富裕人家盖新房、办喜事时应邀前往演出。戏班走村串寨，出这院子进那院子，形成了独特的表演方式。当地群众称之为“游院戏”。由于“游院戏”招待的多是远方贵客，演出要求卖力，为增加气氛和效果，演员借来新郎、新娘的婚服或比较华贵的服饰穿戴，并模仿新娘，在脸上搽红粉。这是化装的开始。

乾隆二十五年（1760年），旧州附近的那度村歌手杨六练到四川做生意，因蚀本无脸回家，便在四川边打工赚钱，边看戏学艺。两年后回到家乡，觉得本地土戏不如搭台演的蜀戏有气派，于是倡议和主持将那度的板凳戏班和旧州的游院戏班合并组成“龙城班”，由他自己主编主演。乾隆三十年（1765年），在旧州用木板搭起宽二丈的戏台，举行了“搭台戏”首次演出，演出的剧目是《农家宝铁》（又名《好宝铁》）。这个戏的主要人物有6个，生、旦、净、丑齐全，每个行当都有一定的表演程序，唱念均用北路壮语。它的上演标志着北路壮剧的产生。而杨六练则因此被后人尊为“台师”。

《农家宝铁》的上演，轰动了附近乡村，隆林县者浪、白娄、沙梨及田林县各地艺人纷纷前来学戏，学成后返乡组建班社到处演出，使壮剧艺术发展进入了新的阶段。乾隆四十年（1775年），岑如、岑忠兄弟组建“戏歌班”。他们所编的戏多用壮族民歌曲调来唱，有独唱、对唱、合唱等。还将原来四句式的“平调”改为上下句式，使之更加婉转、和谐，富于戏剧性。因其编剧着重于唱词，故后人称他们为“土戏歌师”。

嘉庆初年（1796年），“原师班”班主岑秀龙和岑会明创作了“梳妆调”。岑秀龙、岑会明分别是岑如、岑忠之子，但他们在演土戏时提倡少唱多演，注重动作，突出舞台技艺，风格与其父辈不同，被人们称为“土戏原师”。

嘉庆至道光年间，“兴隆班”艺人黄从善为改变土戏曲调平缓、音色单调、一曲四句、不适应舞台表演的状况，把“平调”加工整理，改为“正调”，使土戏的主要唱腔从此得了正名。在乐器伴奏方面，黄从善用主奏乐器马骨胡正、反线结合，用正、反线和弦，从原来只拉“正线”发展成拉“正、反线”，奏出两个声部效果。他还将流传于百色、田林一带的古山歌改编为［卜女牙调］搬上舞台，做老旦和杂角的唱腔，丰富了土戏唱腔的类型。黄从善因在壮剧艺术上的突出贡献而被后人称为“土戏先师”。

咸丰、同治年间，旧州央白人廖法伦将一些道教法术融入壮剧，如开台前按道家“武教”闹场请神的锣鼓经来打，初打三响，次打六响，后打九响，三六九响打过后，转打急鼓，由弱至强，由慢变快，经三慢三紧后，用道场走马锣鼓收尾。壮剧至今以此做闹场锣鼓。他还依据壮族举凡贵客临门都要杀鸡款待的风俗，创作了“杀鸡调”，使之成为壮剧的常用曲牌。廖法伦一生对壮剧的继承和发展做出了较大贡献，编导、主演或移植改编的剧目很多，教过的徒弟也不少。因他一向主张供奉师傅，唱戏不忘戏班的祖宗，被誉为“土戏祖师”。

同治中期，旧州那度人杨莲组织土戏“同乐班”。他注重“台符”，提倡先请神拜师后演戏，演员要遵守台规，戏未演完，不得擅自离开舞台。由于他排演戏的艺术水平很高，又提倡唱戏前要拜师，被后人称为“土戏宗师”。

光绪二年（1876 年），曾拜廖法伦为师的旧州央白村人黄永贵赴邕跟广班师傅雷彩喜学习邕剧，历时三年。光绪六年（1880 年），他在央白成立“万和班”，吸收邕剧精华，改革壮剧，创造了武打，调整了台步，增加了唱腔。“万和班”失败后，黄永贵又成立以广东人为主，以壮语粤语并用演唱，土戏和广戏合演的“共和班”（又名“土汉班”）。“共和班”兼收并蓄广戏之精华以丰富土戏，不仅学会了武打，且增加了“喊板”、“怒调”、“大王调”等音乐唱腔，增加了扬琴、唢呐、大鼓、大锣等伴奏乐器，并细分角色：将生角分为小生、中生、文生、穷生、公子、老生；将旦角分为小旦、正旦、花旦、摇旦、中旦、婆旦、彩旦；将武角分为武生、小武、老武、武旦；将丑角分为大丑、小丑。由于黄永贵博采邕剧、粤剧之长，大胆创新，土戏的整体水平得到了较大提高，各地纷纷邀请他去组班教戏。黄永贵有求必应，共教出了 36 个土戏班。田林县的旧州、板坚、小屯、弄合、南合、平塘、六也、六下、那比、八麻、弄瓦、八渡、弄潭、八桂、八江、者利、乐里、平中、百达、启华、平些、平六、八车，隆林县的沙梨、者浪、岩荣、冷水、胃东、南角，百色县的长平、百岗、者架，贵州省册享县的乃言、八达、央候等戏班，都是他调教出来的。因他全面地发展了壮剧，并广泛传授之，后人尊称他为“土戏全渡师”（简称“全师”）。

光绪末年至新中国成立前，是北路壮剧的成熟期。此时的北路壮剧，表演程序定型，行当齐全，唱腔增加到了 15 个，因演技精纯，特点突出，深受广大群众喜爱，仅田林县就有了戏班 25 个，上演剧目 180 个。这个时期的艺师代表是黄永贵的第三子黄福祥。他不仅表演艺术精湛，生、旦、文、武全能，唱、做、念、打俱佳，具有鲜明的艺术特色，而且不断革新：在唱腔上，创作出“正调慢板”和“丑角调”；在演奏上，为了加强表现力，将主要伴奏乐器马骨胡原来奏的“半反线”改为“大反线”伴奏。他还致力于北路壮剧的传授工作，先后在田林县的平六、乐里、旧州、百文、启华、百达、八渡、八车、者来、六丹、八修、汪屯、洞坚、洞弄、百逢、冷屯、小览、者云、门屯、百色的者架，云南省富宁县的那良、灯河、平这等地教出二十多个戏班。民国三年（1914年），他到旧州组建“螺阳剧社”，吸收彩调戏的表演方法，组织女演员参加演出，集名角于一台，共同切磋，指导排练出《二下南唐》、《三下南唐》、《仁宗不认母》、《包公怒斩武王叔》、《六国封将》等剧目，并应邀到贵州和云南演出、教戏。由于他为北路壮剧的发展和传播做出了杰出的贡献，人们称之为“土戏老师”。

解放后，北路壮剧得到了政府的扶持，不仅业余剧团增多，专业剧团和文艺学校也出现了。广大的壮剧工作者在经常举行的调演或会演中，相互学习。他们按照“百花齐放，推陈出新”的方针，既演古装剧又演现代剧，既继承原有的艺术传统，又不断地改造之，使改革后的北路壮剧得到了弘扬和发展。尽管在“文化大革命”期间，北路壮剧与所有其他艺术一样，历经了“浩劫”，戏被禁演，大量剧本被烧，众多艺人被批斗；但“野火烧不尽，春风吹又生”，劫后的北路壮剧更加生机蓬勃，逐步走向繁荣。业余剧团逐年增加，乡、县不时举行业余文艺调演，各业余剧团自行交流演出，活动频繁。专业剧团也经常编写或移植剧目演出，深受群众欢迎。

新中国成立后，北路壮剧的先师代表是黄芳声和闭克坚。黄芳声是黄福祥的儿子，自小从父习艺，因对画中幕、演丑角、唱杀鸡调有比较突出的贡献，被群众称为“土戏继师”。

闭克坚是黄福祥的徒弟。他生于田林县利周乡百达村一个壮剧世家（其祖父闭必熙、父亲闭新书，都是有名的土戏艺师），自幼热爱壮剧。拜师学艺后，刻苦钻研，尊师重道。几十年来，他学无止境，经常深入田林、隆林等壮剧流行地区了解壮剧传统，并在继承传统的基础上，大胆地改革创新，把原来只有一种唱法的正调发展为正调正板、反板、中板、高板、慢板和连板，曲牌部分增加了冷台调、夜摸调、过河等。他还配合剧中舞蹈的需要，创编了“采花调”、“十二月花调”、“太平歌”、“姐妹乐”、“牡丹调”等，使北路壮剧音乐唱腔更加丰富，文有文板，武有武腔，乐有曲牌，喜、怒、哀、乐溢于言表，增强了舞台气氛。他还把过去口头传授的提纲戏改为现代的规范统一格式，有道白、唱词、快板、韵白、表演提示等，先后改编整理了《农家宝铁》、《海蚌姑娘》、《张喜农女》、《秦香莲》、《穆桂英挂帅》、《朝门双喜》、《双拜堂》、《兄妹拜堂》、《红楼梦》、《交锋相逢》、《包公怒斩杨龙虎》等剧目。为了渲染舞台气氛，他在排戏中吸收了不少歌舞场面，增加了剧情需要的集体舞蹈。在台步方面，他把老生与小生、正旦与丑旦改成有自己风格的台步，在婆旦游街而行、老汉方步慢行、丑角学小偷轻步的基础上加以夸张，同时把彩调、粤剧丑角的表演吸收到壮剧中来。在语言方面，他改变过去官话和壮话混用的状况，全部用壮语道白，既增添了色彩，又保留了原有的风格。闭克坚不仅自己钻研、改革壮剧，为了不让壮剧艺术失传，他还不辞辛劳，四处传艺，在凌云、百色、田林等地共教练了 17 个业余壮戏团。由于他为北路壮剧“继承传统，推陈出新”做出了自己的巨大努力，影响极大，被北路壮剧界和广大群众誉为“土戏新师”。

北路壮剧发展至今，据不完全统计，表演过的剧目共有 257 个。其中自有剧目 96 个，占 37.4%；从汉族戏剧移植剧目 161 个，占 62.6%。而在自有的剧目中，有一些是由汉族故事改编而成的，如《包公斩王爷》等；移植剧目中，绝大多数也加入了新的内容，具有鲜明的壮族文化特色，如《梁山伯与祝英台》等。由此可明显地看到，北路壮剧广泛吸收了汉族文化艺术的精华，是民族文化交流融汇的产物。

二、那善壮族与北路壮剧

虽然那善屯与北路壮剧的起源地旧州约有60公里的直线距离，清末民初之时，那善与旧州又分属不同的县，但以北路壮剧的分布范围来看，那善处于北路壮剧分布的中心区域。由于那善壮族与旧州壮族在语言、风俗乃至心理素质上的不可分别的一致性，北路壮剧对那善壮族的影响可谓源远流长。尤其是同治十年（1871年），那善邻近的百达屯商人黄布典将本屯三个拳术班和八音班合并，组建“同乐班”学习表演壮剧后，那善壮族与北路壮剧的关系更加密切。自古以来，每年一至四月、八至十二月，是壮剧活动的高潮时期，每逢歌圩、春节等节日庆典，或求神消灾和红白喜事之时，演戏都是必不可少的内容。这时，那善人或外出到附近村镇观戏，或捐献钱粮，书写请帖，邀请戏班到那善来演出。请戏短则三五天，长则半个月左右。每当寨老应群众要求决定请戏班后，就开始发动屯中群众自筹物资，并派出人马去接服装道具。戏班到来时，组织村民带米花、糖果、热茶、香烟等，敲锣打鼓到村头或半路迎接，大放鞭炮。姑娘们递上香烟、茶水，小伙子帮抬演员的行李等。演出期间，演员多住群众家。由于群众对壮剧非常喜欢，有演员住到自己家认为是件荣幸的事，因此往往把自家最好的食品如甜酒、名茶、饼糕等拿出来热情款待。在演出过程中，姑娘们还经常给出色的演员赠送白底布鞋、手帕、黑头巾等物，或跑上台去把自己戴的手镯取下戴在演员手上，把项圈挂在演员颈上，把狮子和麒麟等贵重饰物挂在演员胸前。有时唱到半夜，戏已结束，可观众意犹未尽，姑娘们就会跑上台来，有的放下门帘、中幕，有的阻拦演员卸装，有的端来食品给演员做消夜。于是，戏班又重鸣锣鼓，唱到天亮。到演出的最后一晚，寨老“波板”要致辞感谢戏班的精彩表演，并给戏班赠送匾旗。在鞭炮和锣鼓声中，戏班推选小生、小旦二人出台领旗。谢过村中父老和观众后，把旗或匾挂在中幕前，继续唱戏。当晚唱完戏，观众在台下唱感谢歌，剧班在台上唱山歌对答，形成一场山歌对唱，欢闹至天明。唱戏结束，寨老便安排人马，运送服装道具，送戏班离村，并赠送酒肉、香烟等。演员离村时，屯中男女老少，敲锣打鼓送行，双方唱起山歌诉说离别之情，依依惜别。

那善壮族对壮剧的一往情深，终于促使他们在20世纪70年代末组建起自己的戏班——“田新班”。“田新班”的组建共花费了2000元，其中1000元是因爱善小学搬迁，卖旧房所得，另外1000元是群众自愿捐款所得。戏班共有40人左右，其中团长1人，副团长1人，顾问1人，导演、副导演各1人，乐队有打大鼓1人，拉二胡1人，拉京胡1人，打铙2人（2副铙，一大一小），打小鼓1人，男演员12人，女演员15人。自成立至今，剧团的领导班子没有什么变化：团长王大春，1952年生人，高小文化；副团长王月英，1954年生人，初中文化；导演罗群生，1952年生人，高小文化；副导演罗振卜，1955年生人，高小文化；顾问黄翊，1925年生人，初中文化，解放初期，曾任爱善乡长。但乐队和演员却不是固定的，流动性较大。

“田新班”的指导老师就是世居百达屯的“田林壮剧第10代新师”闭克坚。自“田新班”成立以来，他就常来指导。从剧本的编写、选择，到各个行当的演员的选定，各个唱腔、各个动作，都是他言传身教。近20年来，他指导排练上演的剧目主要有《梁山伯与祝英台》、《小白菜》、《五子拜寿》、《红楼梦》、《花园订婚》、《包公怒斩杨龙虎》、《朱买臣》、《孔雀东南飞》、《千里送京娘》、《杨家将》、《破碗记》、《白蛇传》、《破镜重圆》、《三凤求凰》、《西厢记》等。

“田新班”的建立结束了以往那善人要到外地观戏，或请百达“同乐班”等外地戏班来演出的历史。现在每逢春节、歌节或其他重大节日庆典，红白喜事，那善人足不出屯就可欣赏到壮剧了。由于壮剧是在大量地和不断地吸取本民族的民间艺术过程中成长起来的，其音乐唱腔和表演乃至服装道具都有鲜明的独特的民族风格，即使有些剧目是从汉剧移植而来的，但这些汉剧剧目并不是原封不动地搬到壮剧的舞台上，这些早为汉族人民所熟悉的历史故事和汉族民间故事流传到壮区，也不是以原来的面貌出现的。壮族人民和壮族艺人们，根据自己的民族生活风尚、体验和愿望，以及自己的美学观点，对这些故事和剧目做了新的处理和解释。如壮剧《梁山伯与祝英台》中，祝英台是一个农家少女，她与梁山伯相会在寨边水井旁：祝英台出寨打水，梁山伯正好从那里经过，便帮她提水。祝英台得知梁山伯要去杭城后，便说自己有个弟弟也要上杭城读书。挑水回去后，就女扮男装与梁山伯一道去杭城。他们同窗三年，当英台接家信返家后，山伯才发觉英台是个女的，于是立即追赶。一路上问公鸡，问塘角鱼，历尽曲折，才把英台追上。送别时的那段猜谜，以物喻义和对答，全用壮族传统山歌演唱。梁祝死后，也不是化为蝶，而是变成两颗星星，闪耀于天空之上。经过这样一番改造，壮剧《梁山伯与祝英台》便与汉剧大不一样，而具有了浓郁的地方风味和民族色彩。正因如此，壮剧在壮族社会生活中的角色，就像京剧在汉族社会中一样，一直是经典的娱乐节目。尽管电影、电视、广播等新的娱乐方式越来越多，并日益深入人们的日常生活，但壮剧却是最合壮族口味、最能给壮族人民心灵深处以撞击的艺术形式。在最重要的日子、最高兴的时候，他们总忘不了以壮剧进行娱乐。1997 年 7 月 1 日，不是壮族传统的演壮剧的日子，但这一天，香港回归祖国，那善壮族人民心情激动，便演了一夜壮剧，以表达内心的愉悦。戏班在本屯演出是由村干部组织的，村干部派人向每家每户收取 2 元钱或 2 斤米，以供演员结束后吃宵夜，此外，演员和戏班不再收取任何报酬。

“田新班”不仅在本屯演出，而且经常参加利周乡、田林县的文艺会演，还到县内外去巡回演出，足迹遍布县内各乡、镇及凌云、乐业等县。到外地演出，演职员的食、住和路费由邀请方负责，另外邀请方还要给戏班一定的“利市钱”，多寡不一，视演出时间的长短及邀请者的经济情况而定，演出 2～3 天，给 100 元的有，给 300～400 元的也有。戏班也不强求，所有的收入均不发给个人，全部归戏班用作添置戏服和道具。1980 年和 1981 年春节，“田新班”前往乐里、潞城等地售票演出，票价每张 0.20 元，夜晚每场 80 多元，白日每场 100 元左右，除去演员食、住和路费外，其余归戏班所有，开了田林业余壮剧团售票演出之先河。

三、从人神共娱到大众娱乐：北路壮剧的功能转换

艺术在文化中是幻觉的物化形象，宗教则属于幻觉和未来，是人类心理中的一种恒常的内容。由于两者有许多共同的东西，它们就好像一对孪生兄弟，在人类历史发展的早期，艺术与宗教是一体的，这时的艺术直接为宗教服务；只是随着人类历史的发展进步，艺术才逐渐从宗教中分离出来，有了其独特价值，宗教的色彩相对地渐渐淡薄。北路壮剧与所有的艺术种类一样，也是脱胎于宗教形式之中，其源头“八音吹奏”原本就是婚丧嫁娶和祭祀之时礼神、事神的手段，“与其说它是娱乐，还不如说它是一种宗教仪式和特殊的咒语”①。

北路壮剧直至新中国成立前，其功能都是神人共娱。这不仅反映在其表演的时机多是在宗教活动或节日庆典之时，配合祭神鬼而行，而且体现在演出活动的过程中。由于鬼神是壮剧的重要观众和愉悦对象，因而在演出前要请神、演出后要送神。在演出活动的整个过程中，必须举行各种巫术仪式，对妖魔鬼怪或祭拜、笼络、安抚，或驱赶、收服，使鬼神安心看戏，不捣乱，以保证演出的顺利和成功，所以，当时北路壮剧的演出活动充满了各种巫术仪式。

剧团班主或师傅家中的祖宗神台上，供有其师傅的神位，神位用红纸写成，其格式如图 1-5-1。

① 〔法〕列维·布留著，丁由译：《原始思维》，北京：商务印书馆，1981。

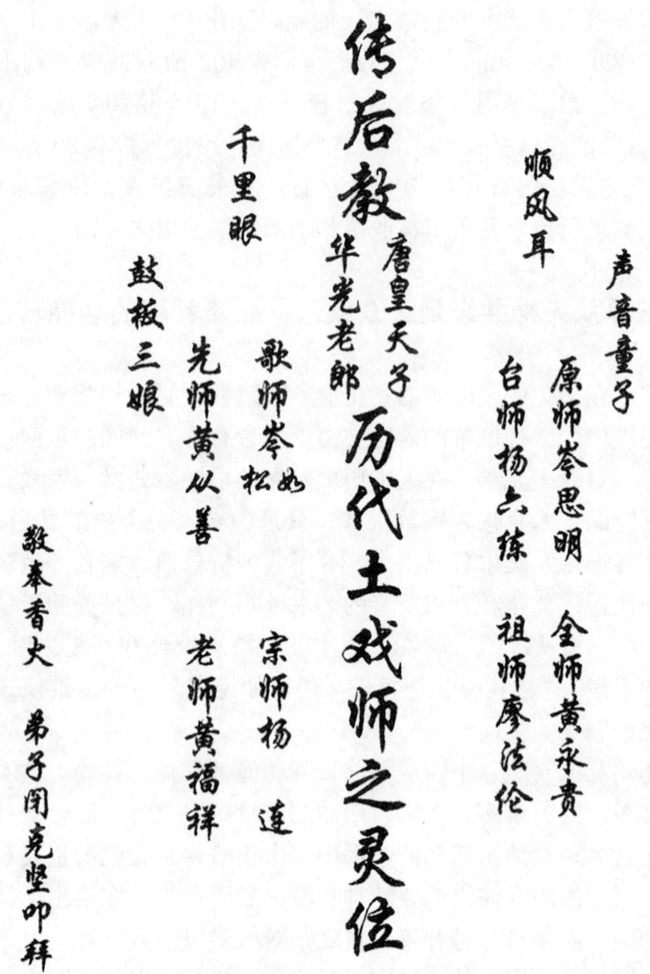

图 1-5-1　壮剧团师傅神位

师傅神位与祖宗神位并列于神台上，除每月初一、十五或节日时，与祖宗神灵同享香火祭祀外，每次外出演出前，都要祭拜。祭拜的仪式很简单，有鸡的当杀个鸡，没有的，就在神位前倒上 3 杯酒、一碗水，碗上置一双筷子，筷子下压一张柚子叶，上香，焚纸，双手合十，一口气拜三下便成。

祭师后，班主将众弟子的生辰八字收拢起来，置于一碗中盖住，班主自己或请道公念咒作法，祈请“老郎祖师”为戏班众弟子“收魂藏命”，要求“一藏无见身，二藏无见人……五藏无形，六藏无踪，七藏无迹，八藏无其，九藏请师盘中”，“保佑各众弟子个个平安，灾来灾过，祸来祸去消”。

班主或道公为众弟子收魂藏命之时，众弟子则在收拾服装、道具等。收拾装箱停当，盖箱前，要焚香三根请师，由班主念咒，诉说“黄天生我，皇帝载我，五神养我，八卦明我，天是我父，地是我母，日是我兄，月是我弟”，祈求“八康四元帅”，“左阴右阳，通天达地，一齐下降，守护弟子，佩代么身”。

临出发，班主或道公要念《出门咒》：“出门金出门，四大金刚，来今开路，四大天王，来保我众戏，兴隆班弟子身上，上有玉皇张太帝，下有破罗为杀神，关公来行千里路，秀公拿来斩妖精，大鬼拿来高吊起，小鬼拿来秀了绳，南斗天司，北斗七星，三元正已，准我奉太上老君急急如律令。”

出发后，过河念《渡河咒》，翻山越岭念《过山岭咒》，逢有神庙社坛，要念《过社庙门咒》，到了演出地点，要请师封台。其法是用一碗清水，内放一张柚子叶，班主道公右手拿柚叶蘸水画符，口中念念有词：“清净之水，日月花开，中有北斗，内有三台，清除秽气，祸去福来。准我太上老君急急如律令。”“一封天，二封地，三封鬼，人来有路，鬼来无路，消除厄运，永去祸灾福来临，大众平安。”然后以口含水喷于戏台的四方。

封完台，即行“扫台”，先于后台设置祖师神台。神台上除有书于一张红纸上的班主或师傅的历代老师的牌位外，还有做成木偶式样的加官老郎、金童、玉女和猴头面。牌位和木偶插在一个盛米或谷的盆里，加官老郎和历代老师牌位居中，右为金童，左为玉女和猴头面。前有香炉和置放三牲、果品等供品的供桌。自神台设置之时起，香火不断，直至演出结束，举行“倒台”仪式。

设置好祖师神台，还要设土地神及附近各社庙神位。先用红纸写好各神牌位，糊在用竹子或树条编成的框架上，插入盛有大米的碗中，放在一张椅子上，前放一排盛满酒的杯子，再在椅子上支一把伞，以遮风雨。此神台设于戏台正前方的观众席之后。安神时，每安一个神都要念不同的咒语。各地所安的神，多寡不一，但在田林壮族村落，土地神和岑大将军的牌位是必不可少的。

安好了神，还要安抚孤魂野鬼，以防其捣乱。作法是由班主或师傅捧一碗米（糯米、粳米各半）到台中央念咒后，将米撒向四方。或于演出前，由班主到台门念咒后，倒下一点稀饭，好让孤魂野鬼吃饱饭看戏。

做完以上准备工作，班主或师傅来到后台的祖师神位前，再行请师念法：“奉请唐王天子老郎，德正风火雷官元帅，前传后教历代祖宗老郎，黄从善、廖法伦师，杨连宗师，声音童子，鼓板三娘，如今弟子×××在××寨，保佑弟子人人诗吉，个个平安，弟子有恭而酌，有香而献，请上祖师安间福寿坐，弟子一拜。”礼毕，演员肃静，不敲鼓，不打锣，由寨上老者把一只公鸡向祖师牌位叩头，念咒语，轻步走向台前拜天地，拜四方神鬼，到台中心跪下，憋气，砍掉鸡头，起身一转，将鸡血滴入神台酒杯，置于后台。师傅画好符法，念好咒语，敲响三声鼓后，才由其他人接响锣鼓，乐队才定音奏乐，演员随后到牌位前叩头，开始化装。戏服、道具都装在箱子里，原来盖箱子要班主或师傅念咒作法，现在开箱，也要由班主或师傅作法念咒后，演员才能开箱取出服装道具，到祖师牌位前叩拜后再穿戴。

化妆首先由华光大帝、八仙、金童玉女开始，因为“扫台”之后，接着开台。开台的形式有华光开台、八仙开台、金童玉女开台三种。八仙开台始用于杨六练；从岑会明到黄从善，其间增加了金童玉女开台；黄永贵引进武戏，创造了华光开台后，华光开台便成为必不可少的开台形式了。华光脸谱画三只眼，其意是能管上界、阴间、阳间三道邪气，头戴武盔，身穿战甲，一手执枪，枪上挂鞭炮，在紧锣密鼓中急上，三圆场后入内，点燃爆竹，爆竹声落冲出，跳台，作三门开山把，于台中定场后，高声念白："呔！初一十五天门开，华光大帝下凡来。吾乃华光大帝，在了仙山，奉了玉帝之命，下凡而来，巡逻四大部州，现今巡逻广西省，田林县，××乡，××村，新搭戏台，为庆祝春节（或歌圩），演唱土戏，特为开台！"锣鼓急擂，急走一圈，又白："前五里听着，后五里听着，左五里听着，右五里听着，五五二十五里听着！不准妖魔在此作乱，倘有作恶，先斩后奏，打下邦都地狱，永世不得超生。"又在紧锣密鼓中舞一圈后，高喊："上一枪，风调雨顺；下一枪，万鬼收藏。前一枪，本村（街）男女老少福寿康宁，户户发财，六畜兴旺，生产丰收；后一枪，祝愿本班众位子弟唱戏顺利，个个平安。"众人内应："个个平安。"至此，随锣鼓下场。

紧接锣鼓声，八位神仙上场，行至台上，自报家门，各念白：

李铁拐：先师道德高。

汉钟离：祖师把扇摇。

曹国舅：手执阴阳板。

张果老：骑驴慕风高。

吕洞宾：佩剑青锋客。

韩湘子：横笛奏玉箫。

何仙姑：来奠长生酒。

蓝采和：奉献寿仙桃。

念毕，拜天拜地，拜东西南北，互相对拜，然后俩俩同白：

张果老
（同白）：东阁延寿开。
吕洞宾

汉钟离

（同白）：西方进寿来。

曹国舅

铁拐李

（同白）：南山仙子老。

韩湘子

何仙姑

（同白）：北斗上仙台。

蓝采和

八仙俩俩边念边下场后，内唱“梳妆调”，金童玉女上场，至台中心共同念白：“神仙下凡来，白花满地开，人间阳春喜，星斗下瑶台。”念完自报家门。金童对玉女道：“我们贫道在了仙山，掐指一算，知道凡间广西省，田林县，××乡，××村为欢度春节（或歌圩），新搭戏台，欢唱土戏，不如我们下凡祝贺去罢！”玉女道：“正是！”同唱一段路排，金童又白：“玉女呀，我俩行来行去，到此××村寨，前面是土戏花台，五颜六色，美丽似锦，胜比仙山，我们祝贺它吧！”玉女答：“正是！”同唱“祝贺歌”：“众爷噢！村寨好上好，声誉高又高，新年唱土戏，同奏丰收谣，唱歌颂村寨，唱戏祝人和，唱六畜兴旺，富裕乐千秋。”唱完，分男左女右退场。

开台仪式结束，正式演出开始。演出过程中，神台香火不熄，供品不断。演员和观众在牌位前不准吐痰，不能乱指乱画，不可讲不吉利的话或粗言秽语。若有谁犯规，则由违犯者另换桌上的供品，由道公带到牌位前磕头三作揖，表示认错悔过，保证不再违犯。

戏演到最后一晚，结局常是大团圆。戏一演完，便举行闭台仪式。金童玉女先上场，同白：“百日已满，倒下花台。今晚是广西省，田林县，××乡，××村倒下花台，不如我俩下凡恭贺，走呀!”唱一段路排，又念：“我们到此人间××贵寨，不如叫众位戏子出来，一同祝贺倒台也罢。……有请众位。”内应：“来了!”所有当晚上场的演员，身着戏装，每人持一根香火，应声列队而出，参加闭台表演。金童玉女在前列，生、旦及众女在第二列，其他角色在第三列。金童玉女：“各位戏子呀，今晚是我们村寨百日已满，倒下花台，我们一同祝愿村寨也罢。”众人应：“正是!”同唱“保寨歌”。唱完，金童玉女又白：“众位戏子啊，今天是倒下花台的喜日，我们一同恭贺社神也罢。”众人应：“正是!”唱“祝神歌”。接着，送妖魔鬼怪，唱“送妖歌”。送神，唱“送神歌”。送神歌唱到最后一句时，大放鞭炮，炮声中，演员向观众三鞠躬，表示唱戏结束，随即把香丢下，将纸钱烧掉，卸装。道公或班主念咒作法后，在部分群众的帮助下，把马门、台板、桌椅翻倒。道公或班主自已念咒作法将祖师神台和观众席后的土地神及附近各社庙神的神台拆除。每拆一个牌位，念一套咒语，画一道符，然后将牌位一同烧掉。最后念咒倒香炉。倒台完毕，师傅画符念咒，将演出前收藏的所有演员的命魂退还给演员，表示一次演出活动终结。

上述壮剧演出活动中的巫术仪式在新中国成立后已逐渐消失。由于科学理性在人们日常生活中的作用愈来愈重要，鬼神观念日益淡薄，壮剧娱神手段的功能也逐步萎缩，而转变为纯粹的大众娱乐方式；所以，如今壮剧演出不一定是在宗教活动和节日庆典祭神事鬼之时，只要有喜事，如 1997 年 7 月 1 日香港回归祖国，就可演出，如有可能或需要，还可售票，就像城市中的剧团一样。如此，演出活动中礼神事鬼的巫术仪式自然也就失去了存在的依据和需要。

四、困境与抗争：壮剧的生存景况

壮剧作为壮族的一种传统文化，在现代社会中，面对现代文化的强劲冲击，常陷于深深的困境之中。不能说像在那善屯这样的壮族草根社会当中，壮剧已完全失去了存在的社会基础。那善壮剧团在20世纪80年代成立之初，生产队可提供部分资金，剧团经常受邀外出表演，名气渐大，一次巡回演出能挣回100多元钱。1990年代初期，田林县开办每年一度的乐里歌圩，那善剧团在参加歌圩活动中获得第一名，名声大噪。自此后11年那善壮剧团经常参加活动。1999年，那善壮剧团改名“哙呀咧壮剧团”。“哙呀咧”是壮剧唱腔里的曲调语气词，这个名字响亮独特，富有民族气息，并且带有看戏时叫好的意味。但随着电视机、VCD影碟机的增多，看电视、看影碟、打麻将、打牌、卡拉OK成为重要的娱乐消遣方式，壮剧的演出确实走向了沉寂。与其他所有的壮剧团一样，“哙呀咧壮剧团”也面临越来越多的困难。除了政府组织的会演之外，民间的、市场化的演出越来越少。“哙呀咧壮剧团”自2001年至2004年3年间没有一场演出，生存受到威胁。其原因当然多方面的：

一是受到外出打工潮的影响。常住村里的年轻人没有几个，不但缺少演艺人才，甚至观众也减少了。

二是没有集体经济的支持。财大才会气粗，掏不出基本的经费，村委没有力量来提倡壮剧的传承。

三是艺人后继乏人。剧团成立伊始，伴奏的乐师就都上了年纪，二十多年过去，大都衰老和故去了，同时又培养不出接替者。李良老人说如今那善壮剧团人才匮乏，青黄不接。原来拉二胡的师傅共有4个，目前有3个已经去世了，而接替他们的新手，技艺又尚未达到应有的水平。

四是剧团内外的人际关系在社会转变过程中未能找到一个平衡点。在剧团内部管理上，传统的管理模式已不合时宜，但适应市场社会的管理模式尚未建立。在剧团内外关系、剧团与社会生活上，传统与现代的矛盾、碰撞、纠缠往往使人们手足无措，因噎废食。村里老一辈认为，壮剧团“搞不起来”，团里领导负有相当大的责任。到如今，戏团的团长已经是第四代。现任团长组织能力不强，演员排演也就纪律散漫、缺乏热情。外村借去的服装、道具，到最后也都丢失了，一些演出酬劳和基金下落不清，群众对团领导在管理团里财务方面的能力和方式，甚至对领导本人都颇有微词。被批评的领导也是心中不服，戏团的内部和戏团与村民之间原来相互理解支持、其乐融融的关系淡薄了。2000年左右，壮戏团一名出色的女主演与同村一个已婚男子恋爱生子，而男方比女方年长20岁，这样的事情在传统的乡村掀起轩然大波。因为女方有特殊的“壮戏演员”的身份，这件事使“演戏”这个原本在传统观念里脆弱的道德形象更受打击。许多村民认为这“都是演戏惹的祸”，不再鼓励和支持自己的子女参加表演。村中长辈认为，“台风不正”是那善壮剧团沉寂的主要原因之一。

因此，当今壮剧的境况可说是在困境中挣扎。如果不能改变其中情节单调、内容粗糙、节奏缓慢的形式和特点，结合现代歌舞戏剧艺术的因素，使之成为一种不可取代的文化标识，就有被淘汰的危险。其实，现在有的民间壮剧团已做了有益的探索，尝试着走出一条新路，使壮剧艺术发扬光大。如凌云壮剧团下大功夫发展壮剧，把自己的演出录制成VCD卖给喜爱壮剧的观众，大大提高了自己的知名度，收到的演出邀请越来越多。“唅呀咧壮剧团”如能正视现实社会的需要，适应现代社会变化，通过吸收现代文化的养分，实现转型，必能推动壮剧艺术的传承与发展；然这任重道远，需要人们长期不懈的努力，方能“柳暗花明又一村”，“百尺竿头，更进一步”。

第六章　村政的现代化建设与那善权力结构的变化

一、"波板"、"雅金"、"布魔"、"道公"：那善壮族传统的民间权威

费孝通在解剖中国乡土社会的权力结构时，曾提出"横暴权力"、"同意权力"、"教化权力"三个概念。横暴权力发生于社会冲突，是社会不同团体或阶层间主从形态的权力，握有此种权力者可利用这种权力以自己的意志去支配、驱使别人的行动，属压迫性质；同意权力发生于社会合作，是以社会契约为基础的权力，属民主性质；教化权力发生于社会继替的过程，是通过文化传统及其传承对社会成员的限制而产生的力量，属文化性质。他认为，在中国的乡土社会中，虽则有着不民主的横暴权力，也有着民主的同意权力，但由于中国传统的自给自足的小农经济不足以提供横暴权力所需的大量资源，于是乡土社会中人民切身的公事便让给了同意权力去活动。可是，同意权力是分工体系的产物。中国传统的男耕女织的自然经济也没有同意权力赖以发展和扩大的发达的分工体系。所以，中国乡土社会既非"专制"、"独裁"，又非"民主"。从人民的实际生活上看，其权力结构是松弛的，无为的。真正维持基层社会运作的主导力量是社区中的长者以文化传统进行的"教化"，即

“长老统治”。①

费先生的这一论点可作为论述那善壮族社会传统权力结构的基本理论框架。因为那善壮族社会与费孝通先生所分析的“中国乡土社会”是同质的。而且，由于壮族的阶级分化不严重，历史上没有建立本民族本地区的政权，中央王朝又因其地处边远，而采取“以夷治夷”、“以其故俗治”的间接统治政策，横暴权力更加罕至；由于壮族农业经济较汉族更为落后，分工体系更不发育，同意权力也就更为微弱。因此，在民国以前，“教化权力”（即长老统治）在那善传统社会中有着广阔的生存空间，在其权力结构中，理所当然地占有相当重要的位置。

那善壮族社会中的“长老统治”主要由“波板”、“雅金”、“布魔”和“道公”来运行。“波板”直译为“村父”，是那善壮族对村寨头人的称呼。“波板”由全体村民民主选举产生，一般都是年龄较长，辈分较高，社会阅历丰富者。其为人必须正派公道，善于言辞，有胆有识，熟悉本民族本地方的风土人情和传统的伦理道德，精于排解各种纠纷，内能服众，外能斡旋，并热心于为群众服务。这些条件如能够保持，“波板”之职可一直担任，直至终身；如果丧失，就会被撤换。“波板”在单姓的村落，多是族长，即宗族的长老。可那善是一个杂姓屯，其“波板”由各姓共同推举，是在各宗族之上的。只是由于那善屯中罗姓（“大罗”“小罗”）势力较大，“波板”之职多由“大罗”或“小罗”的族长担任，而王姓、廖姓、黄姓的族长自然而然地成为“波板”的助手，“波板”制下“长老会议”的成员。那善的“波板”到新中国成立前还有。罗振国的爸爸罗宏文和罗光彩的曾祖父罗定星都曾当过“波板”。据说“波板”家过去都有铜鼓（壮语将铜鼓的敲击声称为“婧布”），罗振国家的铜鼓在1958年大炼钢铁时砸了，罗光彩家的铜鼓则保存至今。“波板”拥有铜鼓的情况，与古文献中有关“都老”的记述相一致。

① 费孝通：《乡土中国》，60～70页，北京：三联书店，1985。

《隋书·地理志》云："自岭以南，二十余郡，……诸獠皆然，并铸铜为大鼓。……俗好相杀，多构仇怨，欲相攻，则鸣此鼓，到者如云。有鼓者号为'都老'，群情推服。"《宋史》卷495亦曰，岭南诸蛮族"相攻击，鸣鼓以集众，号有鼓者为'都老'，众推服之"。"都老"乃壮族先民对村寨头人的称谓，"都"为"人"的尊称，"老"乃"老者"也。

"波板"是村寨社会组织和管理的首领。其具体职责主要有：

1. 领导村民制定村规民约。为了安定社会秩序，维护公众利益，"波板"首先召集各族长拟定村规民约草案，然后召开村民大会进行讨论、修改，表决通过后张榜公布。

2. 维护村中社会秩序。村中发生的一切违犯村规民约和伤风败俗之事，均由"波板"从中调解、裁决。若事情重大或比较复杂，由"波板"召开长老会议或村民大会商议，做出决断。

3. 掌管村中公共财产，如荒地、林场、河流、水井及风雨亭等，不容侵占或破坏。

4. 组织、主持集体祭祀和娱乐活动。集体祭祀活动包括祭岑大将军、拜土地公、发生虫灾或其他自然灾害时驱鬼封村等，娱乐活动主要包括演出壮剧、舞狮子等，都是由"波板"提议，经长老会议同意后，再由"波板"组织、主持举行的。

5. 领导公共建设，如修桥筑路、拦河筑坝、挖掘水井、引水灌溉、兴建庙宇等。

6. 负责涉外事务。与别村发生纠纷时，代表本村与对方交涉；遇有土匪来袭时（新中国成立前，那善一带有土匪出没），组织村民抵抗等。

作为村民认可公举的自然领袖，"波板"不脱产，不领俸，无特权，是村民中平等的一员。他在处理村寨事务中的权利是通过长老会议和村民大会来行使的，所依据的原则是村规民约，亦即条理化了的习俗。如在处理勾引或强奸别人妻女者时，"波板"一般是要男方做一定的经济赔偿，要他放一封鞭炮向全村人认错，然后让他办几桌酒席，请族长及有关人员吃一餐。餐桌上，先让他跪下，核实情况，再让他跪着挨个敬酒，赔礼道歉。而不是拘役服刑或打入监牢。其权利是“父亲般的、纯粹道德性质的”[①]。

“雅金”是那善壮族对巫婆的称谓。一个人能否成巫，要根据其“命学”来判定。壮族民间的命学与汉族的“算八字”相似。所谓“算八字”，就是将一个人出生的年、月、日、时这四个时间概念用天干、地支的形式来表述，并以此为基础推算其命运。其中有一项内容是将人的“八字”分为轻、重二种。壮族民间认为，“八字”轻的人有可能被“巴”神（巫神）选作替身，因为“命轻”者倾向于阴性，易与鬼神或属阴的事物相通，容易招致各种鬼怪精灵附身。这种人都带有某种神经质的病态，自孩童时起，即流露或表现出一些异常的征兆，甚至会做出一些超自然的举动。成年后，她们在参加巫事活动中常常要充当“神游”、“过阴”及各种灵魂替身的角色。平常，则常有不同程度的精神分裂症状。出现这些症状时，人们会请来资深的巫师举行巫事，请神、过阴以查明根源。若查出是被鬼怪精灵侵扰的，要举行驱鬼除邪的巫事来解除。若查出是因“巴”神附身所致，就要征求病人家属的意见，或请资深法高的巫师为其“封八字”（其做法是让巫师请诸神下凡，禀告诸神，病人年龄尚小或其他原因，不宜过早成巫，请诸神延缓“巴”神下凡附体。巫师请到诸神后，将病人的“八字”写在一张符篆上，反复施行巫术，置于一个陶器中，并用符篆封口。其意是让“巴”神找不到该人的“八字”，无法附身），或马上为其举行仪式，让其投靠一名巫师，从师学巫。

师傅的确定有被动和主动两种形式。被动形式是病人在病情发作时，托词受“巴”神的指示要拜某人为师。这类病人有时甚至会跑到数十里外的巫师家中，长跪在门口或神台前，直到巫师答应收

① 〔德〕马克思、恩格斯著，中共中央马克思恩格斯列宁斯大林著作编译局编译：《马克思恩格斯选集》，82页，北京：人民出版社，1972。

其为徒。得到承诺后，病人往往会自言自语地表白一番“自己”的身世，说她是这一带幼时夭折的某人，并将该人生前的某些生活细节表露出来，然后去认其托生的某人的父母、兄弟、姐妹。于是，为病人拜师的仪式，便由两家（病人出生的家和“托生”的家）共同操办了。主动形式则是巫师受病人家属邀请去为病人举行除病巫事时，毛遂自荐。一般情况下，病人家属不会拒绝这种要求。

巫师接受一个新徒，其仪式类似于接生一个新生儿。接受仪式开始时，巫师要在自己家神台前上香祷告“巴”神和祖先神。新学徒及其两家族的人，包括生身和托身的父母、众姐妹、族中长老，肃立于巫师的神台之前。巫师上香祈祷之后，走向神台敬酒。第一轮先供众神，第二轮则转而敬众人，并大声发问：“愿当不愿当?”这时，陪来的人大声回答：“愿当。”并由学徒的父母或丈夫表示以后就将学徒交由巫师调教。学徒家属开始称巫师为“巴师”，学徒开始称巫师为“巴”。敬酒完毕，巫师叫家人在神台前铺开竹垫，亲手持一张土布织染的襁褓，挽着学徒到铺上盘坐，将学徒搂抱于自己怀中，再叫家人端上一碗稀饭，由巫师亲自喂入学徒口中。喂完饭后，巫师起身离开席铺，将自己平时行巫时所用的一些巫器放在席铺上，任由学徒玩耍。而学徒不论长幼，都要表现出天真无邪的样子，像婴儿一样在众人面前玩弄这些法器。至此，巫师的收徒仪式结束。众人在巫师家中聚餐后各自回家，学徒则留在巫师家中学艺。

学徒拜师后，一般要在巫师家中住三个月左右。家人只能在每月的初一、十五带上一些生活用品和酬神供品来探亲及供神。在跟师阶段，学徒先是学习盘坐、持扇、打铃、摇链和念诵巫咒、巫经，熟悉各种巫事的做法。住进巫师家满一个月时，学徒的家人要备办食物、供礼到巫师家祝贺“满月”。学徒“满月”后，可随师傅外出参加由其主持的巫事。到了“百日”，学徒就可出师了。这时，学徒的娘家族人要筹办一次聚餐，送学徒一条布腰带和一套巫服。巫师要送徒弟一套巫器，并将布腰带为徒弟扎上，表示可以出师。此后，新巫师就可独立主持巫事了。但一般说来，新巫师威信有限，她们仍四处拜访有名的巫师学艺，而且，要拜附近的“道公”为师，请“道公”为其安置祖师神位。

“布魔”是那善壮族对巫公的称谓。与“雅金”成巫的过程不同，“布魔”是成年男子在健康清醒之时，有意拜师学法，随师学习三年，恪守各种清规戒律，如禁吃牛肉、狗肉等，学成后出师。

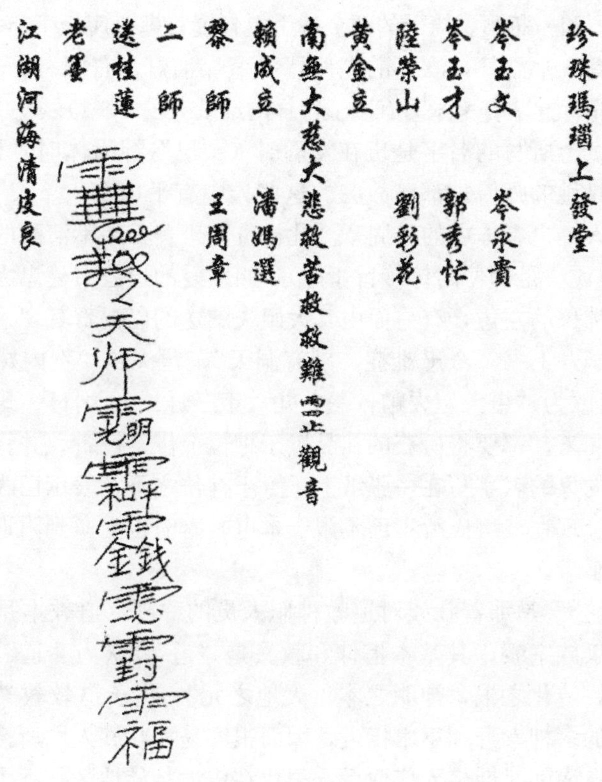

图 1-6-1　巫婆祖师神位

那善历来都有“布魔”和“雅金”。1958 年去世的王周章还是利周乃至田林、凌云都闻名的“布魔”。王周章在世时，其儿媳已师承家公成为“雅金”；王周章死后，其儿媳一直在那善一带独立行巫，至1974年去世。此后，那善二十年无巫，需做巫事，要到六爱或其他地方去请巫师前来。直到从潞城乡嫁来给黄文波为妻的班美云于1994年成巫。据了解，班美云没有拜过师，但在其家中的存物层（那善“干栏”建筑分两层，人居底层，上层存物）上、神台右上侧却置有祖师神位。神位用一太师椅做成，椅前放有一个火盆（供烧纸钱用）和一瓶酒。椅子的两个扶手上各置一匙，座板上有一香炉，香炉前有6个酒杯，酒杯的左侧置一盏煤油灯，右侧有一个大碗。椅子的靠背上贴有一张写有图上字样的红纸（图1-6-1）。

红纸上所写的名字是班在发病时（“巴”神附体时）说出的，据称都是她的师傅，都已故去。这些人中有平山乡人、浪平乡人、潞城乡人，也有本屯的王周章。此神位是班美云在不清醒的情况下（按当地说法是师傅附体传旨于她），叫六爱的道公韦建忠为其安置的。在神位的左边，有一面由其大姐夫赠送的以祝贺其“入道”的红布旗子，上书“奇患难症，别有洞天”，题头是“贺内妹入道之喜”，落款为“愚大姐夫赠，一九九六年三月二十六日”。班氏每次做巫事回来，都要将所获的礼品置于神位上供祭一番，并将做巫事时所驱的鬼的名字写在一张纸上，置于神位之下，表示已收服该鬼的精灵。现在，班氏行巫已不限于本屯，有时也受邀到附近一些村寨举行巫事。

“道公”是那善壮族对道教神职人员的称呼。道教本是发端于中原的汉族宗教，其基本信仰和教义是“道”，认为“道”是“虚无之际，造化之根，神明之本，天地之元”。由于道教教义和法术与壮族的多神崇拜和巫术接近，因而很容易为壮族人民所接受。道教大约自南朝时期传入广西后，很快在广大壮族地区扎下了根，并一直延续下来。

那善有道公的历史始于何时不得而知，但起码有了四代道公却是不争的事实。前三代均是父子相传：黄学康（退休干部）的曾祖夫黄德城→祖父黄兆雄→父亲黄永恩。1985年黄永恩逝世后，曾做过黄永恩助手的本屯人罗兆德把一些道经拿去学了一下，成了道公，直至1996年去世。现在那善还没有新的道公，要做道场需请六爱的韦建忠等人。韦建忠的祖师是禄恩人黄法龙，黄法龙的徒子韦云昌、徒孙韦少楼都是六爱人，韦建忠就是于1962年拜韦少楼为师学道的。拜师的过程很简单，杀一只鸡到师傅家，将鸡置于道公师傅神位上供奉一下，饮下师傅给的一道符水，即成为徒弟，开始熟悉戒律，背诵经文，习练仪式，参加法事活动。

“道公”与“雅金”、“布魔”的司职是有所区别的。一般说来，巫的职能是通神问事、酬神赶鬼、荡邪祛病、择吉避凶、预卜休咎等，而道的职能主要是超度亡灵、安神祭庙、看风水、驱鬼除灾等。但常常有所交叉，尤其是“布魔”与“道公”，有时难以分辨。因为“壮族宗教信仰是复杂的，没有形成某种统一的宗教。佛教、道教与祖先崇拜、巫术等原始宗教交织在一起兼容并存”①。“在壮族地区，巫、道常常不分，同样从事祭神拜鬼求福职业，只是活动方式有所不同，每当举行法事，人们或是请巫或是请道，有时巫、道一齐上场，共同作法”②。

然而，不管那善人在现实生活中能否清楚地区分巫与道，“雅金”、“布魔”和“道公”在那善传统社会中的影响都是直接而巨大的。巫道是人们日常活动的指南，举凡生老病死，劳作生息，无一不请巫婆（或巫公）或道公念咒、诵经、作法，请神驱鬼。在生产方面：从播种、插秧到收粮入仓，都要先请巫公或道公查看皇历，择定吉日良辰；遇有旱涝虫灾，要请道公作法驱鬼、封村；其他与生产有关的活动，如祭土地庙等，也要请道公来主持。在生活方

---

①　覃光广等编著：《中国少数民族宗教概览》，北京：中央民族学院出版社，1988。

②　方素梅：《巫道思想和壮族文化的结合》，见《壮侗语民族论集》，南宁：广西民族出版社，1995。

面："架桥求子"[①] 要请巫婆或道公主持；择偶时，要请道公合八字、算命相、择吉日；人过世，更要请道公做道场超度亡灵，择日安葬。人一生除此中必做的法事外，平时遇事不顺或染病不爽，也要问巫求道。因为他们认为遭祸染恙是恶鬼作祟，只有巫术道法才能解除。其他如造屋建灶、安梁立柱，都要请巫婆或道公择日作法，以免触犯鬼神，导致家破人亡；壮剧团演出也要请道公随行，由他作法请师开路、扫台、开台、闭台、送台等，以免招致不测。

"雅金"、"布魔"和"道公"之所以能如此广泛而深入地干预那善人的生产和生活，主要有三方面的原因：一是长期以来，万物有灵的观念在那善村民中根深蒂固。在人们的传统思想中，总是认为有鬼神精怪在操纵人们的现实生活，要想获得超自然的力量控制鬼神，就要求助于可与鬼神交往的中间人——"雅金"、"布魔"和"道公"。二是受佛教善恶报应的轮回思想的影响，认为今生不求神敬鬼，来世不得安生。三是由于巫、道作法须念咒、诵经，略通汉语，识字较多，道公还懂得使用方块壮字抄录经书唱本，是文化较高、知识比较丰富的"能人"。因此，尽管"雅金"、"布魔"和"道公"组织松散，各自为政，又是兼职人员，平时参加生产劳动，一如常人，只在有事时才出来主持法事，但他们在村屯中的权利不可低估。这种权利与"波板"的权利一样，是由于他们了解此方水土的风土人情，极大地拥有本民族、本地方的"文化资源"而产生的，因而是文化性的教化权利。

① 具体做法是：求育妇女或其家人选择人们行走必经之路的溪沟，用三根木棉树枝做桥枕架桥，将一条棉线一头缚在桥上，另一头接回求育妇女房内。择日请巫婆（或道公）念咒语，贴符纸，行占卜，同时主人家就地摆供鸡牲、熟红蛋、红糯饭或红糍粑，焚香烧纸。凡遇有过路者，挽留停步，请他们吃摆设的饭菜。当地壮族人认为，往返路过的人越多，主人家修功积德就越大，求育者自然就会怀胎生子。

二、民国保甲制：村政规范化与国家力量向村屯的延伸

1985年，吉登斯（Anthony Giddens）出版了《民族—国家与暴力》（*The Nation—State and Violence*）一书，对现代社会转型进行了独特的论述。他认为，“现代社会”与“传统社会”的差异，主要在于现代社会以民族—国家为特征，其突出表现是国家与社会的高度融合。造成这种融合的动因，不仅有生产力与生产关系的变迁，而且包括如下三种力量的发展：以信息储存和行政网络为手段的人身监视力、军事暴力手段的国家化以及人类行为的工业主义。现代社会之所以与传统社会形成对照，是由于现代社会中物质生产高度发达、信息和行政监视大幅度延伸、暴力手段为国家垄断、工业主义渗透到社会的各部分。吉登斯将社会的转型过程分为传统国家（traditional state）时代、绝对主义国家（absolutist state）时代和现代民族—国家时代。传统国家只有“边陲”（frontiers），没有疆界（borders），也没有对军事力量的垄断权，国家与社会的关系比较松散，政府对社会的行政控制局限于城市，国家象征体系与宗教和一般人民的“民俗”保持相当大的距离。在行为规范方面，许多规矩只在贵族阶层有效，对一般人民毫无制约力。作为传统国家向现代国家过渡的绝对主义国家，其首要的表现是大型帝国逐步蜕变为分立的国家，“自然边陲”被确定为“疆界”，“主权”观念随之产生，神异性的国王变成国家主权神圣性和分立性的代理人和象征，法律成为全民性的规范，军事技术的发展为暴力的扩张提供了条件，军队内部行政管理手段高度发达为社会秩序的控制提供了可借鉴的体系。而到民族—国家时代，由于工业化导致的配置性资源（allocative resources）和权威性资源（authoritative resources）的增长，国家更容易地渗透到社会中，强化其监视力。政府对基层社会的控制大为加强，使基层社会的人民从地方性的制约中解放了

出来，直接面对国家的全民性规范、行政监视、工业管理、意识形态的影响和制约。①

吉登斯的“国家与社会关系史理论”为我们探讨国家政权与民间权威的互动关系史，从而揭示一个社区的权力结构的变迁史，提供了一个“理想模式”或理论框架。按照吉登斯的论述，中国现代民族——国家时代大约是起步于民国保甲制度的实行。因为民国保甲制度以 10 户为甲，10 甲为保，10 保以上为乡（镇或区）。每保设保长，每甲设甲长，由政府直接任命。保长、甲长对村落的政治、经济、社会实行直接干预，并对上级行政单位负责。其任务包括户籍登记、税收和警务。户籍登记作为社会信息的储存方式，其政治功能是控制人口移动和地方活动状态。税收是对地方经济资源的剥削，使之转移至中央，成为国家的经济基础。当地的公共治安则是为了进行地方活动的监督和对违法者的惩罚。这些要素完全符合吉登斯对现代民族—国家行政力量的界定：现代民族—国家的一个重要基石是行政力量（administrative power）的强化，而行政力量又包括对社会信息的储存及人们行为的直接监督。②

广西推行保甲制始于 1934 年，其具体内容与全国稍有不同：6～10户为一甲，8～15 甲为一村（街），8～15 村（街）为一乡（镇）。那善一带实行保甲制是 1935 年才开始的。实行此制后，那善与六爱（隘）、平凉、尾寿、囊混、囊许、当后、可立、那柴、禄恩被划归爱善村，成为利周乡的四个村之一。爱善村下设 10 甲，那善屯有 4 甲，以聚落为单位，打破了民间以宗族、宗支为家庭之上的社会基本单位的格局。

保甲制的实行，使国家的行政力量向下延伸到了那善壮族社会的低层。在此之前，利周为一乡，设保正一员，设正副团总各一

① 王铭铭：《社会人类学与中国研究》，52～54 页，北京：三联书店，1997。

② 王铭铭：《社区的历程——溪村汉人家族的个案研究》，88 页，天津：天津人民出版社，1997。

员，以地方绅士充任。保正负责处理乡内事务，正副团总的职责是管理团练，有事时调动团练剿匪，无事时则在乡下排解讼事。保正下辖村老，村老下辖宗族头人，系统相承。[①]国家政权只渗透到县一级的行政地理单位，乡以下完全由村老、宗族头人等民间权威控制，而乡一级政权则掌握在地方绅士手中。绅士既是国家政权的后备军，又是乡村社会中的富豪，正是他们的双重身份使国家政权与乡村社会得以连接起来。可实行保甲制后，村政不再由非正式的权力人物（民间权威 popular authorities）代理。“波板”、宗族头人（族长）被官方直接任命的村长、甲长所取代。民国时期曾任爱善村村长的罗兆兰、罗定纲、罗岳年、罗兆福、罗书声均非“波板”或族长，而是因本人文化稍高、家中较富有被乡、县政府选中的。如此，国家政权便通过他们实现了对村屯政治、经济和社会的直接干预。村政制度因此实现了以村规民约为象征的伦理道德性村政向社会—经济控制性村政的转型，走向了规范化。

尽管保甲制的实行，国家政权的向下延伸，并没有使传统的民间权威完全消灭，因为宗族的组织、宗族的观念、区域网络等依然存在，人们万物有灵的观念没有改变，所以“波板”、族长、“雅金”、“布魔”、“道公”的权威依然有其生存的土壤和空间；但是，国家权力的扩大和深入确实极大地侵蚀了民间权威的基础。因为民国在壮族地区推行的村政规范化是与壮族乡村的文化体系相脱节的。“现代化”过程中的国家政权完全忽视了壮族文化体系中的各种资源，而企图在壮族文化体系之外建立新的政治体系。在此观点之下，国家政权力图斩断其同传统的，甚至被认为是“落后的”壮族文化体系的联系，并为此向壮族文化体系发起了攻击。与保甲制的推行相伴的，是视壮族文化为“陋俗”的“取缔”和“改良”政策。1931 年，广西省政府颁布《广西各市县取缔婚丧生寿及陋俗

① 广西壮族自治区编辑组：《广西壮族社会历史调查》（第四册），410 页，南宁：广西民族出版社，1987。

规则》，将壮族及其他少数民族的一系列风俗习惯，如歌圩、不落夫家、抢花炮、送红蛋等列为“陋俗”或“陋习”，强令禁绝[①]。1936年，广西省政府又颁布《广西省改良风俗规则》，规定“女子嫁后不落夫家者，处10元以上50元以下罚金，或5日以下之拘留”，“男女衣冠履带及一切服饰，须用国货”，“男女留发不得过颈，女子留发过颈者，须结束，不得披散，并不得奇装异服，违者处1元以上15元以下之罚金”，至于“卜筮星相堪舆巫觋及男女僧道”更在“取缔”之列。[②]“波板”、族长、“雅金”、“布魔”、“道公”等民间权威本是凭借对本民族、本地区文化的深刻了解和熟悉而产生权威的，如今，他们的本土文化受到了“取缔”、“改良”，他们的权威自然也就受到了压制和冲击。

与此同时，村长、甲长的权威获得了生长的机会。由于中国传统的“国家政权”是由儒家思想交织在一起的行为规范与权威象征的集合体，[③]代表国家政权的村长、甲长由比较熟悉汉文化（即受过良好教育）的人担任是理所当然的。这一点广大壮族村民容易接受，因为明清以来汉文化在桂西的广泛传播，已使当地壮族人民逐渐接受了儒学等汉文化的内容，并整合到了本民族的文化体系中。[④]在那善，以忠孝仁义之道、三纲五常之说、三从四德之伦为核心的儒学思想及祖先崇拜等汉文化因素，也早已植根本土，开花结果。

然而，那善村长、甲长的权威基础是薄弱的。因为那善壮族社

① 广西壮族自治区地方志编纂委员会编：《广西通志・民俗志》，428～430页，南宁：广西人民出版社，1994。

② 广西壮族自治区地方志编纂委员会编：《广西通志・民俗志》，428～430页，南宁：广西人民出版社，1994。

③ 杜赞奇：《文化、权力与国家：1900—1942年的华北农村》，32页，南京：江苏人民出版社，1994。

④ 赵壮天：《开放与整合：明清汉文化在桂西壮族中的传播》，载《广西民族学院学报》（哲学社会科学版），1997（2）。

会中最直接而且最典型的权威体现在宗教和宗族组织之中。良好的汉文化教育和优越的经济地位固然可以得到官方的任命，但要成为名副其实的乡村领袖，他们必须将其所积累的“权威象征资本”转化到宗教和宗族组织中去。可那善村长、甲长缺乏这一转化的能力和途径。如果说村长、甲长由于是本地选任，可代表一定的地方、宗族利益，其在宗族组织中不是一无所能的话，他们在宗教事务上施展领导才能的机会则是少之又少。因为在宗教领域，国家政权一直想方设法将其文化霸权强加于壮族人民的信仰之上，“改土归流”后这种倾向尤其强烈，流官到任后积极推行“大统”、“夷华同风”的民族同化政策，在壮族地区普遍设立“孔庙”、“关帝庙”、“地坛庙”、“城隍庙”、“文昌庙”、“神农庙”、“观音庙”等神坛庙宇，同时“严师巫邪术之禁”[①]，即是最好的说明。而“民国政府”全盘继承了这种政策和做法。如民国四年（1915 年），广西凌云县当局“颁行关岳合祀典礼，即于上武庙殿内改设本主正位，左为关壮稷侯，右为岳忠武王，均南向。两序为历代忠武将士，张飞、王濬、韩禽虎、李靖、苏定方、郭子仪、曹彬[②]、韩世忠、旭烈兀、徐达、冯胜、戚继光东位西向，赵云、谢玄、贺若弼、尉迟敬德、李光弼、王彦章、狄青、刘锜、郭侃、常遇春、蓝玉、周遇吉西位东向，规定以岁春分后第一戊日，由驻在该地方各文武推官职较高者一人，亲诣敬祭，官职较次者二人，东西序分献，纠仪以军官、警官各一人，执事人各以其历及地方官绅、学校教员学生之娴礼仪者选充。在地方各军官、警官及兼有军警职各文官一体与祭。祭之日，陈设祭品，行礼仪节，均与京师遣祭关岳庙礼同。关岳合祀典礼，附说明书一册存档，逐任移交，迄‘民国’十一年以后停废，

① 〔清〕谢启昆主修：《广西通志》卷三五三，《宦绩录·梁凤祥传》。

② 〔清〕谢启昆主修：《广西通志》卷三五三，《宦绩录·梁凤祥传》。

‘民国’二十三年奉令祭祀”[1]。关羽、岳飞、孔子等都是国家、皇朝和正统的象征，地方官吏、军警、士绅、教员学生等举行这种祭祀活动一方面是通过宗教隐喻（religious metaphor）宣扬、强调国家观念，另一方面通过对此等宗教祭祀活动的领导或参与而进入世俗的政治结构。因为在中国人的天人合一的观念中，阴阳二界的官僚体系是浑然一体的，皇帝自比天子，号称“替天行道”，各层官员也可在阴阳合一的官僚体系中找到自己合适的位置。所以，村长、甲长可通过参与关、岳、孔等神的祭祀活动而与上层官府发生联系，并在一定程度上显示自己与壮族民众的不同。但是，上述代表国家、皇朝和正统的神坛庙宇在田林、凌云、西林一带只分布于（州）县所在地，对这些神祇的崇拜和信仰并没有深入到村屯民众之中。在那善，民众崇拜和祭祀的神祇只有祖先神、大榕树、土地公、岑大将军庙等。其中祖先神是家庭或宗族成员认同的象征。[2]大榕树、土地公是村屯内各宗族成员认同的象征，它赋予规范村人行为不端，在仪式上联系村民的权利。岑大将军体现的是本村屯与整个利周乡乃至凌云、田林、西林、隆林、田东、田阳等岑氏土官故地壮族的认同。作为那善唯一与外界联系的神，岑大将军已在壮汉文化交流的历史长河中被涂上了儒家文化的色彩：在洋洋大观的《岑氏源流谱》中，岑仲淑（即岑大将军）被描绘成随狄青平侬智高的劳苦功高的战将，因德仁泽厚被封为戍边重臣。而其祖先则被攀附到周文王的异母弟耀之子渠，因“周文王封其异母弟耀之子渠为岑亭，子孙以国为氏”[3]，故岑大将军也就是出于“正统”望族了。在与外界的联系中，那善的岑大将军与利周、凌云的岑大将军形成了象征上的结构关系：那善→利周→凌云（田林），层层统辖。

① 何景熙：《凌云县志》（据 1942 年油印本影印），446 页，台北：成文出版社有限公司，1974。

② 何景熙：《凌云县志》（据 1942 年油印本影印），446 页，台北：成文出版社有限公司，1974。

③ 参见《广西土官岑氏莫氏族谱》，广西民族研究所编印，1965 年。

人们对其祭拜就像求官诉讼一样，下层不灵，再求上层。如此看来，岑大将军似乎具有国家力量的象征。可是，壮族同胞对岑大将军的祭祀活动壮语叫“严隆竹”，意思是“迎铜鼓进寨”。铜鼓原是壮族村寨头人权威的象征，因而以“迎铜鼓进寨”祭祀岑大将军，实是把岑大将军当作一位“波板”来崇拜的。这表明国家政权的文化霸权并没有真正在那善壮族社会中建立起来。因而村长、甲长也就不可能在那善的宗教活动中体现或建立自己的权威。在那善的宗教祭祀活动中，担任主要角色的一直是“波板”、“道公”、“雅金”、“布魔”。政府“严师巫邪术之禁”，固然可以压制他们的传统权威，但也削弱了广大民众与村长、甲长的关系，疏远了民众与国家政权之间的联系。因为对普通的壮族村民来说，宗教生活比行政职务、警察机制和新式学校更为迫切和重要。当然，村长、甲长的权威难以树立还有其他原因。各级政权机构通过他们横征强收繁多的捐税和重重摊派，使得村民们对他们为乡村谋利益的心愿或宗旨产生疑忌，这也是他们的权威脆弱的原因之一。

总而言之，民国保甲制度的实行，使那善村政走向了规范化。随着国家权力的渗透，村屯中的族老权利受到了压制和削弱，但村长、甲长的权力基础是薄弱的，新旧权力在那善社会中并存，并共同发生作用。

三、共和新政：村政现代化与国家权力在村屯中的强化

随着1949年12月广西解放，1950年人民政权在田林的设立，民国保甲制度为新型的村政所取代。自1950年至今，新型的村政制度的发展变化大致经历了如下三个时期：

(1) 1950—1958年的区分制度时期。当时县之下设区，区下辖乡、村。1951年7月前，田林全县分4个区11个乡94个村(街)。那善属爱善村，归第二区利周乡管辖。1951年8月，田林

全县划为10个区93个乡，那善属第二区爱善乡。此后田林虽有部分乡有所调整，但那善归属一直未变。

（2）1958—1984年的人民公社化时期。1958年8、9月，撤区、乡，设社、队建制，区改为公社，乡改为生产大队、生产小队。那善设4个生产小队，属乐里公社爱善大队。1962—1964年，公社进一步细化，实行区、社建制，公社改为区，生产大队改为公社。那善属爱善公社，归乐里区管辖。1968年，又恢复社、队建制，区改为公社，原小公社改称生产大队。那善属乐里公社爱善大队，直至1981年，复置利周公社，那善改属利周公社爱善大队。

（3）1984年至今的乡（镇）、行政村、自然村时期。1984年10月，田林县根据中央和自治区的部署，实行政社分离，将原公社改制为乡（镇）政府。那善归属利周乡爱善村，其下包括4个村小组。

这三个时期的村政制度各有特点，作为国家权力在乡村的代表的地方共产党支部和基层行政机构，随着经济方式和生产关系的变化，而以不同的方式管理和控制着那善村民的生产和生活，从而使那善的权力结构发生了深刻的变化。

在区分制时期，村民以互助组和初级、高级农业合作社的组织形式进行生产。互助组和初级、高级农业合作社是以自然村为基础形成的合作团体。这时，那善的最高行政长官是（利周乡）田林县第二区委派的爱善（村）乡长。乡长下有副乡长1名、主席1名、民政委员1名、民兵队长1名、财粮委员1名。乡长及其助手们的职责包括向村民催缴公粮，布置耕种，召集村民大会传达上级指示，动员和组织以互助组、初高级合作社为单位的村民筑路建桥、兴修水利等。至于村民在耕作之余经营副业及如何安排余粮等，则无权过问。由于此时的生产资料归互助组、初高级合作社所有，而非掌握在爱善乡，乡长及其助手们对生产活动的管理和控制权只是部分的，对产品的分配权几乎没有，这就给传统的民间权威以一定的生存空间。所以尽管土地改革时期，随着对封建势力的打击，那善进行了烧毁族谱，斗争族长、“波板”、“雅金”、“布魔”和“道公”等运动，但在一些民间仪式上，他们的作用和地位仍表现了出来。

人民政府从1958年开始实行人民公社化运动的目的是要建立“一大二公”的农民集体所有制，以便将农民迅速引向共产主义的现代化生活方式。尽管由于这一目标是通过理论演绎的方法而确定的，在教条主义泛滥的情况下，又不容许实践的证伪，因而在具体的政策上多有反复；但自1961年冬开始贯彻中共中央《关于改变农村人民公社基本核算单位问题的指示》后，公社、大队和生产队三级所有、队为基础的管理体制基本定型，直至1981年，那善都是实行这种管理制度。生产队内统一经营，集体做工，按件记工或评工记分，分配原则实行“基本口粮和按劳分配相结合”或“按劳分配加照顾”的办法。由于公社—大队—生产队垄断了农村的一切资源分配和事务管理，农民在生产和生活方面的自主权受到了严格的限制。当时，社员原则上不能离乡离土，如的确需要外出，需事先向生产队长报告，生产队长同意后再由大队出具证明。社员的一切非农业活动被制止，只能凭工分在年终获取极少的现金分红。有些劳动力少的家庭在年终结算时，还成了透支户。虽然口粮是保证供给的，但买油盐酱醋的现金却没有。而且，若收成不好，口粮也是不够的。在如此高度统一的局面下，社员们生产一致，生活均质，个人生存与发展的空间极其狭窄，正式权力系统中的大队—生产队干部高度集权，民间权威系统的调节功能消失，形成了行政权威一体化的格局。

在那善，人民公社制度的解体始于1979年。当年9月，按照《中共中央关于加快农业发展若干问题的决定（草案）》精神，那善4个生产队建立了包产到组生产责任制。到1981年，实行包干到户后，人民公社制度已是名存实亡。而至1984年，建立乡（镇）—村—村民小组政权后，人民公社制度便成为历史名词了。分田到户使农民重新回到以家庭为单位的耕作方式，依靠自己的劳动取得衣食，而无须依赖生产队的集体分配。由此，农民的自由空间大为扩大。随着农民在生产和生活方面的相当大自主性的拥有，原来严密控制农民的公社—大队—生产队系统的权力相应收缩。大队改为村后，爱善村党支部和村民委员会干部共有7名，党支书和村民委主任是村里的领导核心，但与村民直接联系的是村民小组。村民小组虽系由原来的生产队改成，但其领导者的设置和作用却发生了变化。各村民小组只设队长1人，其职责是根据乡、村的要求和计划指导生产，协调各户的排水灌溉等农业生产管理，并催缴公粮、定购粮，组织和带领本小组劳动力完成涉及全村、全乡乃至全县的公共工程任务。原生产队设有的会计、出纳、记工员等因无相应的职责而自动消失。作为村民小组的上一级行政机构，村民委员会和党支部在组织农业生产方面的任务要少得多。他们的主要任务是执行计划生育的基本国策，维护治安，落实农田水利基本建设等公共工程等。行政权力对农民的控制较之于人民公社化时期大为松动。

正是由于行政权力控制及与之相伴的意识形态控制的松弛，那善传统的宗法关系和礼俗活动自20世纪80年代以后得以回潮。由于家庭再度成为生产单位，在生产经营和日常生活中，一家一户的村民需要寻求社会的帮助，其主要对象首先就是本姓氏家族的成员。因而自20世纪80年代后，那善的“大罗”、“小罗”、王姓等大姓都重修族谱，并联宗祭祖。这无形中增强了村民的家族意识，族权有所复苏。与此同时，由于礼俗活动的复兴，“雅金”、“布魔”和“道公”也活跃起来，在村民生产生活中的影响有所恢复。然而，以党支书和村民委主任为核心的行政权威仍是目前那善唯一合法的权威，他们在民事调解、利益分配方面仍保持着最后的裁决权。传统的民间权威虽有复萌，但今非昔比。因为：（1）经过数十年的变迁，族权赖以生存的家族组织体系受到了严重破坏，最重要者，家族的经济基础族田已不存在；（2）在市场经济、商品意识逐渐深入人们日常生活的今天，利益动机、经济标准对社会生活的影响越来越大，以血缘亲情为基础的宗族力量无法与经济力量抗衡，只能作为它的配合和辅助；（3）现代科学文化观念向那善的渗透，使年青一代逐渐认识到根本没有超自然的神灵在操纵他们的现实生活，他们也无须祖先及各种神灵的保佑。所以，传统民间权威其实只局限于仪式上。在平常的生产、生活中，遇有什么纠纷和矛盾，人们都是找正式的权力代理人村干部解决。1997 年 6 月 14 日，屯里韦某的妻子怀疑丈夫与邻居寡妇有染，气愤之余，将寡妇的房顶砸了个大窟窿；寡妇不服，两人发生推搡，并于当晚闹到村部。于是住本屯的村民委主任罗光彩及其他干部立即赶来，并立即派人通知住在六爱的村支书，待支书赶来后开始调解。经过耐心劝解，最后达成协议：韦某的妻子怀疑邻居寡妇与丈夫有不正当性关系，没证据，砸坏对方的房屋，要负责修复。两天后，房子果然修复了。据说人们分家分不下时，也要请村干部出面调解。1997 年 7 月的一天上午，笔者在屯里碰到村民委主任罗光彩拉着马出门，问他去哪里，他回答说要与村支书一起到禄恩去帮一家人分家。诸如此类的事情，若是在新中国成立前，都是找“波板”及族老出面按当地的风俗习惯解决的。拿上述第一种情况来说，其解决的办法，先是以“神判”或发誓的办法断定韦某妻子的怀疑是否确实，然后再确定处罚办法。如确实，就要韦某燃放鞭炮，并备办几桌酒席赔礼，还要处韦某一定的罚款。可如今，人们都很自然地认为，解决此类事情是村干部的责任。村干部在解决此类事情时，当然要考虑当地的风俗习惯，但也要考虑国家法律，因而其在处理纠纷时，往往借助于村规民约。村规民约是村民委在政府指导下依照当地风俗习惯制定的，是社区风俗和国家法律的混合体。爱善村民委员会 1995 年 4 月制定的村规民约如下：

田林县利周瑶族乡爱善村村规民约

为了维护社会秩序，保障国家、集体和个人财产，经广大群众民主讨论，乡人民政府批准，特立此公约。

一、爱护国家、集体财产，不准损害群众利益，严禁偷盗、扒窃，违者视情节轻重，分别处以罚款。

1. 偷鸡、鸭、鹅除按损失数量赔偿失主外，每只罚款10～15元。

2. 故意破坏或偷他人瓜果、甘蔗、豆类、菇类、蔬菜、玉米等，除如数赔偿失主外，按每斤1～3元罚款。

3. 偷捡他人桐果、八角、茶果、香菇、云木耳等林副产品的，除按损失数量赔偿失主外，加罚款1倍。

4. 偷钓或以其他形式窃取他人池塘中鱼类，除如数赔偿外，另按每斤2～5元罚款。

5. 故意伤害他人牲畜的，视伤势轻重，除赔偿损失外，每头另罚款50～100元。

6. 严禁放禽畜践踏他人作物，违者除照价赔偿外，另罚款1倍。凡放野牛、野马践踏他人作物（包括苗木、果树）的，经劝阻不听而出现刀伤或其他死亡现象的，不负一切责任。

7. 毁坏水利、道路、通讯设施、路树、路碑、桥梁栏杆，除责令修复外，另罚款10～15元。

8. 偷砍国家、集体、个人林木、苗木、药材、果树的，除如数赔偿损失外，另罚款每株5～10元，情节严重的由林业部门依法处理。

9. 在早稻播种期，偷他人地膜、尼龙的，除如数赔偿损失外，另罚款10～15元。

二、遵守国家法令，维护社会公德，凡犯有下列行为分别给予处罚：

1. 聚众赌博和参加赌博者，除没收全部赌具、赌资外，情节轻微的罚款20～50元，情节严重的，由公安部门处理，对提供赌场、赌具的罚款50～100元。

2. 辱骂他人，调戏妇女耍流氓，扰乱公共秩序者，罚款5～50元，情节严重的由公安机关依法处理。

3. 寻衅闹事，打架斗殴，造成他人受伤住院的，除赔偿医药费、误工费外，罚款20～30元。

4. 利用封建迷信骗取钱财，扰乱人心者，除没收道具、道书和非法所得外，罚款20～50元，情节严重者交公安机关依法处理。

5. 撕毁保留期限内的各种布告、广告、宣传材料者，罚款3～5元。

6. 严禁在责任田取土打砖瓦、起房、葬坟，违者除责令搬迁外，罚款50～100元。情节严重的，由土地管理部门依法处理。

7. 严禁在水源林区砍伐树木、开荒，违者每亩罚款30元，严重的由林业部门处理。凡野外用火造成火灾的，按有林实数，每亩罚款5～30元。

8. 严禁在划定的集体牧场开荒，违者每亩罚10～20元。在牧场开荒所种的农作物被牛、马践踏受损失的，不负责任，更不准伤害牛、马，如有伤害牛马的，照价赔偿。

三、保护检举揭发他人违法行为的合法权益，对检举揭发人员打击报复的，除赔偿经济损失外，每次罚款20元，情节严重的，由公安机关依法处理。对维护本公约大胆检举揭发者，应予保护，除给予精神鼓励外，从被罚款中提取40%作为奖励，40%付给办案人员，20%上交司法办公室作办公费用。

四、加强管理，保证本规约的实施。

1. 本公约由村委会、村民小组组织实施。

2. 凡违反本公约规定的，由村治安队执行。当事人不如期兑现处罚的，由治安队按规定责令兑现。

3. 全村各位村民必须共同遵守本民约。

4. 本公约自1995年4月1日起执行。

田林县利周瑶族乡爱善村民委员会

一九九五年四月一日

可见，经过数十年的政治洗礼，那善传统民间权威已无法突破行政权力系统，使其对农村生活的控制回复从前。如今那善的社会控制主要是借助政府行为。

共和国的村政建设虽然经历了一个螺旋式的发展过程，但作为民国时期开始的现代化村政建设的继续，其结果总的来说是强化了国家行政权力在村屯中的作用和地位。这对于乡村社会变迁是极其重要的。正如大卫·莫津哥（David Mozingo）和维克多·尼依（Victor Nee）在《现代中国的国家与社会》的序言中所指出的：中国“在帝国时代，地方与国家的权力关系是由绅士进行调节，绅士把政府的地方行政（最低一级政府）与地方社会联系起来。封建帝国并没有能力直接把它的权力贯穿到地方社会，当时中央与地方的关系十分微弱，而且地方具有相当大的独立性。在社会主义时期，国家在地方上建立各种各样的组织，使其自身能够与地方的社会和经济过程联结起来。国家对村落的组织性渗透，使国家能够充分地利用村落的人力和生产资源。更重要的是，它提供了一种渠道，使得国家有可能在村落里推进社会变迁”①。那善近现代的社会文化变迁即与此有密不可分的关系。

① David Mozingo，Victor Nee，1985，*Introduction of Sstate and Society In Contemporary China*. 转引自王铭铭：《社区的历程》，94 页，天津：天津人民出版社，1997。

第七章　从“布越”到公民：“国家一体”观念在那善的成长

我国是一个多民族的国家，各民族之间，同一民族的不同支系之间，或不同阶层之间，宗教信仰、风俗习惯等构成文化的元素各不相同。以此而言，中国作为一个民族—国家，乃是一个想象的共同体。人们利用文化来构筑界线，把中国人与外国人区别开。通过广泛利用象征要素，将异质的各民族、各群体、各阶层整合成一个国家共同体。这个共同体的基础就是其成员共同享有的大众文化或公民文化（Civil Culture）。

公民文化是伴随着民族—国家的构建而产生和成长的。在民国时期之前，由于国家机器可以维持的行政权威非常有限，“乡村的争端，或由宗族，或由地方庙宇管理组织予以解决，人们积极地避免去衙门，国家对此也极少干预。地方庙宇管理组织‘负责修路、挖渠、防御入侵和公共安全’，而国家‘不理会乡村是一个单元，会重复不断地涌现出纯粹的财政利益’”[①]。政府“很大程度上并非通过支配性控制来实施统治，它允许乡村社区自己去处理自身的大量事务”[②]。所以，习俗和传统在乡村社区中持久地存在着，国家体系的整合水平很低，内部存在明显的异质性，可说是由“众多的

① 〔英〕安东尼·吉登斯著，胡宗泽、赵力涛译：《民族—国家与暴力》，71页，北京：三联书店，1998。

② 〔英〕安东尼·吉登斯著，胡宗泽、赵力涛译：《民族—国家与暴力》，72页，北京：三联书店，1998。

社会组成的”。生活在不同社会中的民众一生中所接触的几乎全是本区域的习俗和传统等“地方性知识”。在这种情况下，国家的主权观念及一系列与之相关的政治理念相当淡薄，即使部分国民掌握了与主权有关的观念，国家也只能是“至高无上的”，大多数人并不清楚自己是国家的公民。对那善壮族来说，由于地处国家边陲，交通闭塞，国家权力影响甚微，加上本民族的文化又非本国的主体文化，因此，长期以来，他们不可能明确自己在整个政治共同体中的成员身份，知道这种成员身份所赋予的权利和义务，他们只知道自己是与汉、瑶等民族同胞不同的“布越”，知道自己在家庭中的排辈及与此相应的权利和义务。

自20世纪以来，随着新的政党政治对封建帝制的取代，中国政府开始了建立现代民族—国家的努力。这一努力不仅包括国家权力对区域传统领域的浸透，地方行政力量的加强，而且包括政府对传统社会—经济的改造，各级政府对村落财政制度的直接干预，对社会—文化的监控，以及“新学”的推广。这为公民文化的产生和“国家一体”观念的成长提供了条件。

一、传统社会经济的改造

政府对那善传统社会—经济的改造，主要表现在政府通过税收、工商管理与改造、建立经济合作组织和对农民贷款等方式对其社会—经济进行干预。

（一）税收

清代之时，那善所属凌云县无独立的税收征管机构，税收事务由户科办理。县内征收的税捐，以田赋为主。其有相当一部分赋税并非在国家政府直接的、统一的控制和管理之下，而是采用分封给政府部门或官员由其自行征管的办法。税收形式多是实物型的。民国何景熙修《凌云县志》云：“清以前，凌云为土官统治，赋税制度系属特殊，日久无征。改流后，仍沿土例，以庄田一项为府县署办公员役薪食，厘定地丁钱粮庄谷等项，归入国家正供以外，临时发出之例规，如猪规等项，则分别裁留。其沿革均有足迹者，就庄田言，除提拔城厢、下甲、蒙村、夹村四处，名曰四大庄田，作土府正八品承祀官本职俸禄外，其余尽数由府县支配，如府七房，则各给予私庄，指定某处庄田由其自行收租，庄民归其管辖□□之，即私有村庄之谓。县七房则各给予工墨，指定某处乡村，由食田民户每年缴钱若干，作该房办公笔墨。他如各项杂役，应伕则有伕田，应工则有工食田，应役则有役食田。若禁卒田、忤作田、吹手田、鼓手田、画匠田、裱匠田、柴薪田、马草田、花楼田、金线田，以至管沟、管厕，凡百执役，无不有田，各乡则有保正田、头人田，种种名目，均采食租服力制度，不另给薪。”①

民国之后，税收的种类大量增加。中央税、省税、县税和乡税，名目繁多。除田赋、房屋税、屠宰税、营业税、营业牌照税、契税、筵席及娱乐税外，还有各种附加税及巧立名目的摊派，如教育粮赋附加、团款粮赋附加、田赋执照费、土地登记费、公路附加、契税附加、立契用纸费、牲畜买卖证费、香烛冥镪捐、富力捐、度量衡检定费等。“不但是繁重，而且是非常苛细的”②。与税收种类增加相伴生的是，税收征管机构逐步建立了起来。民国之初，凌云无专门的税务机构。县税捐征收及国税、省税代征，均由县政府办理，或招商承办，或委托乡镇公所代征；办理田赋、县税代征，均由县政府办理，或招商承办，或委托乡镇公所代征。到民国二十九年（1940 年），县财政科下设立了县税征收处，办理田赋、县税捐租费的征收。民国三十一年（1942 年），征收处改隶县政府，并在各乡镇设立征收分处，负责办理县税捐的稽征，逐渐取

① 何景熙：《凌云县志》，119 页，台北：成文出版有限公司，1974。

② “行政院”农业复兴委员会编：《广西省农村调查》，259 页，上海：商务印书馆，1934。

消招商承包和委托乡镇公所代征。民国三十五年（1946 年），国、省与县共分的税种交由县征收，县税征收处改组为县税捐稽征处，受省财政厅和县政府双重指挥与监督。民国三十六年（1947 年），由于广西建立了营业税局办理营业税征收，县税捐稽征处逐步缩减。民国三十七年（1948 年），凌云税捐稽征工作由县政府第二科税务股专门办理。民国时期的税收已基本上处于国家机构的控制之下，成为严格意义上的“财政”。这对广大民众日常生活的影响是巨大的。正如安东尼·吉登斯（Anthony Giddens）所指出的：“在阶级分化的社会中，虽然税收计划通常仰赖于道德劝说和武力的共同作用，虽然通常在物质上严重地剥夺那些包含在税收计划以内的人，但是，大多数时候却并没有严重地改变人们的日常生活。相比之下，与财政管理结合起来的新型税收政策却超越了先前的各种关系，而正是这些关系嵌入了旧式的糅合在一起的政治—经济统治之中。”①

新中国成立后，几经变革，一套完整的复合税制建立了起来。税收在经济领域的活动范围大为扩展。农业税类有农业税、农林特产税、契税、耕地占用税和地方附加，工商税类有屠宰税、房产税、车船使用税、牲畜交易税、营业税、工商统一税等等。税收征管机构更加专业化和基层化。县有税务局，乡（镇）有税务所。税收不再仅仅是为国家的支出提供保险的一种手段，其经济杠杆的作用日见突出和加强，更重要者，税收已开始同国家的监控措施密切联系起来。税收政策开始既用于控制人员的分布，又用于管制人们的活动，而且它们还开始成为日益发展的全部监控措施的一部分。

（二）工商管理与改造

由于那善壮族历来习惯于男耕女织，生产单一，因此一直仅有

① 〔英〕安东尼·吉登斯著，胡宗泽、赵力涛译：《民族—国家与暴力》，196 页，北京：三联书店，1998。

纺织、砖瓦、酿酒、铁器打制等季节性的手工业生产和寥寥一两户的半农半商的小商贩。对于这些工商户，新中国成立前的政府没有专门的管理机构，由县财政科兼管。新中国成立后，县人民政府设立了专门的工商行政管理机构，开始叫工商科，后改为工商行政管理局。尽管不同时期有不同名称，但其职责却是一样的，即工商业管理。改革开放后，工商行政管理机构下延，各乡都设立了工商行政管理所，利周乡也不例外。对工商业的管理更趋严密。

新中国成立后，共和国政府对个体手工业的重大举措是将之发展为集体企业。那善在新中国成立前就有的砖瓦手工业者，即在1956年全面进行社会主义改造时，由农业合作社组织了起来，以后又成为生产队的企业。而铁匠刘汉宁（刘品山之父）则被网罗进了乐里五金工艺修理生产小组。随着该小组1961年改为乐里日用品社，1970年改为五金社，1977年升为县五金厂，刘汉宁也就成为该厂的工人。对于半农半商的小商贩，则是将其组织起来建立合作小组。此项工作利周开始于1956年，但徒具形式，私营小商贩实际上还是单干。1958年人民公社化后，全部转入了农业生产。但通过农民群众集资入股，结合公股组织起来的集体商业——供销合作社，却一直得以生存和发展。几十年来，作为集体所有制的经济实体，县乡供销社充分利用点多面广的优势，经常组织人员到村屯设点收购，方便农民出售产品，服务于农民的生产和生活，为农村社会—经济的发展发挥了重要作用，也对包括那善壮族在内的广大农民的日常生活产生了巨大的影响。

（三）建立经济合作组织和对农民贷款

“帮工”，即劳力互助，是那善壮族的传统之一。这一传统对维持基础薄弱，特别是到近代濒于停滞、衰落乃至破产的小农经济，曾发挥了一定的作用。民国三十一年（1942年）《凌云县志》有云：凌云“农户多属贫苦，专恃劳力为生产，缺资本以发挥业务，年中收益仅足自赡或且入不敷出。故时人有‘半年温饱半年饥’之谚语。其经济滞涩较商人之多财善贾获利倍蓰十百者，不啻天渊之别。然商业有盈有亏，经济变动不常，或有一家停闭而牵动百数十家，以至于全市场者，此种现象在繁盛都会均常见之。若农业，则除天灾外，有盈无亏，虽获利稍次于商人，而经济安定，要不失为生产界之首要地位。然以贫苦之农户而能永久继续维持其事业于不灭，果何所凭而得此？推厥原因，在昔则有劳力互助之推行，在今则有资本贷借之设立"①。然而，那善壮族之类的"帮工"只是一种自发的、非制度化的原始的互助，没有成为一种较固定的长久的组织形式。新桂系执掌广西后，认识到："现阶段的经济建设，既是以农业为主要的部门，则除了直接供应其所需要的发展条件以外，更要间接给予许多活动的便利，然后才可以期其繁荣。目前最严重的现象，是农村的破产，其重心乃在金融的枯竭。因而改革的原则，即在使金融的流通可以畅遂，同时又要尽量减少农民的负担。自然，这个任务，只有政府才可以负担起来，断不能依赖于富足人士的慈善冲动。再则为着减轻种种的成本和消费品的价格，以及运输销售时，避免中间者的操纵起见，又须尽量运用合作社的制度使农民在经济上更可以多得一重利益，一分保障。"② 因而明确地提出了其经济纲领："推行合作事业并设立农民银行，举办平民借贷所及农村仓库，严禁一切高利贷。"③

新桂系在广西农村建立经济合作组织是在1937年广西农民银行成立后，为适应农村经济实况，便利于农民借款而开始实行的。初始时由建设厅第一科第六股办理。1938年初将有关事务划出，增设第五科专办，同年秋成立农业管理处，内设农村经济组主办其事，配备组长、技正、技士、视察员等，负责计划督导，推进合作

① 何景熙：《凌云县志》，248页，台北：成文出版有限公司，1974。

② 黄旭初：《中国建设与广西建设》，1939年，见郑家度编著：《广西金融史稿》(上)，319～320页，南宁：广西民族出版社，1984。

③ 黄旭初：《中国建设与广西建设》，1939年，见郑家度编著：《广西金融史稿》(上)，319页，南宁：广西民族出版社，1984。

事业。1939年，随着业务的发展和扩大，成立了专门的合作事业管理处，设处长、副处长各1人，下设秘书、技术2室和指导、登记贷放、农业仓库3组。1940年为简化行政机构，改隶建设厅，内部组织不变。1943年按“行政院”颁布的《各省合作事业管理处组织大纲》改组，于处长之下分设秘书室及第一、二、三科。在县一级，起初于县政府第四科内设置合作指导员和登记员办理指导登记，1941年为加强合作行政效率，于县府内设合作指导室，置主任指导员、登记员、科员等。1943年，因抗战期间经费短缺，复将指导室裁撤，仍于第四科内设股办理。

民国时期，广西农村建立的经济合作组织主要有农民借款协会、互助社、合作社三种。农民借款协会以向农民银行借款，转借给会员做生产资金为唯一业务，因为农民银行不对个体农民贷款，只对有组织的农民贷款。协会以一个新编自然村组织一个借款协会为原则，凡年在20岁以上，居于家长地位，居住于本会规定区域，真正务农耕地10亩以上，品行端正，无恶劣嗜好者，交纳会费2角即可入会。会员有7人以上即可组成一个协会，会员互相保证，借入款项由全体会员负责偿还。为此，会员需要提供自有的相当资产为协会的保证基金，以做借款归还之保证，每一会员所承认之保证基金额不得少于桂币50元，亦即为所能借款之最高额。会员承认保证基金额之最高限度，须以其所耕之耕地亩数为标准，每耕地1亩，最多只许承认保证基金10元。协会成立后，互推理事若干人，理事会选举一位自有耕地5亩以上者为理事长，负责协会各项工作，然后呈报广西农民银行备案，由银行组织部派人前往调查，认为符合《农民协会借款简章》规定，再批准成立，方能申请贷款。

农民借款协会虽为调剂广西农村金融、推动农村经济的发展起到了一定的作用，但因其业务过于单纯，1938年即停止运作，改而组建互助社和合作社。互助社是合作社的过渡组织，推行合作事业之初，合作社组织手续过繁，故多先从互助社入手，其业务除向外借款转贷与社员做生产资金外，亦有经营农仓业务和办理储金者。合作社作为合作金库的群众性基层组织，采取认股方式入社，每股法币10元，入社的每一社员至少认1股，最多认5股，社员享有优先取得贷款的权利，且有随时入社、出社和增股、减股的自由。自1938年至1945年间，广西合作事业得到了迅速发展。合作社数由503个增加至13,664个，社员人数由19,901人增加至1,190,179人，社股由22,944股增加至7,478,675股，社股金额由50,636元增加至83,235,378元。（见表1-7-1）

表1-7-1　1938—1945年广西合作社发展情况①

年度	合作社数	社员人数	社股	社股金额（元）
1938年	503	19,901	22,944	50,636
1939年	4,665	212,150	232,309	608,576
1940年	7,597	342,332	385,395	992,076
1941年	10,251	479,490	563,996	1,842,891
1942年	11,908	700,966	1,091,912	6,904,205
1943年	13,144	1,008,458	3,914,868	40,225,074
1944年	13,625	1,167,236	7,046,200	75,055,230
1945年	13,664	1,190,179	7,478,675	83,235,378

凌云的合作事业和资本借贷在全广西虽较滞后，但也是稳步发展的。“民国二十七年冬，省政府先派合作主任指导员罗鑑恢于人烟稠密之乡村组织互助社，计全县成立四十三社，贷款为国币二万余元。二十九年又增派刘承汉等共同改组互助社为合作社，并推广组织，计改组及新组各合作社共四十八社，社员一千四百四十一人；其未经改组之互助社共十三社，社员三百三十三人。贷款总额

① 郑家度编著：《广西金融史稿》（上），南宁：广西民族出版社，1984。

为国币四万三千余元。三十年七月，将各合作社加以整理与改善，成立信用合作社五十四社，社员一千六百四十七人；桐油生产合作一社，社员二十人；妇女织工产销社一社，社员八十九人；互助社八社，社员二百四十六人。贷款总额为国币九万五千余元。逐年贷款增加，虽未尽用于农村，而农村实占最大部分。得此以为救济，经济之状况无复如前滞涩矣。”①

共和国成立后，农村的经济合作组织经历了互助组、合作社和生产队、村民小组等形态。农业贷款在不同时期有不同的项目和重点。1951—1953 年，有重点地向农户发放贷款；1954—1956 年，以互助合作社为中心发放贷款；1960 年以后，以生产队为中心发放贷款。1970 年以后，农贷的一个重点放在粮食生产，忽视多种经营，另一个重点放在社队的生产设备上。1982 年，农贷转移到支持农村自然资源的开发利用、开辟商品生产上来。1989 年，重点支持农业和农业服务行业的合理需要。1990 年后，农贷主要用于支持农业科技的推广和运用，农业产前、产中和产后的系列化服务，以及粮食、供销部门对农副产品的收购。由于金融部门始终围绕各个时期的经济中心工作发放贷款，其对农村经济的发展具有导向的作用。

二、对社会、文化的监控

政府对社会、文化的监控主要表现为现代警察制度的建立，因为民族—国家的特征之一就是社会、文化标准化，而专业化的警察正是民族——国家将社会、文化标准化创造出来的工具。正如安东尼·吉登斯所指出的：“传统国家中‘越轨’的概念除了统治群体这个小圈子之外，并没有太大意义。国家的行政范围没有延伸到地方社区的实践中来，甚至也没有延伸到在空间上远离国家权力中心

① 何景熙：《凌云县志》，248 页，台北：成文出版有限公司，1974。

的某些城市。此外，暴力的类型也不同于人们所熟知的（西方）民族—国家的那些类型。在传统国家中，政治中心对暴力手段相对不稳固的掌握，意味着几乎没有可能实行现代意义上的‘警察制度’，意味着老是潜含着针对中心的武力挑战，意味着强盗、劫匪、海盗以及城乡地区形形色色帮派的广泛存在。”① 而“民族—国家的主要分裂性冲突变成了阶级斗争，变成了与各种群众运动的兴起相联系的斗争。‘罪犯’按类型来说不再是反叛者，而是‘越轨者’，变成了有待由公民义务所代表的可接受行为规范予以改造的人物。在先前社会中，除了外表臣服的狭隘标准之外，群众的一致化沉默并不是统治阶级所追求或所要求的。维持‘秩序’——一个在那些社会类型里含义并不总是一致的术语——需要结合地方社区的控制，而且必要时还可能结合武力干预。但是，在民族—国家中，监狱加上警察管制取代了这两者的大部分作用”②。

在中国，警察从武装力量的主体中分离出来，成为对群众的例行化活动进行治安管制的专门机构，大体上是开始于“民国”时期。凌云的情形，可说是中国的缩影。民国三十一年（1942 年）修的《凌云县志》有云：凌云“地方治安，清代为绿营负责，县城驻兵一营，隶属镇标，归右江镇遣派，计马兵、战兵、守兵合共三百六十名。以游击一员统之，下设守备一员，千总二员，把总四员，外委六员，额外外委三员。于逻西、百乐、逻楼、平腊及其他各处，设汛地官、游击、守备，驻城厢，居中控制。千把各员，除在营各有职守外，余则分驻汛地，执行稽查奸细，防备盗匪职务，互相联系，藉收指臂之功。光绪廿八年，绿营裁撤。治安之责代以防营，隶属抚标，归扶院遣派。县城驻兵一营，统率之员，名曰管

① 〔英〕安东尼·吉登斯著，胡宗泽、赵力涛译：《民族—国家与暴力》，223 页，北京：三联书店，1998。

② 〔英〕安东尼·吉登斯著，胡宗泽、赵力涛译：《民族—国家与暴力》，225 页，北京：三联书店，1998。

带，下设前后左右中五哨，每哨兵百名，设哨官一员，无汛地。地方有警，则派兵防剿，或择一二要地分哨驻防。光宣年间，县属多故，防营不敷分布，乃以团营辅之，设团防总局于城厢，督办一员，会办无定员。设分局于各乡，正副团总各一员，各于管辖范围训练团兵。城厢则设专员统率，各乡则由团总统率，均就地自行筹饷，枪支由县发给。至此项枪支之来源，系岑西林先生总督两粤时，发给泗城三属共新式快枪六百支，俾充办团之用。凌云应得二百支，以此分给各团，力量颇堪自卫。民国元年，防营裁汰，治安之责代以团营。民国三年，改团防局为保卫团，嗣是即为治安上之常设机关。民国九年以后，客军入境，省局未宁，处在军事时期，上项团枪多用以供给省军，为当局戡平变乱之补助，剩余无几。民国十八年，共匪据县从事搜掠（国民党政府对共产党及其所领导的武装的诬蔑——引者），所有枪支遂茫然无复存留。今日维持治安，悉由各乡所辖之民团及县府所辖之警队"[1]。由此记载可以看到，清代之时，维护凌云地方治安的是武装力量的主体，警察从中分离出来是在"民国"初期，但此时，专业化的警察机构仅设置于县一级政府中，乡镇的公共安全仍是由民团负责。民团即国民兵团，乃国家之预备役部队。这说明警察从武装力量的主体的分离远未彻底。到民国三十一年（1942年），专业化的警察机构向下延伸，不仅县一级政府有警队，内设有警长，乡镇一级政府（乡镇公所）也设有警卫股，有警察2名。[2] 由于监控能力和内部绥靖的扩展，武装力量在国家机器统治手段中的重要性大幅度降低，军事从直接介入国内事务中撤离出来。新中国成立后，县设公安局，乡镇一级政府设派出所。县、乡的警察人数大量增多，分工越来越细；警察有了武警、民警之分；在村一级机构，设有治保领导小组，协助乡派

① 〔英〕安东尼·吉登斯著，胡宗泽、赵力涛译：《民族—国家与暴力》，225页，北京：三联书店，1998。

② 何景熙：《凌云县志》，106～110页，台北：成文出版社有限公司，1974。

出所工作。专业化警察在国家机器的统治手段中的重要性大幅度提高。

警察作为“越轨”行为的惩治者，除了保证公共秩序的施行之外，还协助政府对风俗进行改造。广西省政府于1931年颁布《广西各市县取缔婚丧生寿及陋俗规则》，于1936年颁布《广西省改良风俗规则》后，警察便参与对壮、苗、瑶等民族的“不落夫家”、“歌圩”、“送红蛋”、“披发”等“陋俗”的改造，以罚款和拘留等手段严格监察。[①] 此外，“卜筮星相堪舆巫现及男女僧道”等“迷信”以及赌博、吸毒、贩毒、娼妓等，也是警察要取缔的对象。[②]解放后，由于实行民族平等的政策，各民族的风俗习惯得到了尊重，但对“迷信”、赌博、吸毒、贩毒、卖淫嫖娼等陋习的打击，却是一如既往。

警察参与风俗改造的目的，就是协助政府创造大众社会所需要的社会—文化标准化。虽然民国以前的封建王朝，对包括壮族在内的各少数民族的民间仪俗采取敌视的态度，特别是“改土归流”之后，流官曾对这些风俗进行禁革，如乾隆八年（1743年），两广总督曾下令禁不落夫家这种“淫风”、“陋习”，但禁而不止，只能“务从其宽”[③]。当时的民俗改造，主要是通过民间头人制定乡规民约，贯彻儒学之精神。而自民国以来，政府对旧俗的禁革，主要是要建立新的生活方式和意识形态。尽管所要建立的生活方式和意识形态的具体内涵各不相同，但实际上都提倡符合“科学逻辑”的“理性”（rationality）的生活方式与价值观。

① 广西壮族自治区地方志编纂委员会编：《广西通志·民俗志》，428～430页，南宁：广西人民出版社，1994。

② 李懋椿主编：《田林县志》，235～237页，南宁：广西人民出版社，1996。

③ 中央档案馆明清档案部编卷号2081。转引自《社会》1984年5月，范宏贵等人著文。

三、"新学"的推广

自民国以来，对社会—文化进行改造，以建立新的生活方式和价值观，除了以专业化的警察对风俗改造直接干预外，还兴办"新学"，推广"科学"和"现代性"。

那善一带的新学兴起于清末。同治年间，今田林县的常井、渭各（刘家坨）分别建立了教会学堂。前一所有学生三四十人，后一所有学生三十多人。学习的科目有圣经、小问答、顺理教正、教理常解等。还教语文、数学、常识、地理和唱歌。光绪三十一年（1905 年）清廷明诏废除科举后，旧州于次年办起了两等（高等、初等）小学堂。乐里于宣统三年（1911 年）办起了新明初等小学堂。[①] 在凌云，光绪三十二年（1906 年），将原来泗城府城内的云峰书院改为两等小学堂。宣统年间，在城厢东西南北区建有四所初等小学堂，各乡亦设有区校十余所。[②] 但此时，新学校多建于府县所在地。能进校就读者，多为官宦或富豪子弟。尽管当局已认识到私塾墨守成规，有碍新学的发展，为此还制定了对私塾的改良章程，规定自光绪三十四年（1908 年）正月后，各地私塾必须到学务公所或劝学所教育会禀报注册，领取改良章程，遵照办学；但由于师资和其他办学条件的限制，加上思想观念的原因，此种"改良"在壮族地区进展甚微。在广大乡村，最有影响的教育场所仍是私塾。那善的私塾位于屯之西侧，今罗振国家附近。其设立之始大约是在乾隆中、晚期，桂西广设私塾之时。私塾教师多是本村儒学究。该屯附生罗友士（"大罗"支三世祖）、罗万煜（"大罗"支四世祖）可能曾为私塾先生。而私塾教育也曾使一些那善人通过科举制度而获得了"功名"。罗万炳即是最令那善罗家骄傲的人物，他

① 李懋椿主编：《田林县志》，南宁：广西人民出版社，1996。

② 何景熙：《凌云县志》，269 页，台北：成文出版社有限公司，1974。

曾官至六品，其玄孙罗书成（1944 年生人）家至今藏有一块罗万炳所立的牌匾（图 1-7-1）。

民国建立以后，大力推广国民基础教育，积极倡导以中小学取代私塾。民国五年（1916 年），凌云在设有兴化小学校（由原云峰书院改建）、女子高等小学校（后改为女初小）的基础上，“增设龙川及逻里高小校，各乡则增设国民学校百余所，充任教师以短期传习生居多”[①]。到民国二十四年（1935 年），“各乡中心校及各村基础校已普遍成立，向之偏重城市教育之固习已打破无余”[②]。位于那善屯的爱善村国民基础学校大概就是此时设立而取代私塾的。据民国三十年修《凌云县志》，民国二十五年（1936 年），爱善村国基校有教员 1 人，学生 44 人，其中男生 39 人，女生 5 人。[③] 此后，虽历经战乱，学校时闭时开，但却一直延存。

至 1952 年，该校改称爱善小学：初时只有 1～3 年级，1956 年增设 4～6 年级，1969 年后实行小学五年制，爱善小学只有 1～5 年级。1977—1979 年爱善小学开设附中，有初一、初二两个班。进入 80 年代后，利用上级拨款和群众集资，爱善小学将校址迁到现在的峰宝山，逐步建成如今的规模：7 间教室，4 间教师宿舍，全部是砖瓦结构，还有一个操场。随着学制的改变，开设了 6 年级，并由村民自请一位教师办了学前班。近年，爱善小学共有教师 9 人，其中，代课老师 4 人，公办老师 5 人，学生人数 140～170 人。作为一个中心小学，其生源主要来自那善、六爱、当后三个屯。至于囊许、伟寿、可立三个屯，还各有教学点，隶属于爱善小学。

---

① 何景熙：《凌云县志》，269～270 页，台北：成文出版社有限公司，1974。

② 何景熙：《凌云县志》，270 页，台北：成文出版社有限公司，1974。

③ 何景熙：《凌云县志》，274 页，台北：成文出版社有限公司，1974。

图 1-7-1　罗万炳牌匾

“新学”在那善的兴起和发展，使受教育的人数大为增加，其中一些人在爱善接受了基础教育后，还走出了那善到外地求学，成为当地的绅士和国家的有用之才：

罗兆松（“大罗”廷玉一支，七世），曾就读于广西省立百色初级中学和广西大学，新中国成立后当过隆林县中学和田东县中学的校长。

罗兆福（“大罗”廷玉一支，七世），民国时期曾进入广西地方建设干部学校学习，并担任过利周乡民代表。

罗岳年（“大罗”廷盛一支，七世），民国时期曾进入广西民团干部学校和广西省党政训练班学习，并担任过利周乡乡长。

罗定恒（“大罗”廷玉一支，八世）、罗书优（“大罗”廷玉一支，九世），民国时曾就读于田西西林西隆乐业四县联合国民中学校。

罗万生（“小罗”一支，四世），民国时曾就读于广西大学。

罗定标（“小罗”一支，八世），民国时曾就读于凌云县中学。1952年恢复那善小学时，任教导主任。后弃教务农，至今健在。

罗振国（“大罗”廷盛一支，九世），民国时毕业于南武师范学校，做过老师。新中国成立后因系地主成分，回家务农，至今健在。

王建能，民国时曾就读于田西县国立中学。

黄翊，民国时曾就读于乐里乡国民基础学校、广西省立百色师范学校。毕业后，任教于乐业县甘田乡甘田国民基础学校。新中国成立后，曾任爱善村村长、乐里公社党委宣传委员。1973—1986年任爱善小学教师、校长。至今健在。

新中国成立后，那善共有80多人离开乡土，成为非农业人口，其中有相当一部分因读书而成为国家公务员或技术人员、教师等。

1990—1998年间，那善共有15人考取了中专，1人考取大专，2人考取了本科。

“新学”和“国民教育”观念的产生使教育从少数人的特权中走向社会并成为全民的事。“新学”产生前的私塾教育基本上是一种道德教育，教育的内容主要是“四书五经”和为人处世的哲学，包括社区的仪式和传统。而“新学”建立后，语文、算术、生物、地理等学科成为教育的主要内容。这就使世界性的“高层文化”在那善产生影响，从而导致现代社会意识的产生。不仅如此，由于新式学校具有统一的教材和教学大纲以及按照地方教育局部署制定的作息时间表，入学儿童在学校所受的教育是标准化的。校方为了规范学生的行为不端，制定有《小学生守则》之类的规章制度，这为国家公民的塑造打下了基础。

第八章　那善社会文化变迁的新契机

那善壮族传统文化在不断地发展变化着，始终处在过程中。如果将现代化的基本含义归纳为从传统社会向现代社会转型的话，那么那善壮族自清末民初以来的社会文化变迁亦即是其现代化的过程。因为传统文化在本质上与现代化密切相关，传统文化是文化本体，而现代化是一个时间观念、政治观念和经济观念，既是目标又是过程。现代化就是传统文化的对外开放与对外互动。综观世界各国、各族的现代化历程，曾有学者把现代化分为两种类型：第一种是自发的、早发的现代化；第二种是外发的、后发的现代化。而我国学者在此之外提出了第三种类型，即多民族国家中少数民族的现代化，并指出这种现代化虽则也是输入的、后发的，但它是相对于主体民族而言的少数民族的现代化。国家所推行的现代化模式是按照主体民族的特性和需要设计的，不可能完全适合他们的特殊性；再者，这种现代化几乎完全是被动的，不论少数民族本身是否选择现代，他们都会被卷入现代化潮流。由于没有发挥过滤机制的政府和知识分子队伍，在现代化过程中吸收或排斥哪些外来因素，保持并发挥哪些固有因素，少数民族往往表现出极大的被动性、偶然性、随意性。而主体民族的态度和政府的政策对其现代化过程有着巨大的影响。[①] 那善壮族的现代化显然是属于第三种。回首其现代化的历程，我们可以看到，那善壮族的现代化在西方文化和国家整

---

① 高丙中主编：《现代化与民族生活方式的变迁》，天津：天津人民出版社，1997。

体现代化的双重挑战下展开，其文化重构主要表现为政府权力的渗入（国家一体化）及政府输入新的现代文化以改造传统文化。在这个文化重构的过程中，外来文化与本民族传统文化以改造传统文化的冲撞和磨合及国家现代化蓝图的变形与变通贯穿始终："贝楼"被纳入了市场经济的范畴；讨价还价，斤斤计较的交易，与互惠的赠予及包含"人情"的交换，并行不悖；传统的入赘婚被赋予了新的内涵，婚姻的缔结仪式在吸收其他民族的内容的基础上发生变化，婚姻地域在稳定中有所突破；家庭结构在"微小化"的同时，主干家庭一直占据重要地位；国家权力侵入村屯，与村屯中的传统权威几经较量，终于使村干部成为"边际人"；利用村规民约进行社会管理，以"地方性知识"、"底层知识"、"幼稚知识"来认知和解释外来文化。而后者在前者的反作用下，也会发生变异。于是现代化便有了地方特色和民族特点。

1997 年，旨在促进西南大发展的我国 20 世纪最大的扶贫项目——南昆铁路建成，把包括广西百色在内的中国大西南与东部沿海地区更紧密地联系在一起。南昆铁路建设作为象征符号，代表的显然是国家政府输入的又一种现代文化。与南昆铁路通车相配套，田林以至百色和全广西开展了公路大会战，1998 年实现了村村通公路，为消灭贫困打下了坚实的基础。1998 年 8—11 月，那善群众在村干部的带领下，参加了扩建利周—那善公路的工作。乡政府提供雷管、炸药和拖拉机，那善每户出动一个劳动力参加劳动。到 11 月底，利周—那善公路基本上达到了上级政府的要求。与此同时，程控电话也拉到了屯里。国家强势文化正以或将以更大的信息量来到那善壮族的面前。

然而，"任何新的观念，只有在其与某一民族的生活习俗融为一体，不再需要外来力量强行注入时，它才能成功地渗入这一社区”[①]。南昆铁路所代表和传递的现代文化尚须经历一个长期的过程，方能融入那善壮族文化体系中，形成一种新的文化。曾几何时，有的人将社会的发展和现代化片面地理解为经济的发展。对南昆铁路建设的报道，几乎全部集中于其经济功能，似乎此路一旦建成，沿线人民就可以脱贫致富奔小康。殊不知经济的后面潜藏着文化，特定条件下的经济包含着相应的传统文化的渗入和运作，独立于本土文化之外的现代经济是不可能建立和存在的。对那善壮族来说，以南昆铁路建设所代表的交通网络及通信网络的开通，可能会加快那善壮族卷入地区市场和全国市场的步伐，但以目前那善经济中，农业仍占绝对优势、商品生产率极低、资源匮乏等情况看，这将是一个长期的过程。在这个过程中，南昆铁路及其配套工程加强那善与外界的联系，更多更快地、源源不断地将现代文化输入他们的生活中，由他们以传统的文化机制和认知分类体系来认知和解释；在认知和解释的过程中，把外来的现代文化改造成为自身传统文化体系的组成部分，从而使传统文化发生变迁。所输入的现代文化中，当然也包括了现代经济形式和经济观念，但这些现代的经济形式和经济观念是特定文化语境下的人类创造的，要在那善壮族社会中生根、发芽，必须也必然会经过“地方性知识”的过滤和改造。文化变迁的这一过程在人们的日常生活中，[②] 表现为民俗活动的变异。民俗生活和文化是一笔可用于社区动员的无形资产，也是民族传统的活力所在和群体认同的根据，它赋予社会成员以基本的生活观念，奠定了他们世界观的基础。每一次民俗活动都是在一定的文化框架里进行，表面上它在重复着旧时的分类、传统的认识，但实际上，由于每一次设计、表演、参加、主人和记忆的时间和空

① 〔美〕毕加霖、毕洁莲：《瑶族社区的扶贫与现代化建设》，载《广西民族学院学报》（哲学社会科学版），1997（2）。

② 〔美〕毕加霖、毕洁莲：《瑶族社区的扶贫与现代化建设》，载《广西民族学院学报》（哲学社会科学版），1997（2）。

间不同，因而每一次活动都不可避免地有一些“突破”，即便是在缺乏外部现代化动力的情况下，原有的民俗生活过程也在以一定的速度运行着。[①] 南昆铁路及其配套工程的建成，使那善接触异文化的机会愈来愈多，当然会增加其民俗活动变异的机会和速度。其实，外来文化造成那善壮族民俗变异的例证已经很多。除了前面已经说过的1998年11月小黄与浪平汉族姑娘的婚礼外，还有1998年9月19日举行的另一个婚礼。此次婚礼的男女双方都是壮族，且都是本屯人。男属“大罗”支，女属“小罗”支。他们二人同往广东打工两年有余，由于远离乡土，割断了传统文化的影响，受现代都市生活的熏陶，他们自由恋爱，进而未婚同居，女方怀孕后，匆忙回家完婚。因为情况特殊，婚礼非常简单。请算命先生择定吉日后，将女方迎过门，请族中长老吃一餐饭便了事。婚后3天，新郎便告别新婚妻子远赴广东了。与传统的壮族婚礼相比较，这个婚礼显然有了“突破”或“犯规”。其他礼俗也是如此，如小孩的命名，传统上是随母姓或随父姓，但由于现代文化的传入，出现了父母复姓。小孩满周岁过生日，周岁测试（即在小孩满周岁这一天，家人将剪刀、算盘、糯米、笔等放在桌上，看小孩首先抓什么，以此判断其长大后的志趣爱好和职业）等传统仪式与吃蛋糕、吹蜡烛等现代仪式相互交织，和谐共处。变异就这样缓慢地、无意识、潜意识地发生了。

那善壮族的现代化是一个模糊的、缓慢的演进过程，现代文化的输入如同以前政府权力的侵入及外来文化的输入一样，也对这一过程产生影响，但这种影响往往是间接的、潜移默化的。然而，正是这种由于与外界更紧密的互动而增强的外来文化的影响，为社会文化变迁提供了新的契机。

---

① 高丙中主编：《现代化与民族生活方式的变迁》，天津：天津人民出版社，1997。

第二篇　平果县必罗屯

第一章　社区背景

一、平果县建制沿革及基本状况

（一）平果县建制沿革

平果县古为百越地，秦属象郡地，汉初为南越国属地，汉元鼎六年（前 111 年），南越国被平定后，属郁林郡增食县地，三国时属吴，仍为郁林郡增食县地。晋时属晋兴郡增翊县地。南北朝时，仍属晋兴郡增翊县地。隋朝属郁林郡地。唐朝在今县境置羁縻万德州（今坡造乡归德村）、思恩州（今旧城乡兴宁街）、恩城州（今榜圩镇），属邕州都督府；另置都救县（今同老乡境内），属田州。五代十国，先属楚，后属南汉。宋朝，增置羁縻果化州（州治今果化镇前村）；熙宁中，万德州改为归德州；羁縻州属邕州，都救县属田州。元朝都救县废，余沿宋制。明朝，果化州、归德州仍沿袭，洪武二年（1369 年）属田州府。正统五年（1440 年）思恩州升为思恩府，正统七年（1442 年）府治迁至乔利（今马山县境内）。弘治五年（1492 年）恩城州废；弘治十八年（1505 年）归德州，改属南宁府。嘉靖七年（1528 年）思恩府迁治武缘县北（今武鸣县地），后改为思恩军民府，分置 9 个土巡检司，其中今县境设下旺土巡检司（今海城乡）、旧城土巡检司（今旧城）；另外，境内丹良堡（今果化镇、马头镇、新安乡、太平乡、城关乡大部分辖地）属白山土巡检司（司治今马山县境），都阳寨属都阳土巡检司（司治今大化瑶族自治县都阳镇)。嘉靖九年（1530 年），果化州改属南宁府。清朝除下旺土巡检司改属百色直隶厅外，沿袭明制。“在唐代羁縻制度的基础上，壮族地区的土司制度（属于封建领主制度）在北宋建立，直到南宋时期，它适应生产力的要求，使壮族地区的社会经济有了进一步的发展。到明代中叶以后，日益腐朽没落的土司制度，已成为严重阻碍生产力发展的桎梏。”[①] 思恩府和位于今平果县西北的恩城州于弘治十八年（1505 年）“改土归流”，位于今平果县东南部的黄氏归德州、西南部的赵氏果化州、旧城乡的黄氏旧城巡司均于 1915 年“改土归流”，韦氏下旺巡司于 1918 年“改土归流”。[②] 民国四年（1915 年）八月，果化、归德土州改流置果德县。民国二十三年（1934 年），思林县治迁至榜圩，易名平治县。中华人民共和国诞生后，果德县、平治县隶属武鸣人民专员公署，1951 年 2 月 21 日撤销武鸣专区，果德县、平治县划归百色专区。1951 年 5 月，果德县、平治县合并置平果县，属百色专区，县治马头镇。[③]

（二）平果县基本状况

平果县位于广西壮族自治区中西部偏南。地处右江中游，是百色地区的东大门，东与马山县、东南与武鸣县、东北与大化瑶族自治县相邻，西与田东县、西南与天等县接壤，南与隆安县毗邻，北与巴马瑶族自治县、都安瑶族自治县接壤。东距省会南宁市 118 公里，西往百色城 129 公里，南百（南宁—百色）二级公路和南昆铁路从此经过，加上右江的水运，交通条件十分优越。全县总面积 2,473 平方公里，其中石山区面积占 64%，耕地面积 30.76 万亩。

---

① 欧阳若修编著：《壮族文学史》，6 页，南宁：广西人民出版社，1986。

② 〔日〕谷口房男、白耀天编著：《壮族土官族谱集成》，（附录壮族土司地方一览表），南宁：广西民族出版社，1998。

③ 广西壮族自治区平果县地方志编纂委员会编：《平果县志》，36～37 页，南宁：广西人民出版社，1996。

聚居着壮、汉、瑶、苗等20个民族，据平果县县府民政科1953年秋征前的各族人口统计：全县总人口有51,877户，240,768人，壮族203,766人占84.60%，瑶族有17,380人占7.23%，汉族有7344人占3.05%，民族成分未定的陇人有12,278人，占5.12%。[①] 1990年第四次全国人口普查，全县共有412,875人，其中壮族376,868人，占91.27%，汉族18,668人，瑶族17,268人。平果县地处北回归线两侧的低纬度地带，属于高温多雨亚热带季风气候，光照充足，夏长东暖，雨量充沛，极少霜雪。境内由于地质构造不同，石山、土岭交错，有的形成四周群山环绕、中间低平的山间谷地的复杂地貌，龙来村就是位于这种山间平地的村落。

平果县人民具有光荣的革命斗争传统。明代思恩府丹良堡贵屯壮人王受，与田州土目卢苏联合反明，于嘉靖六年（1527年）率万余人，攻占思恩府乔利，活捉知府吴应期。清道光二十八年(1848年)，因不堪土官压迫，白山司人凌东在今太平乡布羊村组织农民造反，开仓济贫，杀官放囚，斗争持续3年。上世纪20年代末，邓小平以中共中央代表身份，奉命来到地处祖国边陲的壮乡，领导和发动左右江地区各族贫苦农民，举行了威震南疆、彪炳史册的百色起义和龙州起义。平果县是当年右江革命根据地的重要组成部分。1929年12月11日，邓小平、张云逸等胜利领导百色起义，果德县成立赤卫军，有7个营1800余人参加起义。[②] 越共中央主席胡志明常在中越从事革命活动，1930年10月，胡志明在中越边境被国民党扣押，上旬押解至果德县牢狱，胡志明在狱中写诗《果德狱》："监房也是小家庭，柴米油盐自己营。每个笼前一个

---

① 广西壮族自治区编辑组：《平果陇人情况调查》，见《广西壮族社会历史调查》(第七册)，南宁，广西民族出版社，1987。

② 广西壮族自治区平果县地方志编纂委员会编：《平果县志》，2页，南宁：广西人民出版社，1996。

灶，成天煮饭与调羹。”[①] 体现了其革命的乐观主义精神。

二、田野调查点——龙来村必罗屯

（一）基本状况

龙来村位于平果县西部，马头镇西面，与果化镇布荣村接壤。1985 年平果县实行乡（镇）村建制，全县有 12 个乡 3 个镇，下辖 168 个行政村，龙来村属城关乡，有辟罗、内银、上来、派班、龙局、洞丰 6 个自然村。2005 年龙来村由原来的城关乡划到马头镇管辖，全村共有 6 个自然屯，名为必罗屯、内银屯、上来屯、下来屯、龙力屯和龙帮屯，15 个村民小组，526 户，总人口 2,179 人。全村有耕地面积 1,956 亩，其中水田 350 亩，山塘一个。种植的粮食作物主要有水稻、玉米、豆类、薯类，经济作物主要有花生、木薯、油菜、瓜类，水果主要有香蕉、龙眼、桃子、蜜柚、黄皮。气候适合植物成长，全年气温平均在 18～22℃，降雨主要集中在 5—9 月份，约占全年雨量的 75％。原生植被类型为过渡性的热带季节性雨林、热带石山季节性雨林，但破坏严重，已不成林。龙来村与铝业公司相距约 3 公里（顺着矿山路走），平果铝矿山二期工程设在村境内，是平果铝重要的矿区之一。矿山公路穿过村中心，实现了水、电、路三通。依托平果铝的经济辐射，加上种养收入，2004 年村人均收入 2,000 多元。村中心小学位于必罗屯，有两层的教学楼和综合楼各一栋。村其他固定资产有：村部（图2-1-1），使用面积 326.45 平方米；砖泥结构的村办公楼一座，占地面积 215.8 平方米，使用面积 334.8 平方米；砖泥结构的五保村和使用面积 16.6 平方米砖瓦结构的厨房。这些资产由上级拨款兴建，目前都

① 广西壮族自治区平果县地方志编纂委员会编：《平果县志》，745 页，南宁：广西人民出版社，1996。

在使用。其他资产有：办公桌 5 张、办公椅子 4 张、长椅子 9 张、书架 4 个、吊扇 2 个、五保村床 8 张、搅拌机 1 台（已报废）。

图 2-1-1　龙来村村部

龙来村曾发生过几次地震。1919 年平果发生地震，震级 4 级，震中烈度 6 度。龙来村一带檐口掉瓦，山石滚落。1977 年 10 月 19 日，马头镇龙来村一带发生一次 5.0 级地震，震中烈度 6 度强，震源深度 12 公里，震中龙来山石滚落，堵塞公路，部分房屋墙壁破裂。震区损坏庄稼 3,200 亩。

（二）婚姻家庭与人口生育

通婚是文化接触交流和民族融合的一个重要途径。下面是必罗屯（归城关乡管辖）1996 年 101 户共 135 例的通婚状况。必罗屯屯内婚有 20 例；乡内婚有 45 例，占总婚数的 33.33%；跨乡镇婚共 45 例，占 33.33%；跨县婚 1 例，女方来自那坡县；跨省婚 1 例，女方来自广东东莞。跨县婚和跨省婚各占 0.73%，其中包括一例“交换婚”，即男子互相交换姐妹为妻子的婚姻形式（罗乐姐弟与韩氏兄妹之间）。另有 3 例“入赘婚”，属于跨乡婚，男子从太平镇、平果县城和海城乡过来，这种婚姻所生子女都随母姓。从必罗屯的通婚圈可见，龙来村婚嫁范围以周围的村落为主，明显受地域环境的影响，以地缘婚姻为主。

目前龙来村全村人口 2,179 人，男 1,139 人，女 1,040 人，男女比例为 100∶91。其生育高峰期在 20 世纪六七十年代，每对夫妇有五六个小孩，一般在 3 个以上。20 世纪 80 年代以后出生率下降，每对夫妇以 2 个小孩居多。2003 年全村有 16 个小孩出生。

（三）教育

龙来村中心小学位于必罗屯，紧挨着村部与五保村，在矿山路旁边。龙来村的小孩几乎都在村中心小学上学，上学前只会讲壮语，上学后学会讲普通话和“官话”（指桂林话）。新中国成立前到 20 世纪五六十年代，教学以“官话”和壮语为教学语言，所以那个年代只上到小学毕业的人不会讲普通话。

内银屯原来有个一到三年级的教学点，1998 年时只有 6 个学生，三年级 5 人，一年级 1 人。为了提高办学效益，城关教委撤销了内银屯的教学点，将其并到村中心小学。现在校老师有 9 人，6 男 3 女，全为公办教师，其中小学高级教师 4 人，另外学校自聘一位学前班女教师。2006 年春，在读学生有 170 人（包括雅龙村 3 人，那苏村 6 人）。从学前班到六年级共 7 个班。学校有一栋两层的教学楼，共 8 间教室；一栋两层的综合楼，综合楼由县武装部捐建，2002 年竣工。学校设有多媒体教室一间，内有电视机一台、VCD 机一台和电脑一部，但由于设备故障等原因，多媒体教室使用率不高。学校操场中央是一个水泥篮球场，这里是学生每周举行升旗仪式、做课间操和村民集会的场所。学校的教育井然有序，多数村民读完小学都能继续完成初中教育，再上高中的不多，但近年来也有些考上大学的。

（四）传统节日和圩日

龙来村人过的传统节日有：农历正月初一春节，正月十五元宵节，二月初二土诞节，三月初三扫墓节，四月初四草糍粑节，五月初五端午节，六月初六牛节，七月初七乞巧节，七月十四鬼节，八月十五中秋节，九月初九重阳节，十月初十丰收节，公历十二月二十二日冬至节，农历十二月二十三日送灶节，农历十二月三十日除夕。

圩市：每周一、三、五、七为县城圩市，二、四、六为平果铝圩市。每天都可以赶圩，以周末最为热闹。

（五）生活习俗

必罗屯有尊老爱幼的朴素民风。上了年纪的老人一般不干农活，但会去放牛，在家喂猪、养鸡、做饭等，常常看到他们牵着牛去田间草地、小河边放牧。有些喜欢在小卖部下象棋或跳棋，还有些老人嗜好土米酒、土烟。

龙来村壮人爱喝土酿米酒，有来客请酒喝的习惯，酒一般是打散装的，一斤一块钱。壮族农村喝酒有自己的特别方式：酒倒在碗里，一碗有 8 两，用各自面前的瓷勺喂给对方喝，年轻的先喂给年长的喝，叫敬酒，以满勺为好。如果是一整桌人喝酒，两三个人一组，席间可以换组，喝起酒来，觥筹交错，谈笑风生。一般女人们仅仅陪着吃饭、聊天，不喝酒，男人们喝得正酣时，女人们往往会自动退出。现在年轻人有习惯喝啤酒的，酒桌上就有白酒和啤酒两种之分。

天冷时除了喝酒外，村民常常围着火塘取暖、聊天。火塘除了取暖，还用来煮中药。人们认为中药比西药管用，房前屋后、田里、山上长的，能叫出名字的野草、树叶、树根、树藤都可以做药，各有各的功效。采回来的“药”只能用砂锅或药罐子在火塘上煮，用柴烧而不能使用煤气灶或沼气灶，村民认为那会丧失药效。

龙来村人的食品以稻米和玉米为主，一日三餐，有时一日四餐。逢年过节，兴做点心，如粽粑、米花糖、五色糯米饭等。

第二章 文化接触与文化变迁

一、平果铝业建设与现代化符号的嵌入

平果县被誉为“南国铝都”，矿产储量丰富，其中已探明的铝矿储量有2.9亿吨，三氧化二铝含量高达60.45%，质量之优，可与以产铝著称的法国、几内亚等国的铝矿相媲美。平果铝属我国少有的不可多得的大型堆积型矿床，具有储量大、品位高、点多面广、不连续水平分布、占地率高，且矿石埋藏浅、覆盖土层薄、露天开采推进速度快等特点。

图2-2-1 邓小平指示：“广西平果铝要搞”

1986年1月，邓小平与王震到广西视察。在漓江的游船上，广西主要党政领导汇报：百色有丰富的铝土矿资源，恳请中央批准

平果铝上马。邓小平当时虽然没有表态，但把“平果铝”记在了心上。当年9月13日，邓小平听取国务院钢铝领导小组和国家计委汇报有关项目情况。当得知平果铝项目尚无启动资金时，邓小平以超凡气魄一锤定音：“广西平果铝要搞!”① 此后，好消息不断传来。1987年5月，平果铝立项工作顺利完成。1987年9月14日，平果铝业公司（中铝广西分公司的前身，现今人们还是习惯性地称平果铝业公司）成立，占地面积10平方公里。国家“八五”重点建设项目——平果铝一期工程于1991年5月开工建设，1995年底全面建成投产，总投资44.38亿元。二期工程属国家“十五”重点工程、西部大开发重点建设项目，于2001年5月开工建设，工程概算总投资为18.86亿元，设计氧化铝年生产能力为40万吨。2003年6月28日，全线竣工投产，使平果铝业公司的氧化铝总生产能力达到85万吨。2005底，经国家发展和改革委员会核准，中国铝业平果氧化铝三期工程正式动工，工程概算投资总额46.14亿元，设计规模为年产氧化铝88万吨，计划工期2.5年。

中铝广西分公司的建设有力地辐射和带动了当地经济社会的发展，被誉为“拉动地方经济社会发展的火车头”。在中铝广西分公司的带动下，平果县不仅于1997年甩掉了国家级贫困县的帽子，而且县级财政收入排位不断靠前，从2002年起连续成为广西财政收入首富县。“借铝兴平”，依托平果铝带动其他行业的发展成为平果县政府发展经济的战略口号。

在此背景下，平果铝业建设对必罗屯的影响是非常之大的。1992年始，铝业公司修建一期工程矿山路，公路沿山择径盘旋而上，经过必罗屯，穿过水田，距离屯子仅100米，路宽有8米，可容两辆卡车平行，是一条质量很高的柏油路。20世纪60年代，必罗屯有4匹马用于去平果县城搞运输。1993年矿山路通车，必罗

① 庞革平、冯飞勇、韦克家：《百色：一项决策催生一个铝工业基地》，载《人民日报》，2006年9月14日，第1版。

屯已有6辆手扶拖拉机参与施工，也搞运输，2003年达到15辆，2005年因为铝业公司需要他们参与的工程减少，卖掉了5辆拖拉机，2006年增加了一辆农用车。现在必罗屯村民下山很方便，可以自己开摩托车。1993年屯中有摩托车2辆，现在已有30多辆。一些人家还用摩托车拉客，搞起了经营。2000年载客三轮摩托车有5辆，现在还有3辆。此外，“平果—大路”中巴公交车每小时一辆，早晨7点从平果县城出发，途经必罗屯。还有经过的“面的”，也可以搭乘。交通的便利加强了龙来村与外界的接触。

图 2-2-2　必罗屯新村落

矿山路的开凿虽然征用了一些农田，但对必罗屯来说是个大好机会。村民纷纷在矿山路两旁批地盖房，到2005年止，全屯125户人家有114户搬迁新居，占91.1%（图2-2-2），还新建了村部、五保新村和村小学等。新村商业气息浓厚，有三家小卖部，开办人分别是韩祖民家、罗仁海家和卢美锦家（兼卫生所）。前两家小卖部对着小学门口开张，经营商品相似，有香烟、各类食品、小学生学习用品、家庭常备药品等，还都有一个冷柜卖饮料雪糕等。韩祖民家的小卖部生意最好，常有人聚集在他店里下棋，上来屯一妇女还每天在店门口卖豆腐。另外，韩祖容家开了猪肉摊，还有梁有敢的补胎店，韩继谭的汽车修理店。韩祖干和韩祖庆各承包了一个鱼塘。韩继庭在鱼塘边的一块空地上生产空心砖，雇用两人，空心砖销往本村和附近村落，供不应求。在新旧屯之间有一条总长 300 米、宽 3 米的水泥路相连，是平果县武装部捐建的，并立有“军民共建路”一牌。

图 2-2-3　必罗屯旧屯全貌

新村建设改变了传统的村落格局和民居式样。必罗屯的老房子建在三面半环山的凹处，背山向阳，在未搬迁新屯以前，旧屯的最前面是 4 个鱼塘，一条人工水渠从房前流过，中间有一口水井，这里是清晨挑水做饭、白天洗衣的地方。背靠青山的旧屯，稻田一直延伸到对面的山脚下。老房子有八九排，有点错落但大致整齐，最后一排已经挤到了山脚，已无增容的余地（图 2-2-3）。旧村落的选址符合壮族的风水观念。在古朴的风水理论中，风即气，空气、气流或生气，气象征着万物的活力与生机。水即流水、泉水、水源，水乃生命之源。风水理论还把水比喻为“财气”，挖渠引水入村，预示着将“财气”引入村。背山面水的选基或居住模式，是人们渴望把自身和谐地统一于大自然之中。南面和东面有阳光照射的山面为阳，北面为阴。对于山和住宅而言，山为阴，宅为阳。住宅建筑要“负阴抱阳”，即以住宅的阴面与山体的阳面相对为佳，能使聚落建筑获得充足的阳光和良好的通风条件。

现代壮族民居主要存在三种建筑形式：传统纯木结构的干栏建筑，又叫吊脚楼或麻栏；土木结构的干栏建筑；土木结构的汉式二层楼房。必罗屯的干栏式建筑与这三种民居原理上相似又有结构上细微的差别，是壮族传统干栏房的土木结构和现代钢筋混凝土结构的结合，建筑精巧别致。以韩继彪家为例，房子主体一楼墙体以小石头、水泥、石灰黏合建造，二楼至屋顶用红砖头建造，瓦片屋顶，正面有近一米长的屋檐，侧面几乎没有屋檐，三开间、三层（二楼内置阁楼，小三层存放粮食）斜山顶式楼房。底层用于堆放柴草，喂养畜禽。二楼住人，只有中屋有大门。二楼用大木板铺设楼板，透过木板缝可以看见底层，牛为重点看护对象。客厅、餐厅居中，卧室在两侧，厅堂正中供奉神龛。客厅有一门通往厨房，灶台、橱柜、水柜、储粮桶等依次排开，腊肉、腊肠等食物挂在竹竿上。房前有一层楼高的露天阳台，钢筋混凝土结构，从主楼二楼迈出就到阳台，外置台阶在阳台和主楼之间。阳台是晾晒衣服、谷物和乘凉聊天的地方，看家狗也拴于此。

新建楼房用大块的石头填地基，墙体用水泥、白灰、空心砖垒起（有一半人家用红砖），楼板是钢筋水泥结构，有的人家外墙漆上水泥，以防漏水。以韩继永家为例，房子距离矿山路有 7 米，一开间，宽有 5 米，总长 20 米。第一间大厅面对公路，折叠式大铁门，有 20 平方米面积，常常堆放房前空地上晒的玉米、花生、水稻等，玉米脱粒机和一部分农具也放在这间，晚上韩继永把手扶拖拉机开进来。大厅正面供奉神龛。一楼的楼梯下放农具、粮食等。楼梯旁，有带浴室的卫生间，每层都有，用同一条下水道。老人住一楼的两间卧室，年轻的住在二、三楼。阳台是露天的，有水龙头，可洗衣、洗漱，并堆放饲料（如玉米饲料、木薯糟），还在此调禽畜饲料。餐厅下层养牛，厨房下层养鸡。还有一个露台，有水龙头、洗碗池、水缸等，在这里洗碗、洗菜，夏天在此喝酒，下层养猪。厕所下层为沼气池，平时清理的牛粪、猪粪、鸡屎等都倒进沼气池。屋后是菜地。

“干栏”建筑适合南方气候和稻作民族的居住。“由于壮族地区江河湖泊星罗棋布，气候闷热多雨，森林繁茂，空气潮湿，瘴雾弥漫，毒蛇猛兽横行，为了人畜的安全，壮族人们的民居建筑就要认真考虑能适应这种自然条件。而干栏建筑通风好，干燥凉爽，既能防暑、防瘴又能避猛兽毒蛇，而且不受地形限制，管理方便，是非常适应岭南的生态环境的。”① 但随着人口数量的增加，人们征服自然的能力越来越强，对森林自然资源合理或不合理的开发利用，壮族村落聚集的地区已经普遍没有瘴气或虫蛇猛兽，建造新屯时已经无法找到高大的灌木，现代壮族人们无法像先民那样就地取材建造干栏房，于是砖块、水泥、钢筋等建筑材料被使用，当然这些建筑材料的运输首先得归功于矿山路的开通使用。

必罗屯传统“干栏”民居的空间安排和有关禁忌体现了男尊女卑的社会观念，其居室以厅堂神台为中轴线，根据左为尊、右为卑的伦理观念，男居左室，女居右室。同时在生活上对妇女还有诸多限制，如妇女不能居住在阁楼上，不能居住在神台后面的房间，以免“秽”冲祖宗，不能主持祭祖仪式，更不能触摸神案和神台上的礼神之器，不能与男主人和客人同桌共餐，家有新生婴儿要在门口插上树枝示意外人免进，未满月的产妇不能进别人家，甚至在晒排上挂衣裤时女裤不能晒在男的衣裤上边。但随着生育观念的变化，男女平等思想的认同，在新房子居住功能上主要考虑了方便性和实

---

① 李富强：《人类学视野中的壮族传统文化》，84 页，南宁：广西人民出版社，1999。

用性。如考虑到老人上下楼梯的不便，安排住在一楼；厨房布局在整个房子的最后面，避免了做饭的烟吹进卧室；不要的剩饭、菜可以直接倒在一楼的鸡、猪槽里；洗菜、洗衣服等用过的水可以就近浇菜。由于土地审批的严格控制，属于必罗屯的位于矿山路旁能建房的土地显得十分稀缺，每家仅有一开间。在这有限的土地上盖起来的房子，空间布局上“男居左室，女居右室”的安排便发生了变化。必罗屯的新居还克服了干栏房卫生方面的不足，牲畜关在建筑的后半部分，有和城市楼房一样的卫生间，并有沼气池净化环境，充分地利用了能源。

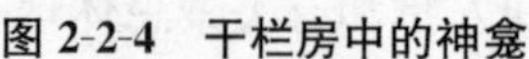

图 2-2-4　干栏房中的神龛

图 2-2-5　新房中的神龛

新建民居保留了传统干栏民居中的一些特征。如神台位于厅堂中央，新旧居室供奉的内容和意义几乎是一样的（图 2-2-4，2-2-5）。传统“干栏”民居中的厅堂位于房屋中心且占地面积较大。新房子把这部分安排在一楼向外的第一间，体现了它的重要性。厅堂与壮族生活习俗和宗教信仰有密切关系，是会客、举行满月酒、婚嫁仪式、寿辰仪式、祭祖仪式、丧葬仪式等的重要场所，还包括开展尝新节、鬼节、冬至、除夕等节日的活动。厅堂的宽敞不但有利于通风，更是为了满足这些大型活动的需要。

随着必罗屯的交通、民居的变化，体现现代生活特质的商品也快速地进入必罗屯人的生活中。必罗屯 1995 年开始通电话，当时全屯有家庭电话20部，2006年增加到60部，全屯50%的家庭都有了电话。另外有3家安装了公用电话，长途按每分钟0.3元收费。年轻人和大多数中年人都有手机，广西移动通信有限责任公司平果分公司曾于2002年5月征用龙邦屯高地建设机房（位于平果铝业选矿场供水池山顶上的集体裸岩地，166平方米，折合0.25亩，参照当地被征用土地村民小组旱地平均每亩年产值1,028.60元的3倍计算，平果分公司付给龙邦村民小组土地补偿费812.70元），辐射卫星信号。电视机也逐渐普及。1995年全屯有电视机3台，现在有100多台（包括黑白电视机，有的家庭有2台），通闭路电视信号已有10年，初装费300元，每年交100元左右。然而现在虽不用交初装费，但是没人再愿意拉闭路电视线，已经用闭路电视线的也纷纷退出，因为村民发现卫星天线更划算，普通的卫星天线一个450元左右，一次性投资不需交年费，信号好，能接收几十个国内外电台。现必罗屯有25个卫星天线，必罗屯人的生活越来越现代化。

二、经济结构的转变

平果铝业公司的建立，使传统生产方式受到了现代工业化生产方式的冲击。越来越多的工业产品，包括生产工具进入农业生产，大幅度地提高了生产效率。必罗屯人世代都以牛和人作为耕作动力，一直沿用传统简单的生产工具，如锄、铲、犁、耙、镰、锹等铁、木农具（图2-2-6）。1973年通电后，电的使用为现代电动工具的普及提供了可能。1995年电动打谷机有6台，2002年有10台，2006年达到50台；2002年电动碾米机（碾米和碾玉米粉两用）只有10台，2006年达到50台（图2-2-7）；玉米脱粒机在1998年有2台，2002年有25台，现有40台。这三种主要农具属收成加工工具，普及率能达到80%，发展实在迅速。这些农具冲击了韩继朝家在20世纪80年代就经营的大型综合碾米机，当时他每 100 斤收加工费 2 元，但现在几乎没有生意了。耕地的大铁牛在 20 世纪 80 年代有 2 台，现有 8 台，以出租为主，耕作每亩 40 元，出租率高。铁牛的数量少，是由于屯内有大量的水牛、黄牛，而牛饲养简单，成本低，只需放牧山脚下吃草就行了。一些传统农具逐渐得到了改进或淘汰，犁由原来的铁、木结构改成全铁结构，人力喷雾器自 1977 年开始广泛使用至今，人力打谷机原来有 50 台，现在仅有 10 台。无人力及电动插秧机，因为抛秧代替了插秧。石头破碎机 5 台，石头打粉机 3 台，以经营性生产为目的。

图 2-2-6　传统农具

图 2-2-7　1.5 千瓦微型粉碎机

龙来村人均耕地只有四五分，几乎没有能够开荒的旱地，铝业公司的开路、征地、采矿使原本不多的田地进一步减少。随着农田减少、机械化工具的广泛使用、劳动生产率的提高，更多的剩余劳动力向非农产业转移。必罗屯劳动力转移的形式主要有如下几种。

（一）劳动力转移至铝业公司

铝业公司开业后曾向农村招工，对被征土地的村庄给予一些政策上的倾斜。平果铝第一批员工是 5,300 人，85%的人员在广西范围内招收。1991～1992 年，专为铝业公司培养的 850 名技校学生和就业培训生全部在广西范围内招收。公司建成投产后每年使用临时工 500 名，都在平果县内录用。到 2001 年，平果县籍在平果铝业公司工作的总人数为 2,320 人，占总职工数的 29.72%。[①] 必罗屯现有 17 人在厂上班，均是在这种用人政策倾斜下被招进厂的。韩继庭是其中一位。

个案 1：韩继庭，1966 年出生，初中文化。在进铝业前会电焊（称自学）。父母健在，父亲从信用社退休，妻子是本屯人，有一女儿，6 岁，在平果一小上学。韩继庭的大哥患病做过脑手术，现在不能干重活，居住在村部对面。父母、二哥一家和韩继庭住在一起（二哥韩继朝，同在铝业上班）。韩继庭于 1995 年 8 月进厂上班，是由铝业公司在龙来村征地后分配名额入厂的。每天工作 8 小时，自己开摩托车去矿山上班。以前上过夜班，现在一直上白班，上班时间为上午 8：00～11：30，下午 12：30～5：00。每月提前完成采矿指标就可以休息。现在月工资有 950 元，然而正式工的工资在 1800 元左右，福利也多出很多。他没出过工伤事故，和正式工一样有劳动保险，有每月 20 元的医疗卡，每年接受一两次技术培训，上课时发笔、笔记本等学习用具，上课培训很正规。

韩继庭的家有水田 1 亩，旱地 2 亩。进厂后，农田主要由爱人耕作，有时自己也帮忙。并养有 5 头猪，以增加家庭收入；还有 30 多只鸡，是留给客人的。他的副业是办砖厂，雇用两人生产空心砖。2000 年在矿山路旁盖了新房，建筑面积 260 平方米，造价 6 万元，主要是靠上班和搞副业攒下来的钱修建的。旧屯的老房子还留着，没拆掉，以堆放杂物。他说他的收入占家庭总收入的 70%，工资只够小孩上学和家庭平时开支，得搞点副业创收。

① 莫容、徐杰舜：《互动中的磨合与认同》，80 页，哈尔滨：黑龙江人民出版社，2004。

图 2-2-8　矿区一角

韩继庭对能进入铝业公司感到很幸运，但对于工资水平和福利待遇尚不满意，最大的愿望是能转成正式工，享受更好的待遇。

（二）外出打工

改革开放后，大小企业的兴起吸引了无数的劳动者，给农村释放的剩余劳动力增加了就业空间。龙来村近十年来也形成了一批外出打工族，所去地方有：省会南宁，平果县城，附近的太平镇、果化镇，外省集中在广东、海南、福建和北京。必罗屯常年在外打工者有 36 人，其中夫妇 7 对，占打工总户数的 1/3 弱，年龄在 18～40 岁之间，平均年龄 31 岁。有当保安、饭店服务员的，有在眼镜厂、制衣厂、电子厂打小工的，有去海南种西瓜、种菜的，所做工种赚钱不多，最好的一个当上了车间主管。他们工作不太稳定，游离于自发的劳动力市场、产区和生活区之间，带有“散工”性质。打工一族每年回家一两次，过年回不了的就三月三回来。农田由家庭其他成员耕种，不抛荒。打工者都不打算在外长期打工。

（三）就地转移

1. 屯建筑队

矿山路的开通解决了新建楼房材料运输的难题，其所带来的便捷使各村选择在靠近矿山路的地方兴建楼房，因此形成了龙来村劳动力就地转移的一种特殊方式：自发组织建筑队。由于近几年收入的提高（包括征用土地赔偿款），村民们首先考虑的就是盖新房子，村民私宅的造价不高，不太可能外请大建筑队；因此在学过土木技术的村民的带领下，建筑队就应运而生了。一般来说每个屯都有一个建筑队，有的屯有两个，队中总有一个技术高又善于为人处世的"头"，往往由他来"接活"。必罗屯有一个建筑队，全队有 12 人，8 男 4 女，女子一般是家属成员。水泥搅拌机是租来的。建筑队的酬劳有按天结算的，每人每天 30 元；另一种主要方式是包干，主人出建筑材料，建筑队出工，按不同楼层结算，人均每天也有 30 元。

2. 开采山石

平果县属山石地貌，蕴藏着丰富的矿物质，受到铝业公司大型采矿业环境的影响，必罗屯的一些年轻人便办企业开采山石。开采的山石有三种：一种是青云石，这种石头用于钢筋混凝土建筑；一种是石膏石，卖给铝业公司，作为铝矿加工的材料；另一种是白云石，铁和钙的含量高，不能用来冶炼铝矿，卖给玻璃厂。韩继聪就是这些年轻人的代表。

个案 2：韩继聪，30 岁，高中文化，几年前曾去过广东潮州打工。回乡后开始搞采矿，挖白云石。贷款一万多，父亲支持了一些（其父是小学退休教师，有退休金），就这样干了起来。他投资 7000 多元，开了一条拖拉机路到矿山，有 500 米，绕个弯和矿山路相通。雇用 8 个工人，都是本村劳力，农忙或过节就停工。平时一个订单 10 天就能完成，纯挣 1000 多元。现在有一台旧拖拉机、两台石头破碎机（图 2-2-9）、一台石头打粉机、一部新摩托车，工地上活不多时出租一台石头破碎机给别人。韩继聪说出外打工的经历让他懂得合法经营的重要性，因此开石头的炸药均从铝业公司通过合法程序拿来，每天用多少取多少，用不完当天送回。已基本还清贷款。有一女儿 6 岁，在铝厂读幼儿园，讲普通话，不带壮族口音。孩子第一学期的学费 600 元，以后每学期收 300 元，每天的饭钱 4 元。2006 年 4 月我们重访龙来村时，他又喜添一女。

图 2-2-9　石头破碎机

3. 做小生意

个案 3：韩祖添，50 岁，小学文化，年轻时在中越边境某部队当过兵，会理发。必罗屯人只需付 2 元便可在他家理发（未开理发店）。平时他骑摩托车下乡理发，自带电瓶（用电动剃刀）。

个案 4：卢某，下来屯人，45 岁，小学文化。曾外出打工做建筑活。其妻是养猪能手，在妻子的谋划下，当起了养猪专业户，几年下来有钱了，夫妇俩在铝业公司的“铝桥市场”开了一家叫“生辉杀店”的屠宰店，房租每月500元，代人杀市场上刚买来的鸡、鸭、兔子等，还烤猪脚毛。杀只鸡1元、鸭1元、兔子2元、烤猪脚毛1元，鸭毛归他，转手出售，顾客大多是铝业职工。夫妇俩雇了必罗屯一妇女帮忙。平时每人一天能杀十几只禽畜，过节时会忙一整天。店里有3个煤气罐、3支喷火枪，忙起来的话，3个人3支喷火枪一起烤。现在家里养有40头猪，其中母猪4头。夫妇俩每天6点起床喂猪，骑摩托车下山，8点开店，晚上回家住。卢某对现在的收入很满意，虽然一天忙到晚，要养猪又要开店，两地跑，有点累，但比外出打工好。他开业已经8年了，他说市场内有3家这种店，要是只有一家的话早发财了。

劳动力转移对当地社会变迁的意义是重大的，它不仅从多种渠道增加了家庭收入，使各农户更多地享受到工业文明的成果，更重要的是，它改变了以前单一的农业经济结构，使村庄与现代经济、社会更紧密地结合在了一起。

三、变迁中的碰撞

在龙来村经济结构发生变化、突破单一农业经济结构的过程中，农业文明与工业文明的碰撞产生了一些矛盾和冲突。这些矛盾和冲突缘起于对土地资源的争夺。对农民而言，土地的重要性不言而喻。土地一直是为农民提供基本生活资料和公共物品的基础。作为一种比较廉价的生产资料，在土地上生产食物要求的其他补充要素很少，少到只要一个受过有限训练的农民劳动力就足够了，就能为劳动者提供足够的食品。[①] 可平果铝业建设大批地“消费”农民的土地。因为平果铝土矿属岩溶堆积型铝土矿，位于新生代第四系更新世的黏土或砂土层之中，矿体呈鸡窝状，故又俗称“鸡窝矿”。

① 廖小军：《中国失地农民研究》，24页，北京：社会科学文献出版社，2005。

它与国内其他地区的铝土矿相比，具有三大特点：一是矿土共生，矿石只占矿土的三分之一；二是矿床分布广，仅平果县境内的5个矿区面积就达1750平方公里；三是矿层薄。由此相应产生了采矿占用土地面积大、采矿作业面广、用地速率快等问题。在“矿土共生”的环境下采矿，占地速率高得惊人：一期工程每年采矿要征用350亩土地；2003年6月二期工程建成后，每年采矿用地增至700多亩；三期工程2007年底建成后，矿山用地将以每年1,800亩的速度推进。[①] 平果铝公司仅2005年就征用龙来村龙力屯土地201,619平方米。以下是平果铝公司与龙力屯签订的土地征用协议的主要内容：

根据中国铝业股份有限公司广西分公司用地报告，需要征用马头镇龙来村龙力屯村民小组位于龙力屯西侧一带集体土地平面面积201,619平方米（不含旧学校面积828平方米），丈量面积207,044平方米（折合310.566亩，其中：玉米旱地271.049亩、甘蔗旱地37.713亩、未利用地1.804亩），作为二期工程矿山2005年度生产建设用地。经平果县国土资源局对该屯进行调查，该村民小组征地前共有耕地面积206亩，总农业人口462人，人均耕地面积0.446亩，根据《中华人民共和国土地管理法》和《广西壮族自治区实施〈中华人民共和国土地管理法〉办法》的有关规定，平果县国土资源局会同有关部门进行协商，制定本补充方案如下：

（一）建设用地项目名称：中国铝业股份有限公司广西分公司二期工程矿山2005年度生产采矿用地。

（二）征用土地四至范围（详见平果县国土资源局绘制的征用地红线图）。

（三）征地补偿总费用人民币大写　陆佰伍拾伍万陆仟捌佰玖拾捌元玖角伍分（6,556,898.95元），各类补偿标准详见征地补偿

① 唐星善：《平果铝，撑起一片和谐天地》，载《国土资源》，2006。

方案计算表。

（四）被征用土地的村民小组在规定的期限内，持土地权属证或其他有关证明材料，到平果县国土资源局办理征地补偿登记，登记时间：二〇〇五年十二月十五日，请互相转告。

凡从国土资源行政主管部门现场调查之日起，抢建、抢种的地上附着物不予办理补偿登记。

土地征用尽管有补偿，但补偿金额不多（计算办法见附录1），补偿时间不长。更重要的是，农民在土地锐减或失去土地后，面临着生产生活方式的必然变化。但如何适应此种变化，村民们大多处于迷茫之中。村民们认为铝业建设给他们带来了发展的机会，但失去土地后谋生乏术，80％的村民得到赔偿款后首先重修房子，很少将赔偿款用于创业。人无远虑，必有近忧。随着土地的锐减或丧失，村民们也失去了田园生活的安逸感，一种悠悠的不稳定感似乎总是笼罩在心头。

个案5：陆某，那塘村板力屯人，43岁，小学毕业，家有5口人，现有水田2亩。当时被铝业公司征地1亩多，每亩按23,000元算，得赔偿款3万元钱左右。被征地是旱田，玉米地，他说以前每亩地是17,000元，后来是23,000元，现在给得最高，不清楚是怎么算的，对现在的赔偿价比较满意。陆某没出过远门，自己找活打工，因为只会讲壮语和一些贵柳方言，就不敢去外地打工。什么体力活都做，最多的是山上打炮、挖石头、粉碎，替石头厂老板干活，也会建筑砌砖。每个月收入500元左右。他说如果按收入，这辈子只能住老房子。现在他准备盖房子，有108平方米，两层楼，分前后两间，整座房预计造价5万元，铝业赔偿3万元，占资金的60％，借了4,000元，其他是自己攒的钱。被问及征地赔偿款，他表示这笔钱明摆在眼前，实在太需要，但以后土地少了，粮食就不够吃了，怎么办？他很忧心未来，表示只能走一步看一步。

征地赔偿使原本只能种庄稼、产出微薄的土地成为值钱的“商品”①，可土地的锐减或丧失又使村民失去了长远的生活保障。正因如此，龙来村人更视土地为一种不可失去的财产，“寸土必争”。于是，土地纠纷案例逐渐增多。“凹银”地事件就曾是当地一件影响较大的土地纠纷案件。

“凹银”地事件，是龙来村内的必罗屯和内银屯因一块被征用地发生的争执事件。据村民讲，必罗屯小组曾在地处内银屯的“凹银”地开荒种植玉米、花生、木薯等，由于距住地较远，出工不便，最后放弃了种植，之后该地长满杂草，成了内银屯人放牛的理想地，也有内银人的零星种植。十几年过去了，到上世纪 90 年代末，平果铝业公司策划在内银屯征地开矿，消息很快传开，必罗屯人想起了他们的“祖宗”田——被抛弃了十来年的那块地，正在铝业公司二期工程征地的范围内，于是组织该屯村民划地开垦，多次召集上百名群众到归属本村内银屯的“凹银”地，用石头和石灰粉圈划出 150 亩田地，并用锄头、铁铲挖掉田埂 1,900 米，毁坏水沟 395 米，抢种玉米 14 亩，以此表明该片土地是必罗屯的祖宗地，平果铝业公司征用这片土地，征用费应归属他们所有。② 这一切马上遭到内银屯的强烈反抗，他们组织人力拔掉玉米苗，但必罗屯人又补种上。来回几次之后，矛盾进一步升级。双方都用锄头、铁铲挖掉田埂，毁坏水沟，互相争辩、谩骂，甚至发生肢体冲突。

上级部门意识到事态的严重性。乡、县政府多次组织工作组调查调解，但劝告和制止均无效。2000 年 5 月 18 日，“平果县委一副书记带领 100 多名政法人员前往该屯，准备对 13 名涉嫌破坏生产的嫌疑人进行依法传唤，该屯不法分子纠集 200 多人，持凶器围

① 征地中的补偿对不同类型的土地有不同的标准。水田、玉米地补偿较高。参见本文附录 1：《平果铝业公司征用土地补偿计算表》。

② 宋忠明：《从违法屯到守法屯——广西壮族自治区平果县人武部队帮教必罗屯纪实》，载《中国民兵杂志》，2002（5）。

攻和殴打执行公务的民警。其间，一伙不法之徒把两名女民警劫为人质，并进行人身侮辱。平果县公安局17名民警被打伤，其中一名重伤，使正常执法行动被迫终止”。“2001年4月25日凌晨4时，百色地区调集700余警力对平果县必罗屯的一股恶势力实行集中搜捕，抓获参与劫持女警做人质、阻碍公安机关执法、堵塞国家重点工程运输线的犯罪嫌疑人60名，缴获自制手枪、猎枪、炸药及被盗赃物一批……百色地区及平果县的四大班子领导全部到现场指挥。抓捕行动取得成功，除4人外逃外，这股恶势力60名成员全部落网。”①

最后经司法部门裁决，争执的土地归内银屯人所有。

较小的土地纠纷更是常见。如2002年8月25日，龙力屯的黄某在靠近李某的荒坡上开荒种地，李某以该地归属自己为由予以阻止。后经村委会调解，李某方把地返还黄某。

工业生产与农业的碰撞还表现在对水资源的“争夺”上。由于铝矿石的开采需先在矿区洗矿，再把矿砂运到产区生产加工，洗矿要在有水源的地方建造排泥库。而水源对于久居山上的村落来说，是他们的灌溉、饮水之源，村落和铝业公司同时使用河水，必然产生冲突。为了全力维护平果铝正常运转，平果县政府积极协调铝业公司与周边被征地农民的关系。双方协调后签订的一系列协议，大多数由平果县国家重点工程建设服务办公室（简称平果县重点办）和平果县城关乡人民政府（龙来村归马头镇管辖前）主持。大大小小的协议中，铝业公司给龙来村上来水库的补偿协议最值得一提。从1995年开始，每年签订一次协议，协议补偿款成了该村的一项固定收入。以1998—1999年协议为例，主要内容如下：

平果铝业公司（简称甲方）铝矿山板下排泥库自1995年9月使用以来，由于地质条件等人力不可抗拒因素，断断续续有些泥水

① 李荣军、韦义华：《百色七百警力横扫恶势力》，载人民网。

渗漏，污染了平果城关乡龙来村必罗、上来、下来3个屯7个村民小组（简称乙方）的上来水库，使该库的养鱼业受到一些影响和损失。为使乙方的经济不受损失，甲方在1995年9月15日至1998年9月15日补偿的基础上，对乙方的20亩水库养鱼补偿达成协议：

（一）甲方同意按每亩鱼产量150斤、每斤4元人民币的标准计算，自1998年9月15日至1999年9月15日止，按20亩养鱼面积，补偿人民币12,000元。

（二）为使甲方有一个正常的生产环境，今后乙方不论在任何情况下，不堵路、不闹事、不影响甲方的正常生产、生活，如能履行，则甲方和平果县人民政府从协议生效之日起，每满一年后，给予乙方奖励金5,000元，如果乙方达不到上述要求则取消奖励金。

（三）由于每个屯的人口不同，且水库山塘对各屯的作用不同，1997年经村内部协商决定今后每年补偿费分配方案如下：

1. 平果铝给水库（××～××）年补偿费：12,000元

必罗：1,200×37%＝4,440元

上来：1,200×44%＝5,280元

下来：1,200×19%＝2,280元

2. 奖励金（××～××）年：5,000元

必罗：5,000×48%＝2,400元

上来：5,000×24%＝1,200元

下来：5,000×24%＝1,200元

村部：5,000×4%＝200元

从铝业公司得到的钱由村长主持发放，各屯长签名领钱。

排泥库漏水对下游的污染是显而易见的，原本清澈的河流不时会泛发成红泥水。2001年平果铝业公司和必罗屯签订了一份协议，主要内容如下：

2001 年度，平果铝业公司矿山部（甲方）排泥库偶然发生轻微渗漏，经地下通道从上来水库下方一泉水口涌出，在流经平果县城关乡龙来村必罗屯（乙方）耕地范围时，少量红泥沉淀于河床、农田水沟中，对农业灌溉产生一定的影响。为利于 2002 年的春耕生产，经甲、乙双方共同协商，达成以下协议：

（一）由于红泥沉淀于河床、农田水沟中，乙方在 2001 年冬修水利中投入的劳动量增大，为此，甲方同意对乙方增加的劳动力投入予以经济补偿，补偿金额为 1,500 元。

（二）乙方在签订协议后应及时清理河床、农田水沟中的红泥，并堆放到安全的地方。如乙方不及时清理而造成对 2002 年农业生产产生影响，其后果由乙方自负。

图 2-2-10　被污染的河水

虽然平果铝业公司对龙来村等周边村庄进行了赔偿，但其对水资源的“争夺”毕竟打破了农村原有的生态平衡，使之成为产生矛盾和冲突的源点。2005 年上半年，铝业公司矿山部建筑排泥库，挖了一个几十米深的大坑。之后，下游邻村的板兄屯、板新屯 700 多亩水稻田突然涌出大量红泥水，庄稼歉收。后来铝业公司重修排泥库，堵住了下漏水源，板新、板兄屯才恢复生产。龙来村河水在铝业开矿以前一直水量充沛，可 2005 年春上来水库断流，造成下片必罗、上来、下来三屯 625 亩左右水稻无法耕作。这次的断流也与平果铝业公司在上来屯建排泥库生产铝矿有关，是因为铝业公司排泥库漏底造成上来水库堵塞，导致河水断流。上级领导视察后建议村民改种中稻，然后再种一些晚作物，把经济损失降到最低，并表示会尽快要求铝业公司调查核实进行赔偿，可事情至今未能解决。现在虽有水流，但流量已大大小于从前，而且不干净，带有红泥。

第三章　文化变迁的重要现象：文化复兴

在与工业文明接触、碰撞的过程中，必罗屯人在分享工业文明成果的同时，也要从传统文化中汲取力量，以抗衡工业文明的冲击，所以，其文化变迁常常表现为文化“复兴”。如面对平果铝给当地带来的环境破坏，人们意识到环境保护对其生存的重要意义，生态文化“复兴”了起来；面对现代文化对传统歌唱文化的冲击，歌圩文化“复兴”了起来；面对土地的锐减甚至丧失，传统生产方式转变带来的一系列问题，引起人们心理的波动和不安，传统的宗教信仰“复兴”了起来。所谓文化复兴，不是文化的恢复或复制，而是一种以传统为基础，结合现代文明的文化创造，是文化变迁的一种重要表现。

一、生态文化的复兴

壮族传统生态观是一种谋求人类与自然和谐共处的生态观，体现在行为上则是对树木、龙、土地、石头、河流、山神等的崇拜，人们对风水的坚定信仰。在必罗屯，田边长的木棉树不得砍伐，鱼塘边有几棵大榕树被视为风水树，每年三月三要祭拜。木棉树高大伟岸，花开时节，红映大地；榕树主干粗壮、枝繁叶茂、盘根错节，象征着极强的生命力和生育能力，代表村落人丁兴旺、繁荣昌盛。

面对工业文明对生态环境的破坏和对村民传统生产生活的威胁，壮族传统的生态文化复兴起来，表现为对环境保护的高度重视和坚定地执行相关规定。龙来村是山石地貌环境，为保护脆弱的生态环境，政府开展封山育林工作已经有十几年了。城关乡13个村共有9个村封山育林。龙来村大致于1985年后开始封山，1995年开始规范管理；目前封山育林96公顷，部分树苗（任豆树）由各林站提供；封山育林由村干部、屯干部管理，无报酬。通过多年的反复宣传，特别是随着平果铝建设给村里带来的环境问题越来越突出，封山育林的必要性越来越深入人心，并成为村民的自觉行为。2004年，村里制定了《护林公约》（见附录2），并在新制定的村规民约中增加了严禁乱砍滥伐的内容（见附录3）。如第十二条规定："严禁乱砍滥伐国家、集体和他人树木，违者除按规定罚款外，每砍伐一株种活三棵赔偿。凡乱砍一株用材林木，除追回材木外，罚款30～50元；砍果类树一株的，按收入价值赔偿10～20年，一次性交清罚金。"第二十一条又重申："保护绿化，严禁乱砍滥伐，违者按有关规定处理。"这些规定也都得到了村民的自觉遵守。以前在石缝、"瓢"、"盆"、"窝"地里种点玉米等杂粮，现在也改种任豆树或竹子。以前或许还有村民在附近的山头砍伐树木的现象，现在却是少之又少了。山上已长满了小树和藤蔓。山脚下，木棉大树也多了起来。

为配合封山育林，政府实施了沼气池建设工程。2001年，广西壮族自治区人民政府从扶贫资金中安排2,000多万元作为石漠化治理试点15万座沼气池的建设补助。[①] 平果县不断加大石漠化综合治理工作，改善了大石山区的生态环境。2005年，平果县新建沼气池6.5万座，沼气入户率达68.42%。利用沼气的环保理念逐渐为龙来村村民接受，全村沼气使用户数以每年20户的速度增长。以沼气为纽带，村民们配套建设猪、牛栏，发展生猪和其他畜禽生产。畜禽的粪便用作农家肥和制造沼气，种植的农作物又喂养了畜禽，并可补充沼气原料。这些举措实现了对各种能量间的相互转化

① 《誓叫荒山再着绿装　广西举全区之力进行石漠化治理》，载《广西日报》新桂网。

以及能源的循环利用。再通过封山育林、造林绿化、退耕还林，使生态环境保护和发展有了“治本”的效果。

二、歌圩文化的复兴

壮乡俗称“歌海”，无人不歌，无事不歌。早在战国至秦汉时期，越人“尚越声”的习俗就极为盛行。《史记·张仪列传》载：“越人庄舄仕楚执珪，有顷而病。楚王曰：‘舄故越之鄙细人也，今仕楚执珪，贵富矣，亦思越不？’中谢对曰：‘凡人之思故，在其病也。彼思越则越声，不思越则楚声。’使人往听之，犹尚越声也。”

公元前528年汉朝刘向所著《说苑·善说篇》中的一首《越人歌》，其歌词用汉字记音，意译为：“今夕何夕兮？搴舟中流；今日何日兮？得与王子同舟。蒙羞被好兮，不訾诟耻；心几烦而不绝兮，得知王子。山有木兮木有枝，心悦君兮君不知。”在今天的平果壮族嘹歌中也常常用“今晚什么晚？”“今日什么日？”“今年什么年？”等句式作为兴起，以此来导入对唱正题。类似“问夕、问日、问年”之歌句，在平果壮族嘹歌中也比比皆是。平果壮族嘹歌与两千多年前的《越人歌》在语音、词汇、语法结构、民歌体裁上相似，这绝非偶然，而是因同源共流。①

平果县嘹歌的歌圩有16处之多：太平、新圩、莫圩、耶圩、古案、山心、来圩、母娘山、雷横、玻利、邓龙、都督、岩线、岩无、开岩、三板。龙来村人必定参加三大歌圩：农历二月初二新圩歌圩，在太平镇新圩街；农历二月十九日太平歌圩，在太平镇太平街道；农历三月初四莫圩歌圩，在太平镇龙竹村。这三个歌圩中太平歌圩产生于道光二年（1822年），莫圩歌圩产生于宋代，新圩产生年代已无从考证，但这三个歌圩都有数百年的历史了。“文化大

① 覃乃昌：《壮族〈嘹歌〉的传承与传播研究——壮族〈嘹歌〉文化研究之七》，载《广西民族研究》，2005（4）。

革命”期间遭到破坏被迫停止，1979 年后恢复活动。但长期以来，由于受电视、电影等现代娱乐方式的冲击以及年轻人外出务工等因素的影响，歌圩活动一直比较冷清。直至近几年，政府有感于传统文化的衰落，大力倡导保护和弘扬民族文化，主导开展了一些传承和弘扬民族文化的工作。太平镇政府连续五年在农历二月十九日当地传统歌节期间，主导歌圩活动。2006 年，太平镇政府在自由对歌的歌圩上，组织了嘹歌赛。组织者提前一个月通过海报方式宣传，各村屯踊跃报名参加，比赛当天台下有 9 名评委，舞台主题横幅写着“太平镇太平村 2006 年‘二一九’‘铁矿杯’嘹歌赛”，选手穿戴民族服装，以清唱为主，亦可自带伴奏人员上台演出。比赛从一百组选手中选出歌王，颁给歌王证书和奖金，并穿上歌王服装。嘹歌赛吸引了众多的人从各地纷纷赶来凑热闹。除了嘹歌赛，平果镇政府还举办了拔河赛、象棋赛、篮球赛。拔河赛安排在中心小学，象棋赛安排在镇政府榕树下，篮球赛在镇政府新球场举行，观众上千人围满整个看台，最后奖金由县某企业提供。这是传统文化娱乐和现代体育娱乐的成功结合。在唱歌娱乐的同时伴随赶圩，这天，街道两旁摆满各种摊点，小吃店爆满，还有禽畜交易市。整个太平镇呈现出喜庆、繁荣的景象。

图 2-3-1　太平歌圩

三、民间信仰文化的复兴

李亦园先生认为现在对传统中国的祖宗崇拜有两种不同的形式：一为牌位崇拜；一为坟墓崇拜。并列出两者的关系如下[①]：

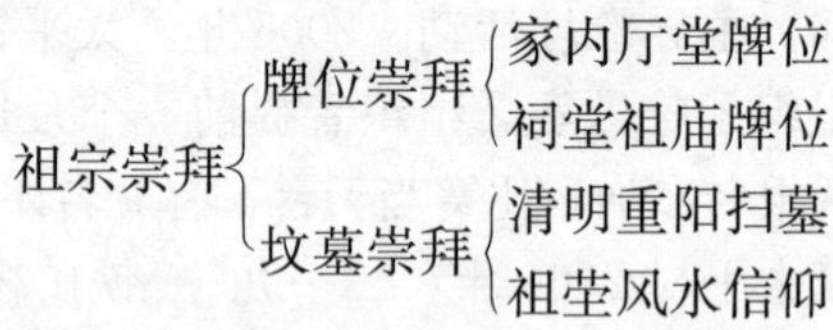

必罗屯的牌位崇拜表现在平时祭祖上，家家户户于堂屋正中供奉神龛（图 2-3-2），神龛上韩家历代宗亲之神位居中，同时还供奉土地和花婆，花婆是壮族的生殖之神。

与汉族不同的是壮族还供奉“活祖”。活祖是家族中的年长者，因为他是与祖先最接近的人，人们在祭祀祖先的同时要祭祀活祖。人们对于活祖更为尊重，为活祖举行一系列的做寿活动，是为将来的归魂铺设一条充满阳光与鲜花之路。[②] 如韩继永家的活祖神位，他父母都健在，有 70 多岁了，神位下供奉两个香炉。家中只有一年长者的，神位下供奉一个香炉。韩永谋的父亲韩有悦已有 96 岁的高龄，被认为是非常接近先祖的老人，所以可以和先祖一起供奉。

必罗屯祖先牌位的祭拜由各家各户于每月初一和十五各自举行。而坟墓崇拜是通过三月三扫墓祭坟表现的。每年农历三月三，必罗屯人都要到祖先坟墓上去祭拜。从前，祭扫祖坟有两种：一是各家各户各自祭扫自家的祖先；一是同一宗族的各户联合祭扫共同的祖先。前一种一直没停止过，即便是在“文化大革命”期间，各

① 李亦园：《文化与修养》，161 页，南宁：广西师范大学出版社，2004。

② 邵志忠：《壮族祭祖、祝寿习俗与丧葬文化》，见李富强主编：《中国壮学》（第一辑），北京：民族出版社，2006。

家各户依然是悄悄祭扫。而第二种在 20 世纪 60 年代后却基本上消失了。可是，到了 20 世纪 90 年代，消失多年的联宗祭祖之风又开始恢复，且越来越盛行。

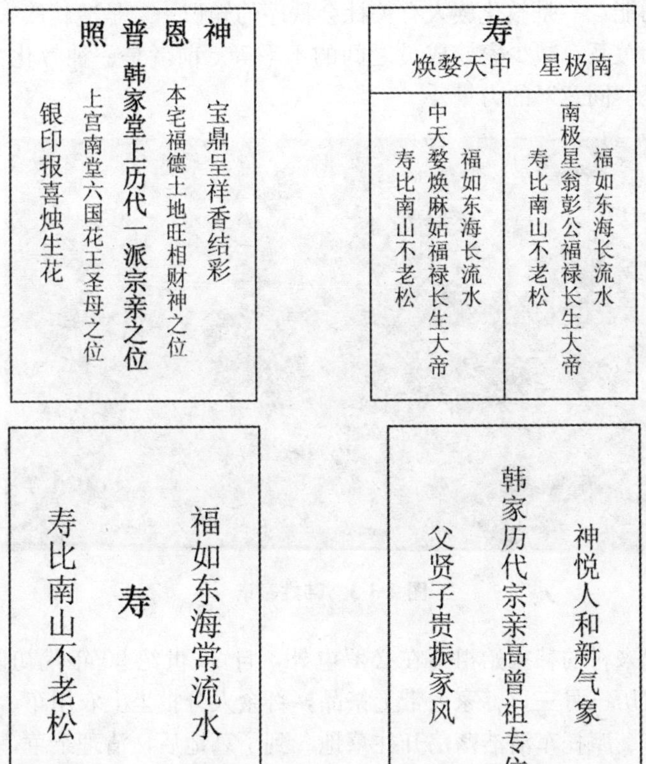

图 2-3-2　必罗屯的各式牌位

修族谱是恢复联宗祭祖的一项重要的准备工作。必罗屯以韩姓为大姓，20 世纪 90 年代初，韩姓人家推韩有悦等几个长者修写了《韩姓家谱》（图 2-3-3）。按照《韩姓家谱》，韩家始祖为四兄弟，从湖北省南阳县而来，一个安寨在江州，一个在那桐，一个在板旺

(葬在内银屯雷圩处，无后代)，一个在必罗。韩家有清楚的班序字辈，如远祖的“忠”、“宏”字辈，现在的“有”、“继”、“祖”字辈。字辈的存在于宗族内强化了维系成员关系的社会功能。族谱有两大功能：一是教化族人有关社会秩序的知识；二是造就族人之间和谐的关系，减少家族成员之间的不平等。前者是一种教化力量，后者是“同意”的力量。①

图 2-3-3　韩姓家谱

龙来村的韩家始祖墓在必罗屯外，自 20 世纪 90 年代初以来，每年农历三月三，韩家人带上祭品，百余人分批坐上农用车、三轮摩托车、摩托车浩浩荡荡开往墓地。到了墓地后，清理杂草，培新土，插飘旗，点蜡烛和香，摆祭品，斟白酒（土酿米酒），烧纸钱，行跪拜礼，老老少少在老村长的行礼声下整齐跪拜，再添上两次酒，之后放上约一小时的鞭炮，整个祭墓过程就算完成了。人们开始随意围成几堆席地吃饭。酒过三巡，最年长者站起来说话，总结

① 王铭铭：《村落视野中的文化与权力：闽台三村五论》，79 页，北京：三联书店，1997。

韩家人一年的成就，接着，其他人也站起来发言，其意是在祖宗面前展示后代的成就，让祖先以他们为骄傲。在2006年的三月三联宗祭祖活动中，韩继报提出重修始祖墓的建议，得到族人的一致同意。经估算，围绕坟墓需要修长12米、宽3米的水泥地，整个建设项目需要3,000元，包括水泥、小石子、瓷砖等材料费，请人刻墓碑费，道公做法事的酬劳等。这些资金来源于他们每年分得铝业公司赔偿上来水库的2,000元赔偿金，不够的由有工作的人员（指在铝业上班的、在事业单位上班的人）捐款补上。重修后的始祖墓更加气派，而2006年后的墓祭也更加排场了。

图2-3-4　2006年三月三必罗屯韩姓联宗祭墓

联宗祭祖的复兴是宗族势力复苏的体现。分散的小农面对强劲的工业文明的冲击，迫切需要宗族给予力量和抚慰。如在“凹银”地事件中，必罗屯就是依靠其韩姓宗族在当地的势力与内银屯争夺土地的。经过此一事件，更增长了必罗屯联宗祭祖复兴的势头。

除了联宗祭祖之外，祭龙活动近几年也恢复了起来，且越来越隆重。必罗屯的龙王庙位于旧村口的水渠旁，饮用水和灌溉水从龙王庙前流过。庙门和屋檐造型酷似张开大嘴的龙头，模糊可辨两只彩绘飞龙腾空吐水。庙里正中供奉一个香炉，门口两边各一个，这三个香炉都供满了香火。墙壁上贴满了符“勒令谨召南方丙丁火德赤帝三气天君离宫抱社龙神”，符是红色长条纸，修剪纸的头尾，看起来像一条长龙的象征符号。一副大对联“永施雨露千门喜，赐福乾坤万物生”刻在墙上，红绳上挂着许多对联，如：“同酬保佑，禾苗青秀”、“百虫不剪，荒草无生”、“风调雨顺，仓库盈余”、“虫蝗消散，牲畜平安”等，体现了人们急切的求雨心情和无虫丰收的愿望。“三清好景逍遥处，天上人间自不同”、“白鹤凝霜一顶红、常居碧落（必罗）当冥中”、“白鹤飞来下九天，数声嘹亮出祥烟”、“日月相催人易老，不知修道学神仙”等对联体现了村民安居乐业的心态。这座龙王庙据说是民国时所建，虽历经“文化大革命”亦免遭浩劫而幸存，但在倡导“破除迷信”的年代，此庙一直没有香火。可是，这几年由于河水流量的减少，村鱼塘、水井干枯，影响了农业耕作，村民们一方面认识到是铝业公司建排泥库造成的，但另一方面亦认为与龙王有关，干旱归根到底是因为得罪龙王而造成，于是在不知不觉间龙王庙的香火旺了起来。每年农历二月二，屯中各家各户就会集资购买祭品，齐集庙前祭拜。然后，一家人集中聚餐。

图 2-3-4　镇屯石狗图　　图 2-3-5　镇宅石狗

民间信仰文化的复兴还表现在狗崇拜上。狗是壮族及其先民崇拜的一种动物。广西左江流域的崖壁画上有较多狗的形象，其形态大多做张口奔跑状，尾巴往上翘，少数的狗尾巴带刺，并且多处在形体高大的佩剑或环首刀的正体人像的脚下方。[①] 据现有的统计，整个左江流域及其支流明江沿岸先后发现的79处崖画，其中有狗图像的24处。[②] 在壮族民间一直流传着许多关于狗的神奇传说，如《谷种与狗尾巴》的故事。

由于狗嗅觉灵敏、疾恶如仇、凶猛勇敢、对主人驯顺忠诚、守家护宅，所以在壮族形象类比思维的作用下，将勇猛威严的特性类比化和扩大化，认为狗的威严足以威慑一切妖魔鬼怪，甚至连狗的血液、粪便、狗毛都具有驱魔辟邪、消灾禳祸的功能，面对所谓恶煞不利的风水之物，壮族便立狗石雕于村口，以期通过狗的灵性化解煞气，镇妖避邪，守村护寨。[③] 必罗屯的旧村口供奉有一石狗，约80厘米高，40厘米宽，以大砂岩雕刻而成，呈蹲坐姿态，尾巴上翘，前两足做支撑状，昂首怒目圆瞪前方，龇牙吐舌，两耳竖起朝前，神态威严，好像随时注视前方的异常动静。这尊石狗是全屯一起供奉的，以保护必罗屯的安宁。逢年过节、农历二月初二、七月十四、八月十五及村民生病难治时都要供奉石狗，因此石狗的香火一直很旺。现在必罗屯人对狗有避邪护家功能的信奉有过之而无不及。必罗屯原来旧房子门口没有立过石狗，可现在他们新建的房子门口定立两尊石狗，模样与村口的石像相似，呈坐状，但牙齿更加锋利，耳朵更尖翘，有的还将眼睛和牙齿涂以红色。现在新村中立石狗的有十来家，其他准备装修房子的也都纷纷效仿，于是屋前立石狗在必罗新村蔚然成风。狗崇拜之所以得以继承，是因为工业文明的进入增加了世代以农业为主的必罗屯人的不安全感，因此心理上需要“狗”为之驱魔辟邪、消灾禳祸。但与传统狗崇拜不同的是：在纯农业经济时期，立石狗是以村屯为单位的；而迈向非农社

① 陈文领博：《壮族石狗考略——兼谈壮族先民的图腾及其演变》，载《广西民族研究》，1992（2）。

② 覃彩銮：《壮族古代犬祭初探——广西左江崖壁画动物图像的辨释》，载《贵州民族研究》，1989（3）。

③ 覃彩銮：《壮族干栏文化》，256～257页，南宁：广西民族出版社，1998。

会的必罗屯人，立石狗是以户为单位的。这标志着新时期家庭独立性的增强和村屯凝聚力的减退。正是在变化之中，复兴超越了复制，传统得到了发展。

第四章 结 语

平果铝业建设加速和加深了必罗屯与现代文明的接触。首先，通过矿山路的建设，改变了龙来村必罗屯的自然环境。铝业公司向农民征地，接受农村劳动力转移等，使传统的农业村屯必罗屯更密切地卷入与现代工业文明的接触碰撞之中，成为加速其社会文化变迁的重要动力。

必罗屯的社会变迁是从经济结构的转变开始的。龙来村人均耕地只有四五分，能够开荒的旱地几乎没有，铝业公司的开路、征地、采矿使原本不多的田地进一步减少。随着农田减少、机械化工具的广泛使用、劳动生产率的提高，更多的剩余劳动力向非农产业转移，从而导致了其经济结构的变化。在此变迁的过程中，伴随着因两种文明碰撞而产生的一系列矛盾与冲突，必罗屯人在分享工业文明成果的同时，也要从传统文化中汲取力量，以抗衡工业文明的冲击；所以，文化“复兴”是文化变迁的重要现象之一。

对龙来村必罗屯的个案研究，有助于我们对下列问题的思考：

一是重大经济项目建设与乡村社会可持续发展问题。平果铝业建设为龙来村必罗屯带来了现代文明成果，使之具有一定的“现代性”，但也给它带来了土地纠纷、环境污染等问题，其可持续发展受到严重威胁。如何处理外来经济项目建设与乡村社会可持续发展关系的问题，是一个必须妥善处理的问题。此前，人们对此问题重视不够，将外来经济项目建设与乡村发展割裂开来，或者以为经济项目建设必然会带来当地经济发展和社会进步，这是错误且有害的。龙来村必罗屯与铝业公司之间存在的矛盾和冲突，其实是农业文明和工业文明碰撞的结果。土地是农民的生存之本及最重要的生产资料。管子曾云："夫民之所生，衣与食也。食之所生，水与土也"，"地者，万物之本源"，"民意之情，其所欲者田宅也"，"理国之道，地德为首"，"地者，政之本也，是故，地可以正政也"，"地不平均和调，则政不可正也"。现如今，工业文明对乡村的渗透，要"征用"农民的土地。随着土地的减少甚至丧失，农民开始向"非农"行业转变。这需要一个逐步调适的过程。在此过程中，对于负责任的政府和企业来说，决不能只提供一点微薄的经济赔偿了事，而应该建立一套机制，采取一系列措施，推进乡村社会转型，帮助乡村民众适应工业社会的生活。从这个意义上说，经济项目建设只是一个起点，而非终点。否则，以经济项目建设推动当地经济社会发展的愿望，很可能事与愿违，而与英国资本主义初期的"圈地运动"如出一辙，实质是对农民的剥夺和对乡村的破坏。

二是传统文化与现代化的关系问题。法国年鉴学派的第二代领军人物布罗代尔认为历史的时间段有三种。一为短时间段，亦可以称为个人时间。在短时间段里发生的历史如战争、地震、突发事件等，其历史也就是"事件"的历史。中时段也称为社会时间，指发生在十年或数十年内的历史，这种历史构成了一定的社会结构变迁。但布罗代尔最看重的是长时段发生的历史，指百年以上、几个世纪甚至更长的时间，"一种缓慢流逝、有时接近于静止的时间"，犹如环境的缓慢变化，在这个时间段内人们的行为是无意识的，因此也称为地理时间。斯图尔德认为有一组文化潜存于一个民族的文化底层，表现于政治的、经济的、社会的各个方面，这组文化使它有别于其他民族，是长期适应环境的结果，称为"文化内核"或"文化核心"（cultural core）。依照这些论述，我们不难理解为什么"文化复兴"是必罗屯文化变迁的重要形式。因为传统文化作为人类长期适应环境的结果，它既是变迁的稳定因素，又是变迁的基础，在某种程度上决定着变迁的速度、内容和方向。所以，变迁往往就是"文化复兴"。因此，现代化与传统文化并不必然是对立的。

我们在追求现代化的时候，应该尊重传统文化、尊重本民族的自主创新。

本篇参考文献

一、著作：

1.〔美〕克莱德·伍兹著，施惟达、胡华生译．文化变迁．昆明：云南教育出版社，1989

2.〔美〕William A. Haviland 著，瞿铁鹏、张钰译．文化人类学．上海：上海社会科学院出版社，2005

3. 庄孔韶主编．人类学通论．太原：山西教育出版社，2004

4.〔英〕马林诺夫斯基著，梁永佳、李绍明译．西太平洋的航海者．北京：华夏出版社，2002

5.〔美〕弗朗兹·博厄斯著，刘莎、谭晓勤、张卓宏译，王建民校．人类学与现代生活．北京：华夏出版社，1999

6.〔英〕爱德华·泰勒．原始文化．上海：上海文艺出版社，1998

7.〔美〕怀特著，沈原等译．文化的科学：人类和文明的研究．济南：山东人民出版社，1988

8.〔美〕基辛著，张恭启、于嘉云译．文化人类学．台北：巨流图书公司印行，1989

9.〔美〕克利福德·格尔兹著，纳日碧力戈等译．文化的解释．上海：上海人民出版社，1999

10. 费孝通．乡土中国·生育制度．北京：北京大学出版社，1998

11. 费孝通．江村经济．北京：商务印书馆，2001

12. 童恩正．人类学与文化：童恩正学术文集．重庆：重庆出版社，1998

13. 黄淑娉、龚佩华．文化人类学理论方法研究．广州：中山大学出版社，1998

14. 黄淑娉．黄淑娉人类学民族学文集．北京：民族出版

社，2003

15. 李亦园．文化与修养．桂林：广西师范大学出版社，2004

16. 徐杰舜主编．本土化：人类学的大趋势．南宁：广西民族出版社，2001

17. 庄孔韶．银翅：中国的地方社会与文化变迁：1920—1990. 北京：三联书店，2000

18. 王铭铭．村落视野中的文化与权力：闽台三村五论．北京：三联书店，1997

19. 陈国强、石奕龙主编．文化人类学词典．杭州：浙江人民出版社，1990

20. 石奕龙．应用人类学．厦门：厦门大学出版社，1996

21. 曹锦清、张乐天、陈中亚．当代浙北乡村的社会文化变迁．上海：上海远东出版社，2001

22. 理论动态编辑部编．树立科学发展观．北京：中央党校出版社，2004

23. 丁元竹主编．建设健康和谐社会．北京：中国经济出版社，2005

24. 周大鸣．渴望生存——农民工流动的人类学考察．广州：中山大学出版社，2005

25. 李培林主编．农民工：中国进城农民工的经济社会分析．北京：社会科学文献出版社，2003

26. 廖小军．中国失地农民研究．北京：社会科学文献出版社，2005

27. 李培林．另一只看不见的手——社会结构转型．北京：社会科学文献出版社，2005

28. 温铁军．三农问题与世纪反思．北京：三联书店，2005

29. 刘怀廉．农民工问题．北京：人民出版社，2005

30. 朱农．劳动力流动与“三农”问题．武汉：武汉大学出版社，2004

31. 李强．农民工与中国社会分层．北京：社会科学文献出版社，2004

32. 蔡昉、都阳、王美艳．劳动力流动的政治经济学．上海：上海人民出版社，2003

33. 李培林、李强、孙立平等．中国社会分层．北京：社会科学文献出版社，2004

34. 崔传义．中国农民流动观察．太原：山西经济出版社，2004

35. 郑真真、解振明主编．人口流动与农村妇女发展．北京：社会科学文献出版社，2004

36. 陆学艺主编．当代中国社会流动．北京：社会科学文献出版社，2004

37. 范宏贵、顾有识．壮族历史与文化．南宁：广西民族出版社，1997

38. 李富强、朱芳武．壮族体质人类学研究．南宁：广西人民出版社，1993

39. 李富强．“蛮荒”稻香——壮族农耕文化．香港：香港天马图书有限公司出版社，1998

40. 李富强．人类学视野中的壮族传统文化．南宁：广西人民出版社，1999

41. 李富强．壮族村落——那善屯·南昆八村——南昆铁路建设与沿线村落社会文化变迁（广西卷）．北京：民族出版社，2001

42. 李富强、蓝襄云等．让传统告诉未来．哈尔滨：黑龙江人民出版社，2006

43. 李富强主编．中国壮学（第一辑）．北京：民族出版社，2006

44. 李富强主编．中国壮学（第二辑）．北京：民族出版社，2006

45. 玉时阶．壮族民间宗教文化．北京：民族出版社，2004

46. 玉时阶．瑶族文化变迁．北京：民族出版社，2005

47. 杨宗亮．壮族文化史．昆明：云南民族出版社，1999

48. 张声震主编．壮族通史．北京：民族出版社，1997

49. 丘振声．壮族图腾考．南宁：广西教育出版社，1996

50. 廖明君．壮族自然崇拜文化．南宁：广西人民出版社，2002

51. 覃彩銮．壮族干栏文化．南宁：广西民族出版社，1998

52. 邵志忠．壮族文化重组与再生．南宁：广西人民出版社，1994

53. 徐杰舜、刘小春、罗树杰．南乡春色：一个壮族乡社会文化的变迁．南宁：广西人民出版社，1990

54. 莫蓉、徐杰舜．互动中的磨合与认同．哈尔滨：黑龙江人民出版社，2004

55. 覃兆福、陈慕贞编．壮族历代史料荟萃．南宁：广西民族出版社，1986

56. 覃乃昌、岑贤安主编．壮族首届国际学术研讨会论文集．南宁：广西民族出版社，2004

57. 何正廷主编．《壮族经诗》译注．昆明：云南人民出版社，2004

58. 中华文化通志编委会编．岭南文化志．上海：上海人民出版社，1998

59. 广西壮族自治区平果县地方志编纂委员会编．平果县志．南宁：广西人民出版社，1996

60. 广西壮族自治区编辑组编．平果陇人情况调查·广西壮族社会历史调查（7）．南宁：广西民族出版社，1987

61.〔日〕谷口房男、白耀天．壮族土官族谱集成．南宁：广西民族出版社，1998

62. 郑超雄、覃芳．壮族历史文化的考古学研究．北京：民族出版社，2006

63. 徐松石．徐松石民族学文集（上、下卷）．南宁：广西师范大学出版社，2005

64.〔美〕马歇尔·萨林斯著，蓝达居等译．历史之岛．上海：上海人民出版社，2003

二、论文：

1. 徐浩．探索“深层”结构的历史——年鉴学派对心态史和历史人类学研究评述．学习与探索，1992（2）

2. 龚佩华．人类学文化变迁理论与黔东南民族文化变迁研究．中山大学学报，1993（1）

3. 黄淑娉．文化变迁与文化接触——以黔东南苗族与美国西北岸玛卡印第安人为例．民族研究，1993（6）

4. 杜发春、罗炳正．民族地区大型国有企业与当地经济社会发展——广西平果铝业公司与周边地区调查．民族研究，1999（2）

5. 马俊毅．民族地区国有企业与当地经济社会发展学术研讨会综述．民族研究，1999（2）

6. 覃乃昌．壮族《嘹歌》的传承与传播研究——壮族《嘹歌》文化研究之七，广西民族研究，2005（4）

7. 毛公宁．关于实施西部开发战略的几点认识．中央民族大学学报（哲学社会科学版），2000（3）

8. 宋忠明．从违法屯到守法屯——广西壮族自治区平果县人武部队帮教必罗屯纪实．中国民兵杂志，2002（5）

9. 周大鸣．农村劳动力转移的人类学研究——以三个村落为例．社会文化人类学讲演集，天津：人民出版社，1997

10. 陈文领博．壮族石狗考略——兼谈壮族先民的图腾及其演变．广西民族研究，1992（2）

附录 1：

平果铝业公司征用土地补偿计算表

单位：亩、元

<table>
<tr><td colspan="3" rowspan="3">被征用土地涉及的权属单位</td><td colspan="2">乡（镇）</td><td colspan="5">马头镇</td></tr>
<tr><td colspan="2">村</td><td colspan="5">龙来村</td></tr>
<tr><td colspan="2">屯（村民小组）</td><td colspan="5">龙力屯村民小组</td></tr>
<tr><td colspan="3">权属状况</td><td colspan="7">拟用土地权属清楚、四至明确、无争议</td></tr>
<tr><td rowspan="14">征地实偿费</td><td colspan="2" rowspan="2">地类</td><td rowspan="2">面积（亩）</td><td rowspan="2">前三年平均亩年产值元</td><td colspan="2">土地补偿费（元）</td><td colspan="2">安置补助费（元）</td><td rowspan="2">金额（元）</td></tr>
<tr><td>倍数</td><td>金额</td><td>倍数</td><td>金额</td></tr>
<tr><td rowspan="4">耕地</td><td>水田</td><td>0</td><td></td><td>0</td><td></td><td>0</td><td>0</td><td></td></tr>
<tr><td>旱地（玉米）</td><td>271.049</td><td>1,083.6</td><td>7</td><td>2,055,960.88</td><td>12</td><td>3,524,504.36</td><td>5,580,465.24</td></tr>
<tr><td>旱地（甘蔗）</td><td>37.713</td><td>1,085</td><td>7</td><td>286,430.24</td><td>12</td><td>491,023.26</td><td>777,453.50</td></tr>
<tr><td>菜地</td><td>0</td><td></td><td></td><td>0</td><td></td><td>0</td><td>0</td></tr>
<tr><td colspan="2">林地</td><td>0</td><td></td><td></td><td>0</td><td></td><td>0</td><td>0</td></tr>
<tr><td colspan="2">园地</td><td>0</td><td></td><td></td><td>0</td><td></td><td>0</td><td>0</td></tr>
<tr><td colspan="2">牧草地</td><td>0</td><td></td><td>0</td><td></td><td>0</td><td>0</td><td></td></tr>
<tr><td colspan="2">村庄工矿用地</td><td>0</td><td></td><td></td><td>0</td><td></td><td>0</td><td>0</td></tr>
<tr><td colspan="2">交通用地</td><td>0</td><td></td><td></td><td>0</td><td></td><td>0</td><td>0</td></tr>
<tr><td colspan="2">水域</td><td>0</td><td></td><td></td><td>0</td><td></td><td>0</td><td>0</td></tr>
<tr><td colspan="2">未利用地</td><td>1.804</td><td>1,083.6</td><td>2</td><td>3,909.63</td><td>0</td><td>0</td><td>3,909.63</td></tr>
<tr><td colspan="2">小计</td><td>310.566</td><td></td><td></td><td>2,346,300.75</td><td></td><td>4015,527.62</td><td>6,361,828.37</td></tr>
<tr><td rowspan="4">其他费用</td><td colspan="2">名称</td><td colspan="7">金额（元）</td></tr>
<tr><td colspan="2">青苗补偿费</td><td colspan="7">271.049×516.8＋37.713×1,035＝179,111.08</td></tr>
<tr><td colspan="2">地上附着物补偿费</td><td colspan="7">学校土地（828 平方米）和房屋拆迁单列一个补偿方案</td></tr>
<tr><td colspan="2">零星树木补偿费</td><td colspan="7">（特大树 50×20＋大树 227×10＋中树 175×5＋小树 1,072×3＋树苗 220×1）＋（大剑麻 375×5＋中剑麻 42×3＋小剑麻 5,486×0.5）＋（挂果桐果大 11×50＋中 22×30＋小 57×10＋桐苗 566×1）＋（果苗 102×5＋大番桃 1×10＋小番桃 83×1＋小茶树 1×5＋龙眼（D5－15 厘米）3×50＋龙眼（D15－25 厘米）3×100）＋蓖麻 11×0.5＋芭蕉 15×15＝15,959.5</td></tr>
<tr><td colspan="3">征地总费用</td><td colspan="7">6,556,898.95 元</td></tr>
</table>

附录2：

龙来村护林公约

为了保护和培育好本村森林资源，加快绿化步伐，发挥森林蓄水保土、调节气候、改善环境的作用，维护生态平衡、造就本村秀美山川，根据《森林法》及其实施条例和其他相关法律、法规的规定，特制定如下护林公约：

一、严禁在本村辖区的封山育林区内放牧、砍柴、割草、采石、取土、葬坟、开荒开垦等活动。

二、在本村范围内，除苗圃地以外，禁止采挖树蔸、树木和树苗。

三、严禁在新造幼林地内放牧或者进行其他非林业生产活动。新造林地有争议的，任何一方、任何人都不能以任何形式毁坏林地上的幼树或树苗。

四、严禁乱砍滥伐森林、树木及其他散生树木，包括村庄周围、田边地角上、河流水沟两岸的树木和竹子。

五、严禁乱采滥割松脂；禁止一切打枝采叶、剥皮等毁林行为。

六、在本村范围内严禁携带猎枪或者其他猎捕工具到野外乱捕滥猎野生动物。

七、注意用火安全，严禁携带火种和其他危险物品进入林区，在森林内或者森林周边以及封山育林范围内的一切耕地禁止使用烧荒、烧菜场、烧灰积肥、烧田埂、烧秸秆等生产性用火；扫墓等活动需烧香点蜡和燃放鞭炮的，要先做好防火安全准备，确保万无一失。

八、凡违反上述规定之一的，除依法赔偿损失外，将交由县林业主管部门依法从重处罚，情节严重，构成犯罪的，则司法机关将追究刑事责任。

九、每个村民都有保护森林的神圣义务，各位家长要加强对本家庭成员的教育，尤其要教育好子女，严格遵守护林公约。各村民要勇于检举揭发违规行为。对举报有功者，将按照有关规定给予奖励。

平果县城关乡龙来村村民委员会

二〇〇四年二月十六日

附录 3：

龙来村村规民约

为了加强社会治安管理，维护社会秩序和公共安全，强化综合治理，保护公民的合法权益，保障经济建设的顺利进行，为搞好物质文明和精神文明建设，为改革开放创造一个良好的社会环境，特制定如下村规民约：

一、在各级党委、政府的领导下，坚持四项基本原则，以“三个代表”重要思想为指导，深入贯彻党的十六大精神。每个公民要自觉地学法、知法、用法和守法，坚决同各种违法犯罪分子和不良行为做斗争，积极响应和完成国家及上级下达的各项任务。

二、开展“五好家庭”、“星级文明户”评比活动，做到家庭和睦、邻里团结、尊老爱幼、尊师爱生、以礼待人，树立社会主义道德新风尚。

三、增强法制观念，不搞违法犯罪行为。对非法组织团伙、聚众滋事、打架斗殴、谩骂干部、干扰和阻挠党和政府的各项方针、政策的正确贯彻执行和落实，给国家、集体和个人的经济、财产造成损失，经教育不改者，除按治安管理处罚条例处理外，重者交给公安机关处理；严禁参与法轮功等非法组织。

四、自觉执行国家计划生育政策，支持婚姻自主，反对买卖婚姻，提倡婚事新办，丧事从俭，反对浪费。

五、凡盗窃他人耕牛、生猪、山羊和鸡、鸭、鹅等牲畜，构成刑事犯罪的，交政法公安机关处理；尚未构成刑事处罚的，一律按质论价给予赔偿损失，并罚款 50～150 元。

六、偷窃他人和集体农具、水电设施、家用电器，尚未构成刑事罪的，要赔偿全部损失，并加罚款 50～150 元。

七、盗窃集体、个人衣物的，以损失多少计，照价赔偿，并加罚款 50～150 元。盗窃甘蔗一根，或偷窃粮食一斤，罚款 5 元；偷窃果类一斤或偷窃杂优制种一斤或偷盗菜类作物的，除缴回原物外，以损失多少照价赔偿，并加罚款10～15元。

八、盗窃学校、村部及其他单位公物的，除按原物赔偿损失外，还给予罚款50～100元。

九、凡以道公、巫婆名义进行迷信活动，挑拨民间纠纷，骗取他人钱财的，每活动一次罚款50～150元，并没收其非法所得的财物。

十、严禁参与地下“六合彩”等赌博行为。凡行赌或为赌博提供场所，除没收其赌资、财物以及赌具外，每一次每人罚款50～100元，对赌头和提供赌场者除加倍罚款外，交给政法机关处理。

十一、严禁嫖娼卖淫和其他流氓行为，结伙斗殴、寻衅滋事者，除按照治安管理条例有关规定罚款外，构成刑事处罚的，交由政法机关处理。

十二、严禁乱砍滥伐国家、集体和他人树木，违者除按规定罚款外，每砍伐一株种活三棵赔偿。凡乱砍一株用材林木，除追回材木外，罚款30～50元；砍果类树一株的，按收入价值赔偿10～20年，一次性交清罚金。

十三、严禁破坏水利设施，合理使用水源，遵守各有关用水规定；如遇严重旱情，由村民委召集村民小组组长与水管员协商用水事宜。

十四、严禁炸鱼、电鱼和用毒药毒鱼，违者造成严重后果的，除追究刑事责任外，对直接责任者处以罚款50～100元。

十五、凡盗窃电力设施和电话线、广播线的，违者按有关规定给予罚款，构成触犯刑法的，交由政法机关处理。

十六、凡放野牛、马、羊和猪、鸡、鸭、鹅践踏农作物的，违者除按损失多少和情节轻重给予赔偿和罚款外，对牛、马、羊、猪按每次罚款20～40元，鸡、鸭、鹅每只罚款10～20元；如执意不领回牛、马、羊、猪的，每天收管理费4～6元，五天之内不领取的，由村民委处理，属病、饿死的不负责任。

十七、严禁在集体规定牧场中的路或水利渠道上垦荒和设置各种障碍，违者除责令恢复原状外，并罚款30～50元。

十八、凡丢荒耕地不种农作物，不完成国家征购粮任务，故意抗粮抗税，经教育不改者，村民委、生产队有权收回其土地并再交给别人承包。

十九、严格户口管理和来客报告制度。对不按有关规定申报户口和有来历不明身份者不报告者，经教育不改的罚款30～50元。

二十、各村民小组要做好各项防范措施的落实，同时加强防火安全措施的落实和教育管理工作，稳定本组的社会治安和杜绝火灾的发生。

二十一、保护绿化，严禁乱砍滥伐，违者按有关规定处理。

二十二、以上各条，服从遵守，互相监督，共同制约。如不满14周岁违约的，由其家长负经济责任。对积极举报违反本村规民约规定的人，除对举报者保密外，还给予奖励；对打击报复举报人员者，要严加处罚。

二十三、本公约由村党（总）支部、村民委员会和治保监督落实，由党小组、村民小组、治保小组人员具体负责实施。

二十四、本公约自二〇〇三年元月一日起施行。

城关乡龙来村村民委员会

第三篇　德保县大年屯

第一章　社区背景

随着我国西部大开发政策的实施，越来越多的现代化企业开始出现在壮族地区。这些企业在介入壮族地区的传统社会后，会产生怎样的影响，会引起怎样的社会文化变迁呢？当地的壮族群众又该如何去适应这一现代与传统的交融呢？作为中华民族中的重要一员，他们的现代化又该如何实现呢？笔者选择百色德保县大年屯作为个案进行研究。之所以选择大年屯，是因为2003年，广西桂西华银铝业有限公司进驻大年屯，2004年开始对德保县大年屯征收土地。我们可以通过考察村民在失去土地后生产方式及生活的各个方面发生的不同程度的变化，探讨国家现代企业与传统村落之间的关系；同时，由于大年屯正逐渐“非农化”，可以通过考察大年屯，探讨乡村都市化的相关问题。

一、大年屯的隶属

大年屯隶属广西德保县马隘乡大年村。德保县位于广西壮族自治区西南部，全县总人口34.13万，境内居住着壮、汉、瑶等民族，壮族人口占总人口的97.82%，可以说是一个典型的壮族聚居区。德保县东面与天等、田东县相连，西面与靖西县交界，南面与靖西、天等县接壤，北面与田阳、百色市毗邻。德保县的历史较悠久，早在新石器时代就有人类在这块土地上劳动生息。秦前，德保县属“百越”地；秦始皇统一中国后，德保属象郡范围。汉武帝平定南越后属牂牁郡句町县地，延至隋唐。唐代，德保属羁縻废冻州。宋朝建镇安峒，狄青镇压侬智高后，改为镇安军民安抚司，治所在今那坡感驮岩。元朝时期，升镇安峒为镇安路。明洪武二年（1369年），改镇安路为镇安土府。清初改为镇安府。清乾隆时，广西巡抚杨超奏请设镇安府附郭县。乾隆四年（1739年），成立天保县，属镇安府。史书记载，岑天保于明洪武初年任镇安府知府，政绩卓著，深受老百姓爱戴。清置县时，为纪念岑天保，遂命名为天保县。这是天保县名字的由来。民国元年（1912年）废府置县，次年置天保县，先属镇南道，后属龙州区。1951年8月，敬德、天保县合并为德保县，归百色地区管辖。①

马隘乡位于县境北面，距县城7公里。清光绪年间属于上甲，咸丰至民国初年属同声团、清和团。新中国成立前，称马隘乡公所。新中国成立后，1950年沿旧制，1951年为第二区公所，1958年至1968年改为人民公社，1962年改社建乡至今。全乡面积130.37平方公里（195,555亩），管辖13个村公所，100个村民委，218个自然屯。马隘乡的矿产丰富，有锑、铝、锌和大理石。已开采的有大理石，锑为农民农闲时在其耕作田当中掘采。铝的矿产属大年一带最为丰富。

大年村从前被称为年纽村，1990年更名为大年村。大年屯是该村最大的一个屯。这里所说的大，是指它的人口比起其他屯多，且土地面积比其他屯大。大年屯四面环山。据2005年的统计数据，大年屯的总户数为114户，劳动年龄内人口数为497人。该自然屯的居民全部为壮族，是一个典型的壮族聚居村落。作为广西西部的一个较封闭的小山村，大年屯历来以传统的农耕为主要的生产方式，以种植农作物为主，并饲养一些家禽。职业分工并不明显，第二、三产业不发达，消费方式还属于传统的自给型消费。

① 卢胜芳：《可爱的德保》，2页，桂林：广西师范大学出版社，1992。

二、大年屯的姓氏和历史

大年屯主要有杨、黄、周、梁四大姓。各姓来到大年屯定居的历史长短不一。

杨姓是屯中的第一大姓，传说他们原籍粤东广州府南海县司官窑堡鹧鸪坑。他们在家谱中这样写自己杨姓的起源：“若我杨姓，乃唐叔虞之后，伯乔自晋归周封侯，食邑于杨，故因氏焉。”在大年屯的杨姓人家中，厅里都会挂着一块牌或贴着一张红纸，无一例外都会有“弘农堂”三个字。传说弘农出了赫赫有名的杨家将，后来杨家将中的杨宗宝、杨继业等人来到南海，因而屯中的杨姓村民都认为自己是杨家将的后人。根据杨家的家谱，在六世祖杨最时，杨氏开始移居到凌岭村（德保足荣镇的一个村子）。但有年代可考的杨家先祖是八世祖杨道宝。家谱中说杨道宝生于明嘉靖年间，即1522年。他居住于凌岭村，在阳五十岁，坟墓在凌岭村头，后移下甲苗屯。而杨姓家族真正移居到大年屯是在十二世祖杨遇荣时。杨遇荣生于康熙四十七年（1708年）二月初一，直到现在大年屯的杨姓村民仍把杨遇荣的墓作为自己家族的祖坟，在墓碑上记载着“吾十二世祖考乃十一世祖德隆之三男原命生于康熙四十七年寿阳七十四岁于乾隆四十六年终世”。自杨遇荣之后，其后代就一直在大年屯居住。从杨遇荣的墓碑上也可以见到杨姓家族的其后谱系。

黄姓是大年屯的第二大姓。从一些黄姓的老人口中得知他们的祖辈也是祖籍广东南海县，后来才来到德保县，之后再来到马隘乡的那渠，最后才定居于大年屯。黄姓村民同杨姓村民一样，也有一个堂号，即“江夏堂”。

周姓是大年屯的第三大姓，因为历史上的外出迁徙和逃难迁徙等，现在大年屯的周姓村民只有十户。屯中的周姓村民都把“汝南堂”作为自己姓氏的堂号。据说，大年屯周姓的祖先，原籍广东南海县的桥头村，大概是18世纪60年代迁徙到德保东关乡汉亭村的，随后在周欣起的时候迁到了大年屯。在周姓村民的祖坟上还依稀可见以下文字：吾曾□□公原命生于雍正巳酉辛未□□丁酉时死□未□于坡派此土至□□。在周姓村民“文”字辈的时候，大年屯一带闹饥荒，一部分周姓村民逃难移居到了云南省的富宁县。屯中的老人们还说有的周姓村民当年去得更远，甚至都到了越南境内，但这些是否属实，都无法考证。

梁姓是大年屯的第四大姓，有六户。在梁姓村民的家中，均有“安定堂”的牌位。

村中还有罗姓村民一户，李姓村民一户，他们都是以前在大年屯的地主家打长工，入赘在屯中而留下来的。

图 3-1-1　村口大榕树或许见证了大年屯的历史沧桑

从对大年屯各姓氏历史的追溯大概可以窥知，大年屯是由杨、黄、周三个主要姓氏共同建设的。根据杨氏族谱推算，杨氏一族在先祖杨遇荣时来到大年屯，杨遇荣生于康熙四十七年，因此大年屯至少有近 300 年的历史。但据屯中的老人们所述，最早来到大年屯的应当是周姓家族。因为他们最先到来，因此一些好的田地和居住地都被他们占去。接着来到大年屯的是黄姓家族。后来黄姓家族出了一个名人，也就是当时考取了功名的黄药基。此后黄家开始变得有财有势，他们因此购置了原来属于周家的东西。而杨家是最后来到大年屯的。据杨家的家谱记载：

祖公讳德隆年方无句，父即见背，母又嫁人，伶仃孤苦，所留贻者，仅一钱而已耳，无奈移来上甲大偶村。小居安贫守分，孤影自怜，维时只建尔茅房，置些田产，宛若水上起火焉。果尔上苍然佑，即生四子，故公讳遇连，业习玄门，次公讳遇昌，务农养生，三公讳遇荣，经史颇熟，虽未获优游于伴官，亦曾见用于府堂，四公讳遇华，未展而弃世。

此家谱上提到的杨德隆正是前文介绍杨氏姓氏时所提到的杨家十一世祖，而他的三儿子正是杨姓村民祖坟所供奉的杨遇荣。杨德隆的其他三个儿子，即杨遇连、杨遇昌、杨遇华都一直居住于大偶村。从这份家谱中可知杨遇荣当时来到大年屯时生活是很凄苦的。但是后来发生的一件事却改变了杨姓家族的命运。据杨姓的老人说，在他们杨姓的十二世祖杨遇荣时，一天村中来了一帮广东商人，这些商人的前辈是当时随杨家将中的杨宗宝一同来到大年这一带的，并且在布密（地名）的某个地方埋有大量的金银珠宝。这些广东商人此次来到这里的主要目的就是想按照他们带来的地图寻找当年埋下的金银珠宝。这些广东商人最初住在当时家境最好的黄家。因为当时的圩市上是没有牛肉卖的，所以广东商人们就吃自己带来的牛肉；但是黄家人不食牛肉，对这些广东商人食牛肉也很反感，就把广东商人安置到杨家。当时的杨遇荣住的还是茅草房，日子过得很苦，但是他对待那些广东商人却十分热情。广东商人深受感动，就对杨遇荣说了他们此次到来的目的，并让杨遇荣跟他们一起去挖金银珠宝。于是当晚他们就牵着几匹马按地图所指方向去挖财宝。所埋的金银珠宝太多，带来的几匹马都驮不完。广东商人为了感谢杨遇荣，就把剩下的金银珠宝都赠予他。杨遇荣和他的六个儿子用这些金银珠宝购置田地，生活日渐兴旺；而且到了杨家林字辈时，已经有人做官和做生意。杨家的十四世祖杨大林生于乾隆四十四年，是当时的进士。到他的儿子杨方弟时，资产更是翻了几番。老人们说，现在村中最古老的，但是还可以看得出当时房屋气派的那栋房子（图 3-1-2）还只是当时杨家大宅的一角，足可见当时杨家的财势之显赫。老人们说，杨方弟有钱，但也很奢侈，衣服只要是觉得不喜欢了，就全部扔掉。他用金子打造了很多手镯，这些手镯可以从手腕一直套到手臂。他为自己的富有感到自豪，就想去当时广西的省会——桂林为自己争取一个员外的名号。他在桂林时，先是到一个富翁的家中，在那里真是大开了眼界。富翁的家中全是金子做的猫和狗，而且富翁也根本看不起他，直接叫他去茅草房休息。到这时，杨方弟才觉得自己以前真是坐井观天，比自己富有的人多的是，第二天就灰溜溜地回家了。因为杨方弟要报员外的名号，这需要地方官员去审核。审核的结果是杨方弟的资产只有 8 万，还够不上申报员外，从此“杨八万”就成了杨方弟的一个绰号。

图 3-1-2　杨姓村民的祖屋

以上的这些故事都是以前在给祖宗扫墓时，大人们在祖坟前对子孙后代说起的，代代相传，村中老人现在都还记得很清楚，而且传诸后代。这就是大年屯的集体记忆，也就是他们心中家族的古代史。

1949以后，大年屯的政治经济生活发生了较大改变。在1950—1951年间，大年屯同中国其他的农村一样，开始实行土地改革。土地改革是分三个步骤进行的：一是“八字运动”（减租减息、清匪反霸）；二是划分阶级，没收、征收地主和富农出租的土地及封建公堂的土地、财产；三是查田亩、确定人口、分配土地。可以说，土地改革是一场暴风骤雨式的革命。通过土地改革，乡村的社会结构划分改变为阶级的划分，权力结构的改变使贫苦农民成为掌权者，而过去的权威者成为最底层，贫富不均变为贫富的社会化。[①] 当然，这只是针对全中国而言，对大年屯而言，因为屯中的姓氏较少，而且每一姓氏的人都或多或少沾亲带故，因而在过去共同建设村落的历史中，他们都能很好地和睦相处，并不像中国其他地方的一些农村，出现类似于黄世仁之类的地主恶霸。但国家下达的命令终究还得执行，于是大年屯按田地占有的多少划分出地主、富农若干人。

1953年，土地改革结束后，中国共产党和人民政府又开始引导农民走合作化的道路。1953—1955年，以组织、巩固和发展互助组为中心，试办初级农业生产合作社（当地人更愿意称此为“初级农民合作社”）。互助组是农业合作化的初级形式，由几户、十几户农民组织在一起互助、合作进行农业生产。据大年屯中一些上了年纪的人说，新中国成立前每家每户干农活或者盖房子都是各管各的，如果实在是忙不过来了，就是兄弟之间帮忙，而其他人是不会插手的。但在互助组时，如果谁家遇上了困难，大家都会主动上门去帮忙。

① 周大鸣：《凤凰村的变迁》，250页，北京：社会科学文献出版社，2006。

1955年，大年屯高级社建立起来。在高级社中，管理要比初级社更为规范。高级社是以生产队为单位（用当地人的话来说，就是都有自己的组织），并且都设有会计、计分员、妇女队长等职务，他们都会各尽其职。在高级社中，大家一起劳动，劳动力按劳动量计工分，并按工分分配粮食。对一些丧失或部分丧失劳动力的人，公社会让他们干一些轻松的力所能及的事。

1958年，中共八大二次会议通过了《关于农村建立人民公社问题的决议》。之后不久，大年屯也掀起了人民公社运动的热潮。人民公社是农林牧副渔全面发展、工农商学兵五位一体的社会基层组织，担负着政治、经济、文化、军事等各方面的任务，这同农业合作社有重大区别。其基本特点是“一大二公”。它所谓公，指集体化、公有化的程度高。除了原有农业合作社的土地、农具、牲畜等生产资料及其他公有财产归公社所有外，社员的自留地、宅基地、家禽家畜、林木等均为公社所有；实行供给制和工资制相结合的分配制度，在社队内部贫富拉平，大搞平均主义；实行组织军事化、行动战斗化、生活集体化、大办公共食堂。在这场声势浩大的人民公社运动中，大年屯所属的幸福公社建立起一整套的组织机构，设有政委、政治队长等职务，在日常生产方面，设有生产队长（主要管农业生产）、计分员（负责天天跑到田头，登记社员的出工情况，并统计个人的工分）。公社在粮食分配上实行定量分配制度，即按生产队的产量来定。同时粮食的分配也和劳动力的等级挂钩，如强劳动力就是一天分配一斤粮食，半劳动力一天分配7两，而无劳动力的则依次递减。

此时公社大队的粮食分配主要是按照以下四个步骤进行的：征粮；先三留，后购物；购粮；双超粮。在人民公社化初期，大家的积极性空前高涨，加上当时国家还专门给德保一带派去广东的农业技术员，给予农业技术指导，粮食产量大幅度提高，一亩地的亩产量一般都达到900斤，产量高时甚至达到1000～1100斤。

村民在参加人民公社时，按规定可以带牛入社，这实际就是社员财产公有化。各家的土地都归集体所有，土地上种什么都由公社统一安排。当时在成果分配上实行按劳分配制度，即到年终时按照大家的工分统计情况进行分配。

在1958年全国大炼钢铁期间，大年屯的村民也积极响应，除了捐出自家的东西外，还到附近的山上砍伐树木。村里的一些村民带笔者去熟悉周围环境时，就指着附近的几座山感慨地对笔者说：“那时这些山上都是绿绿的一大片，大棵的树很多。可就在大炼钢铁的时候，大家都跑去山上砍树支援国家建设。现在山上都秃了，有也都是一些小树，那些很大的树再也看不见了。”

与全国一样，大年屯的土地集体所有制一直持续到改革开放后上世纪80年代的联产承包责任制的包田到户。联产承包责任制是在保证土地集体所有制的前提下，把过去由公社、大队或生产队集体所有、共同经营的土地分包给农民。这一体制极大地刺激了村民的生产积极性，土地在村民心目中的重要性再一次被提升。村民们除了种植稻谷、玉米这些大宗作物外，还种植红薯、黄豆、小麦、蚕豆、豌豆等作物。大年屯的土质较肥沃，粮食产量都比较高。此外屯中还饲养水牛、猪、山羊、鸡、鸭、鹅等牲畜生禽。再加上20世纪90年代以来开展开发式扶贫攻坚战，村民的生活条件越来越好。

村中不断有一些青壮年外出打工，家中的田地一般留给父母照看，他们把在外打工的钱寄回家中。随着家庭生活水平的提高，电话、电视、摩托车、音响等大宗家电及交通工具也开始步入普通村民的家中。耕地也不断地被开垦出来，农作物的产量都大幅度地提高。大年屯2003年的农业统计数据显示，大年屯有耕地840.8亩，农作物产量达到261.44吨。① 大年屯的整体生活水平在马隘乡中处于前列，因此有人把大年屯誉为马隘乡的“小香港”。大年屯的这种以农耕为主的生产方式一直延续到2004年华银铝对大年屯及

① 数据来源于德保县2003年农林牧渔业综合统计年报表。

其周边村落进行全面土地征收。

壮族作为一个农耕民族，以土地为依托的农耕生产方式的历史已十分悠久。大年屯也只是壮族传统村落中的一个缩影。透过这一缩影，我们不难看出土地对大年屯的重要意义。如前文所提到的杨氏家族的杨遇荣，他的发家正是从购买土地开始；黄氏家族的黄药基在得到功名有了钱后，首先想到的也是先把同屯周家的土地先购买过来。对村民来说，购买一份属于自己的土地，并不断扩大这块土地，几乎就是他们的最高人生理想。在他们看来，有能力扩大自家的田地就是家庭兴旺的象征。大年屯的村民对土地的这种态度，完全可以引用法国社会学家孟得拉斯的一句话："对于传统的农民来说，土地所有权是社会声望的象征，更重要的是，它是家业，也就是家庭延续的保障。"① 20 世纪 50 年代以后，从土地改革，到合作化运动，再到人民公社，强大的地方行政组织通过严格的户籍和口粮分配制度，用超经济的手段将每一个农民控制在土地上，经年累月地从事单一的农业生产。这无形中强化了农民对土地的依赖性，这种依赖性在传统的向度上进一步强化。但同时我们也应该看到在公社化时期，农民因为无法改变土地归集体所有的土地制度，而无法改变同国家的交换关系，这直接导致了土地及土地上的收获与劳动者的关联越来越小，使得劳动者的内在激励荡然无存。于是在"公社化"运动后期，农民对土地的兴趣大大降低。在以后的家庭联产责任承包制中，通过将土地的使用权重新还给农民（1984 年以后承包期即使用期延长为 15 年，1994 年中央又宣布延长土地承包期 30 年不变），在相当程度上恢复了农民对土地的情感和对种田这一经济活动的内在兴趣。② 这些从大年屯的村民身上都可以得到充分的体现，土地对他们来说，其地位足可见一斑。

---

① 〔法〕孟得拉斯：《农民的终结》，247 页，北京：中国社会科学出版社，2005。

② 周晓虹：《传统与变迁——江浙农民的社会心理及其近代以来的嬗变》，233 页，北京：三联书店，1998。

第二章　现代工业文明下的乡村调适与变迁

一、桂西华银铝业有限公司的进驻及大年屯生产方式的转变

2003年对大年屯村民来说，是一个有特殊意义的年份，尽管当时他们可能并不介意。这一年，广西桂西华银铝业有限公司进驻大年屯，现代工业文明前所未有地介入了村民的生活。广西桂西华银铝业有限公司是由广西投资（集团）有限公司、中国铝业股份有限公司、中国五矿集团五矿有色金属股份有限公司共同投资建立的，三方各占34％、33％和33％的股份。公司主要投资项目为桂西氧化铝工程，一期工程投资50亿元，年产氧化铝80万吨，总规模将达到160万吨，总投资额约150亿元。在这样一个大型的国家级的现代化工业企业成立时，时任广西自治区党委副书记、自治区副主席的王万宾曾致辞说道，广西桂西华银铝业有限公司的成立，年产160万吨氧化铝项目的建设，对于加快开发广西铝土矿资源，促进资源优势转化为优势产业，对于推动百色老区脱贫致富，促进桂西经济区的形成和发展，对于推进广西经济结构的战略性调整，实现富民兴桂新跨越，都具有重要的战略意义。从国家、地区经济发展的大局来说，广西桂西华银铝业有限公司的成立，是大型国有企业和地方企业携手合作、共同开发西部的重大举措，有利于合作

各方，进一步增强核心竞争能力，进而提升中国铝工业的国际竞争力。可对于大年屯来说，该公司的进驻意味它要经历一场传统农耕文明与现代工业文明强烈碰撞的洗礼。

图 3-2-1　华银铝业公司

图 3-2-2　铝厂工地

从德保县国土局的《德保县人民政府关于广西华银氧化铝项目征地补偿说明》中可以看到，广西华银氧化铝一期工程建设项目2005年元月由国家发改委核准立项，项目的征地涉及德保的马隘乡、东关乡、城关镇等三个乡（镇），14个村民委（社区），127个农经社（屯），其中在马隘乡征地最多，共2,598亩。[①] 2004年大年屯的农业统计数据显示，该屯的耕地在年初是841亩，在国家基建中被征用土地841亩，可以说，大年屯的可用耕地全部被征收。从以后大年屯的农业统计来看，该屯几乎没有粮食种植，只有一些少量的黄豆、玉米及蔬菜种植。这些对于一个历来以传统农耕为主要生产方式的小山村来说，无疑会掀起一场巨大的波澜。

个案1：村民杨敏昭的女儿于2000年嫁到四川。但她并未把户口迁到夫家，仍属大年屯二社的村民，在大年二社的责任田未被收回，且在夫家也未分得责任田。2003年华银铝在征用大年屯的土地后，被征用土地的人都可以分到一笔补偿款。但是大年二社以她与外地人结婚，已不属于社里的人为由，拒绝让她参与分配补偿款。于是杨敏昭代表女儿与大年二社打起了官司。2005年11月17日，德保县人民法院做出杨敏昭胜诉的判决。但是对于这一判决，大年二社不服，不久后又向百色市中级法院提出上诉。经过中级法院几个月的审理，最后认为此案件是属于确认承包关系与成员资格的认定问题，不属于人民法院民事案件的受理范围，法院暂不做受理。实际上也就是宣布了杨敏昭的败诉。

在中国农村，土地纠纷是很平常的事。但大年屯的这场土地纠纷案件从2005年打到2006年，引起了大年屯村民的极大关注。原因很简单，就是这场官司除了涉及土地的归属问题外，更重要的是

① 数据来源于德保县国土局和德保县人民政府关于广西华银氧化铝项目征地补偿说明。

还与土地转化的经济利益扯上了关系。这种事在大年屯来说，还是第一次。

说起来，这场官司也并不复杂。它的直接导火索就是华银铝对大年屯的征地并给予补偿款。当然华银铝的进入及对屯里的征用土地的影响肯定不止是一场官司这么简单。对于历来以农耕为生的大年屯人来说，现代工业企业广西桂西华银铝业有限公司的进驻并大量征地，首先面临着生产方式的转变问题。

对长期从事传统农耕生产方式的人，从生产方式来讲，农业社会的物质生活资料的谋生方式是围绕土地进行和变化的，因为农业社会中的土地不仅仅是生产资料，同时还是生活条件和生存环境。[①] 当大年屯的耕地在华银铝的征地中被征收殆尽，对大年屯的村民来说，耕地的失去不仅仅只是一个生产资料的缺失，更重要的还是他们传统农业文明的中断及生活条件和生存环境的改变。其实这种情况，毋宁说来自更根本的求生本能，其催生的一个现实，就是土地本身不再能够维持生活，从而形成了一种“倒逼机制”。[②] 这种“倒逼机制”时时鞭策着村民向别的行业转变，但生产方式的转变并不是一朝一夕就能适应的，大年屯的村民在转变生产方式之初就遇到过不小的挫折。

在该屯刚被征地、华银铝建设的初始阶段，大批的建设工人跟随自己的包工头来到这里。这些工人要购买生活用品、要住宿，这让大年屯的许多村民都看到了商机，他们个个兴奋不已。村民们都把自家的征地赔偿款拿出来建成小卖铺，或重新翻新房子准备租给建设工人。一时在村口的道路旁，出现了一连串的小卖铺。有空房的村民家中也住满了华银铝的建设工人。但到了后来，随着华银铝的兴建步入正轨，管理制度上不断完善，华银铝开始在厂区周围建

① 张晓霞：《从人与自然的关系看农业向工业化的转变及可持续发展的选择》，168～174页，载《江西社会科学》，2006（7）。

② 李培林：《村落的终结——羊城村的故事》，19页，北京：商务印书馆，2004。

起了围墙，还规定工人及村民不准翻越围墙，否则处以50～100元的罚款。这样一来，建设工人嫌绕过围墙来大年屯买东西太远，住在村民家中的工人也嫌绕过围墙去厂区太麻烦，因此小卖铺因为工人不来光顾而纷纷倒闭（现在村口的路旁只有两家小卖铺还在经营着，但生意也不是很好），屯中的房子现在也很少有工人来租住。一谈到这些，村民就很是羡慕旁边的安阳村。安阳村与大年屯挨得很近，过去安阳村的农业经济一直比不上大年屯，但现在因为安阳村相对于大年屯来说更接近于厂区的临时生活区，工人们现在都习惯就近去那里买东西或租住房子，用大年屯村民的话来说，安阳村的人现在是占据着天时、地利、人和的优势。

大年屯村民在被征地后的烦恼还不只这些。在屯里的耕地被征用时，按照国家的规定，是按田地的好坏，每亩按9,251～10,980元补偿的。在对待补偿款的做法上，村民的表现又是不同的。大多数村民在拿到补偿款后，都建起新楼房或是改建原有房屋。一部分原因是前文提到的出租，还有一部分原因就是村民，也可以说是中国传统农民共有的一种心理，以为盖上了房子，这块宅基地就永久地属于自己了。但是大年屯的房子大都是外观上看上去不错，房内却往往因为征地补偿款已用得差不多了，连最起码的装修也没有。在村小学读五年级的杨某家中就因为建房的后期无钱继续修建，房子的二楼、三楼根本就没建好，已经建好的一楼的设施也是很简陋，根本谈不上什么装修。还有的村民在拿到补偿款后却加入了赌博的行列。如村民黄某的老婆，因为迷上了赌博，把补偿款都输光了，黄某一气之下，将她打跑；而黄某因为家中没钱，把家中的三个孩子委托给邻居照看，自己远去广东打工。也有的村民用补偿款做起了小生意，但因为之前大家都是以农耕为生，对别的行业领域不太熟悉，往往会四处碰壁。

个案2：村民杨某，今年48岁。在征地后，她的丈夫和儿子都去广东打工，每月也都寄钱回来，因此家境较好。家中有两层楼的住房，现代化家电用具也都齐全。在家境较好的情况下，她拿出补偿款做起了小生意，卖些水果、蔬菜等。但是由于缺乏经验及客源，生意均以失败赔钱收场。

像杨某这样的例子并非个别，有些家境不如杨某的往往失败得更厉害。转变传统的生产方式，确实超出了村民的传统行为习惯。在农村剩余劳动力向工商经济转移的过程中，他们需要经过各种尝试、失败、再尝试的学习过程。但有的村民，像杨某，经历了几次尝试失败后就放弃了再尝试。家境尚好的她都尚且如此，家境较差的就更不敢向其他领域尝试了。村口小卖铺老板娘李某的话倒是代表了很多村民的心声。她说："我们姓'农'的，在这里是姓'农'，去了北京还是姓'农'。我们本来就是做农民的，你让我们现在转去做别的，我们怎么行!"看来，对于大年屯的村民来说，就像中国其他的传统农民一样，认为保农就是保土，保土就是保根。有根的农业才是本分牢靠的，而无根的工商，宛如柳絮浮萍，难以为继。[①] 没有土地对大年屯的村民而言，意味着今后的生活难以继续。

到 2005 年，虽然从农业数据统计上显示大年屯的电话数量从 2004 年的 43 部上升到 72 部，电视数量从 2004 年的 86 台上升到 98 台，[②] 但因为长期以来村民赖以生存的耕地没有了，他们的生产方式一时还没有转变。可以说现在他们的消费所花的钱都是征地补偿款或是以前积攒下来的，大年屯总体上还是呈现一种生活水平倒退的现象。

随着铝厂的逐步兴建，村民们看到自己的耕地没有了，小卖铺也因为无人光顾而倒闭，房子也没有工人来租住，向别的领域转行又因为没有经验而处处碰壁，或是根本没有勇气再尝试转变；因此

---

① 李培林：《村落的终结——羊城村的故事》，16 页，北京：商务印书馆，2004。

② 数据来源于德保县 2005 年农林牧渔业综合统计年度报表。

许多人都泄了气，对自己的未来一片迷惘。可迷惘归迷惘，生活总归得继续过下去。当村民的传统与实际生活发生强烈冲突时，为了生活的继续，他们迟早要适应变化了的实际社会环境，努力让自己在现代工业文明下做出种种调试，让自己生活的方方面面适应随之而来的工业文明。

曹锦清先生曾说过："村落就意味着传统。……在村落社会内部，似乎不可能产生新的观念与行为方式，改变人的行为方式的新观念只有在村落之外，在近现代的工商城市中才能产生出来，然后向村落内部渗透。村民谋生方式的逐步改变，才是新观念被真正接受的客观基础。"[①] 大年屯是一个拥有着数百年农耕历史的壮族村落，传统无疑就是这个村落的代名词。华银铝作为现代工业文明的代表，已经把现代工业文明的新观念逐渐传播、渗透到这个传统的村落中，村民们传统的以农耕为主的生产方式，也在悄然发生着改变。

（一）离土不离乡的村民

从事农民问题或经济发展研究的人，通常将改革开放后大批剩余农村劳动力走出土地从事非农产业归纳为两种基本的模式：一种被称作"离土不离乡"，即通过在本地创办乡镇企业而吸收剩余的农村劳动力；另一种被称为"离土又离乡"，即大批的剩余劳动力从原先土生土长的农村走进集镇或都市，或经商，或打工，或从事其他非农职业。[②] 对于大年屯来说，由于各种原因，乡镇企业欠发展，村里的剩余劳动力以前大都是南下打工。华银铝进驻大年屯一带，并向这一地区征收土地后，在农耕生产方式中断的情况下，村民纷纷开始在铝厂里或是在铝厂周围寻求工作或商机，这应该可以

---

① 曹锦清：《黄河边的中国》，404页，上海：上海文艺出版社，2000。

② 周晓虹：《传统与变迁——江浙农民的社会心理及其近代以来的嬗变》，255页，北京：三联书店，1998。

称作另一种形式的“离土不离乡”。

如前所述，随着耕地的短缺，村民们因为害怕缺少经验而大都不敢转行，但面对生存问题，就逼着人非要转变生产方式不可。2005 年，大年屯中从事交通运输行业的从 2004 年的 10 人上升到 18 人，做商品批发行业的从 2004 年的 7 人上升到 12 人，另外还有一人加入了住宿餐饮行业。[①] 目前，大年屯中“离土不离乡”的村民还在不断地发展壮大。这一部分村民几乎都在铝厂里打散工。铝厂需要工人时，会事先来村里招人，招的这些村民都是去铝厂干体力活的，对他们的文化程度不做要求，所以对于去铝厂打散工，村民们都会表现得很积极。在去铝厂做散工时，村民们都会准时到厂里做工，一般这种散工是一次工作 3～5 天，工钱会按天发，每天 30～50 元不等。还有的就是经人介绍去铝厂里做一些长期的活，这往往要的是一些有文化的村民，而且还要跟铝厂的领导或包工头关系好才行。

个案 3：村民黄斯高，今年 32 岁，因无文化，也找不到什么合适的工作，所以家里经济条件不是很好，也一直没有结婚。在华银铝征收土地后，他先用征地补偿款把自家的房子重新翻新，又用剩下的钱买了一辆二手的摩托车。铝厂来屯里招工时，他总是积极地加入，有好几次笔者路过铝厂的围墙时，都看见他和其他村民在帮铝厂挖土，或是在疏通下水道。如果铝厂暂时不需要散工，他就会开着那辆二手摩托车到铝厂生活区，停在通往屯里的必经道路的路口等着载客。他说：“像我这种没什么文化的，除了种地，其他的什么都不会。现在地也没有种的了，能去铝厂打些散工就去打些散工吧，没工作的时候就出来拉拉客。我总不可能老是在家待着等死吧，还是要找些事做的。我还等着攒够了钱去讨个老婆呢。”

① 数据来源于德保县 2005 年农林牧渔业综合统计年报表。

个案4：村民杨国朋，今年28岁，复员军人。最初在马隘乡做过几年治安人员，后因不满待遇，又回家务农。铝厂建设初期，他家的房子曾出租给铝厂的某位经理。后来经理见国朋憨厚老实，又当过兵，就介绍他去铝厂的一个仓库做看守。现在国朋及其妻（也是大年屯人）均做仓库看守，一家三口吃住都在厂里。夫妻俩现在一个月有1000多块的工资，还在门口开了一个门面，专卖香烟、饮料等，因为门面处在铝厂的生活区，位置较好，铝厂的职工经常光临，一个月下来，收入十分可观。

个案5：村民杨保元，今年52岁，有两儿一女。现在大儿子结婚后还是和他们住一起。女儿初中毕业后就南下广东打工，今年1月份刚完婚。在家里一摆完酒席，这两口子马上又外出打工了。原来家中有地时，杨保元在家务农；后来土地被征收后，他花了6000多块钱买了一辆二手拖拉机，经常给铝厂拉石料。他介绍说，一般拉一车石料，铝厂给15块钱，一天可以拉10车。他粗略地算了一下，如果按一天拉10车，一个月有15天活计算，就有2,250块钱。这只是最保守的估计。他说，如果不出意外的话，往铝厂里跑勤一些，两个月应该就可以把买拖拉机的本赚回来。如果没有石料需要拉的话，他就在家里和老婆编一些竹篓之类的生活用具拿出去卖。杨保元说，其实像他这样买了二手拖拉机跑运输的，村里已有好几个。现在还有几个村民向他咨询买二手拖拉机、帮铝厂拉石料的事情。

从这几个村民的身上可以看出，随着现在华银铝的进驻，大家似乎都已接受了这一现实。就像村民黄斯高说的那样，“总不可能老是在家待着等死吧”。越来越多的村民，甚至年纪大的或是没文化的村民都已经开始在家的附近从事各种非农活动。

（二）离土又离乡的村民

因为大年屯一带的土壤特别肥沃，因此粮食产量都比较高。尤其是大年屯实行家庭联产责任承包制以后，村中的剩余劳动力不断地被解放出来。如果是在农闲时，这一问题更加凸显。在农村中，经常是“一个月过年，三个月种田，八个月赋闲”。与其在家闲着，还不如外出找些事做，多赚几个钱。于是从上个世纪 80 年代末 90 年代初起，村中就不断有青壮年外出打工。大年屯村民跨出外出打工这一步，相对于周边的村落来说都是较早的。

在全国来说，大量的农村剩余劳动力纷纷涌出，“农民工”成为一个新的名词。其实这些说的都是“离乡又离土”的农民们。“男工女耕，壮工老耕”似乎已经成了现在中国农业社会的一个新的写照。有人戏称现在的农村是“386199”部队，这是用“三八”妇女节、“六一”儿童节和“九九”重阳节来表示现在农村劳作的人群。[①] 但大年屯的外出打工人群却并不完全和这种现象一样。在大年屯，外出打工并不只是青壮年男子的事，很多十八九岁的姑娘，或是一些已婚妇女照样加入到外出打工的队伍中。以前大年屯还有土地的时候，村中的青壮年外出打工，家中的那一亩三分地成了他们外出时心中的保底线。在外的工作随时都可能丢掉，面临失业的危险，好在家中有地，回家照样可以耕地养活自己。但现在家中的土地被华银铝征收，就预示着他们昔日糊口的那最后一道底线也已经消失。今后的生存，只有靠自己的努力。

在大年屯，青壮年，尤其是未婚青年外出打工，大都是凭借着熟识的老乡或亲戚的介绍。如果他们文化程度高些，干的活就相对轻松一些。现在大年屯的未婚青年，都是 20 世纪 80 年代后出生的，大都具有初中学历，外出打工也相对容易些。在屯里还没有被征收土地时，他们有时会因为想家而跑回来，有时是在农忙时回到

---

① 李培林：《村落的终结——羊城村的故事》，28 页，北京：商务印书馆，2004。

家中帮忙做些农活，因此他们干的也都是一些短期工，对他们来说，经常换工作岗位和工作地点是常有的事。

个案 6：村民许时线，今年 21 岁，是村长黄斯博的儿媳。18 岁时她跟随表嫂去广东东莞的一家玩具厂打工，因为是熟人介绍，所以工作相对来说比较轻松。后来她在东莞半工半玩了一年就回家了，直到跟黄斯博的儿子黄彪结婚。现在帮黄家看管村中的小卖铺。

已婚夫妇外出打工的目标更明确，就是赚更多的钱。因为他们不仅需要赡养父母，还要抚养儿女。一般来说，在夫妇二人外出打工时，他们的儿女都是由家中的老人代为照看的。

个案 7：村民黄小华，今年 23 岁。她前年与同村的男子结为夫妻，不久就有了一个可爱的女儿。因为现在屯中的土地被征收，他们夫妻俩在无奈之下选择了南下广东打工。刚开始时带着女儿，但因为工作时间的关系，无力照看女儿，因此在 2007 年的春节前，黄小华把女儿带回大年屯的家中，交由自己的父母代为照看。当笔者向她问及今后打算时，她说："还能怎么办，现在不出去打工我们吃什么。现在我爸妈没事做了就帮我在家看好她（指女儿），铝厂有工就去做，女儿就交给不去铝厂的邻居看了。"当问起她什么时候再去广东打工时，她叹了一口气，说："其实女儿这么小，我也舍不得扔下她啊。再过阵子吧，等她饿了、疼了或是不舒服了会自己说出来了，我才放心去打工啊。广东肯定还是要去的，我老公还在那边呢。"

个案 8：村民梁小滩，今年 12 岁，在村里的小学读 5 年级。现在家中还有爷爷、奶奶和弟弟，父母都在广东打工。她说她的父母在她 7 岁的时候就去广东打工了，她和弟弟都是爷爷、奶奶带大的。从小父母就不在身边，小滩懂事得也早，很早就知道在家里帮爷爷、奶奶做些家务。小滩对我说，她父母就是在过年的时候才回来，平时就是寄些钱。现在家中的这两层楼的房子就是用父母寄回来的钱盖的。以前家中还有地的时候，是爷爷和奶奶去耕种。后来没地了，奶奶身体不好，一般都是在家中。爷爷的年纪也大了，去铝厂打散工也不合适，现在就是不时地去铝厂拣些废铁来卖。

可见，在大年屯中，未婚青年外出打工往往是为了经风雨见世面，而已婚的夫妇外出打工更多的却是出于养家糊口的一种无奈的选择。

（三）打工返流的村民

笔者在调查中，对 2005 年大年屯外出打工人员的数据进行统计时，发现有一点是反常的，就是外出打工的村民从 2004 年的 16 人降到 13 人。虽然只是人数上下降了 3 人，但这种现象不容忽视。经过调查得知，因为华银铝的兴建，使一些在外打工的村民感到与其在外打工，不如就在家门口打工。在广东等地打工，一去一回路费就花费不少，而且一去少则一年，多则几年不能回家。出去打工的村民也往往因为文化水平不高，难以找到工作或是工资待遇很低；抑或是因为这部分人因为年纪大了，体力不如以前，不能再在广东胜任高强度的工作。因此认为还不如回到家中，就近在铝厂打一些散工。

个案 9：村民黄斯傅，今年 52 岁。他家是屯中最早的全家都去广东打工的人家。当年，他和老婆、两个女儿一同到广东打工，家中就剩下一个正在读书的儿子，田地也租给别人来耕作。现在家中的地也被铝厂征收完了，就更没有回家的必要了。他现在又返回家中，是因为现在身体出现了问题，他对笔者说：“去广东的一些大医院看了，医生说是脑萎缩。你看，现在我的脚都有些浮肿，不能再干体力活了。”“现在身体是不行了，上次去铝厂打工，就是爬高了一点，就跌下来了，还好没什么事。现在地也没有了，我老婆和女儿还在广东打工。儿子现在已经大学毕业了，也在广东的一所私立学校教书。这个家现在就靠他们了。我是不能再干什么了，最多就是去铝厂拣一些轻松的活做做。”

个案10：村民杨国柱，今年41岁，前几年曾在广东打工。因为没什么文化，所以赚的钱也不多。老婆看他没钱，就离了婚，之后他一个人独自抚养女儿。现在女儿面临着明年的高考，为了更方便地照顾女儿，他回到了家中。当向笔者提及女儿时，他显得特别自豪：“我女儿现在在德保中学读书，成绩在班上都是前10名的。她明年就要高考了，我就想叫她考外语，这个以后能赚钱。”很朴实的语言，却是表达了一个父亲对女儿的期望。现在女儿一般是一个星期回家一次。杨国柱平时就很积极地去铝厂看看有什么事做。

从以上的两个个案可以看出，在大年屯，一般打工返流的人员都是年龄偏大的中年人。他们返回家中，大都是因为身体不适或是家中有让他们不放心的事。

由于华银铝进驻大年屯一带，村民们在失去土地后，为了生存，在一种“倒逼机制”下，纷纷转变了原有的农耕生产方式。其实，从以上对大年屯村民职业分化的分析也可以看出，无论是在铝厂打散工，或是在铝厂附近寻求新的谋生手段的“离土不离乡”的村民及“离土又离乡”的村民，抑或是中断在外的打工生涯，回到家里希望在铝厂谋职的村民，他们都是在两种不同的生存状态中生活着。

大年屯的村民，因为耕地的失去，使他们开始频繁地游走于传统与现代两种不同的社会文化之间，不由得使笔者想到“边际人”这一概念。“边际人”这一概念的内涵最初是由德国社会学家乔治·齐美尔赋予的。后在1928年，美国著名社会学家罗伯特·E.

帕克在《美国社会学杂志》第3期上发表了《人类的迁移与边际人》，揭示了人的“边际性”特征。具体说来，就是在社会或人生境遇转型时期，传统与现代性在社会成员的人格、生活态度和社会行为中的共存状态，使得或生活于不同文化的碰撞之中，或生活于时代交替之际的个人、群体及其社会心理，不可避免地会具有某种“边际性”，而学术界就将具有社会地位和社会角色的边际性，并因此具有人格和社会心理的边际性的人称作“边际人”。此外学术界还将边际人划分为两种主要形态：一是历时态边际人，二是共时态边际人。前一种边际人又可以称之为“过渡人”，这种类型的边际人通常出现于社会转型之际。新旧思想的交替、传统向现代的转变、社会结构的变迁和科学技术的革命，都会开阔他们的眼界，在他们的内心里产生激奋、上进的动力，同时也会产生茫然、失落、冲突和生疏的感觉。后一种边际人又可以称为“边缘人”，这种类型的边际人与历时态边际人不同，他是由于国际联姻、出访、留学、移民等原因而生活于两种不同文化中的人，也可以是从一种亚文化到另一种亚文化中去生活、工作的人，这种生活经历使他们几乎同时受到两种不同文化或亚文化的影响、熏陶，自然也会遭受与此相应的冲突和震荡。[1] 按照笔者对边际人的理解来看，大年屯那些“离土不离乡”的村民可谓是“历时边际人”。一方面，在他们去铝厂打散工或去铝厂附近谋求新的生存手段时，他们不可避免地会与现代工业生产方式打交道。比如，他们会从以前不守时、散漫的农民转变为现在铝厂里守时、守纪律的工人。村里的一些在铝厂打工的人就曾跟笔者说过，刚开始去铝厂的时候，有时候会去迟，或是干活的时候还像以前在地里干活的时候一样闲聊，被包工头看见，就会被扣钱。现在他们都会很准时地去工作，工作的时候也会很认真。而在铝厂附近寻求新的谋生手段的村民，则明白了他们不

① 周晓虹：《传统与变迁——江浙农民的社会心理及其近代以来的嬗变》，284～285页，北京：三联书店，1998。

能再像以前一样固守种地这单一的生存方式，他们更应该去迎合现代的工业文明，应该具有一种创新、竞争的意识。在传统农业社会里，农民只管种地，不去想什么创新，因为任何一种尝试都有可能导致第二年没有饭吃。但现在，原来赖以生存的土地没有了，村民们只能另寻谋生手段。在华银铝这一国家大型现代工业企业的辐射下，要求村民们必须去适应现代工业文化。要想在华银铝的周围找到事做，首先就要有创新和竞争的精神。比如村民黄光设，早年曾学过一些摩托车的维修。在土地被征收后，他就专门去生活区“考察”过，并发现铝厂的工人骑摩托车的还是挺多的，因此他就在生活区的旁边用水泥砖搭了一个简易门面，在那里挂出摩托车维修的招牌，现在照样不比在家务农的时候生活差。但是另一方面，这些“离土不离乡”的村民在收工回家后或是在没工可做的时候，会依旧待在屯中。尽管屯里已经没有田地了，但是维系传统农业文明的血缘、地缘等关系依旧存在，他们照样还是在一个传统的乡民社会中。

再看大年屯那些“离土又离乡”外出进城打工的村民，他们与“离土不离乡”这一类的村民相比，边际性似乎更加突出。因为他们不仅处在传统农业文明和现代工业（商业）文明之间，而且处在乡村文化与城市文化之间，即他们不仅是由传统农业向现代工业过渡的时间移民，而且也是从乡村进入城市的空间移民。可以说，他们是由历时态和共时态共同构成的“双重移民”。[①] 就像前文在谈到“离土又离乡”的村民时引用的个案中黄小华及梁小滩的父母，他们已经不再参与农业耕作，已经不再是传统意义上的农民了。就算是在被征收土地后才外出打工的村民，他们也开始不在屯中生活，已经远离了他们曾经的传统乡民社会，也可以说不再是传统意义上的农民了。但这一部分村民在他们打工的城市里，又成为不了

① 周晓虹：《传统与变迁——江浙农民的社会心理及其近代以来的嬗变》，286～287页，北京：三联书店，1998。

那座城市的人所认可的市民，而是被冠以“农民工”的称号。

至于那些打工返流的村民，则比前两类的村民更多地经历了传统与现代的交融。他们是屯中较早外出打工的人，那时当村里的人都还一味地沉浸在传统的农耕生活中时，不满足于现状的他们就已经勇敢地迈出了第一步，较早地来到了现代化的都市中打拼。但是因为现在年龄大了，身体状况也大不如以前，家中又有事情让他们牵挂，于是趁着现在在家门口都可以找到事做的机会，又返回生于斯、长于斯的传统的小村庄里。

二、村民与市场关系的变化

在华银铝向大年屯的村民征收土地以前，大年屯的村民主要是以农为主发展经济。传统农业社会生产形式的单一性直接导致了农民消费方式的低层次化。这在大年屯的村民身上最明显的表现就是他们传统的自给型消费。用他们的话来说，他们种一年的粮食都可以吃上两三年，而且还自己种蔬菜，自己养猪、养鸡、养鸭等，平时的饭菜问题完全不用专门跑到市场上去解决；只是一些日常生活用品才会在赶圩时在圩市上购买，或者有时去德保县城，顺便去那里购买。现在耕地没有了，粮食没法种了，蔬菜也比以前少种了很多。这样一来，喂养家禽牲畜所需的稻谷、蔬菜等也就相应减少，很多村民都开始很大程度地减少了饲养这些家禽牲畜。耕地的被征收，也无形中把村民们卷入了市场中，使他们不得不为每日的日常生活而与市场发生联系。

大年屯村民现在眼中的市场大概有三个：一是马隘乡的逢二、五、八的圩市，这也是大年屯村民眼中传统的市场；第二个是德保县城；第三个就是随着华银铝到来而新建的、位于大年屯附近的临时生活区。

（一）马隘传统圩市

集镇是连接村落与县城的交通点。一个集镇往往有相对稳定的辐射圈，将其影响辐射到周围村落。自明以后在县以下设立行政机构（如郡），也是设立在集镇上，这样集镇不仅是经济的中心，也是政治的中心。集镇通过商品的集散和观念的传递以及政治的控制将周围的村落整合起来。①

马隘这一传统圩市就位于马隘乡的驻地，那里也是马隘乡政府的驻地。这一圩市在清乾隆年间就已经形成，逢二、五、八为圩制，迄今已有300多年的历史。长期以来，这里一直是甘蔗、茴油、八角、油茶、剑麻的集散地，尤以马肉、猪仔为著。而且在马隘圩市的周围有大年、马贡、贤思、登派等多个村屯，同时德保至东凌的公路也经过此地，这就使得马隘圩市有了较为稳定的服务半径。

图3-2-3　马隘圩市

美国人类学家施坚雅（G. William Skinner）在他的《中国农

① 周大鸣：《凤凰村的变迁》，280页，北京：社会科学文献出版社，2006。

村的市场与社会结构》一书中，对市场在农村社会结构中的角色进行了系统的分析。他认为基层市场就是那种农村家庭自产不自用的物品通常在那里出售，家庭需要不自产的物品通常在那里购买。[①]马隘乡的圩市就是这样一种“基层市场”。每逢圩日，大年屯及周围村屯的村民都会把自己家里自产且有剩余的物品拿到圩市上出售，或者是在圩市上购买自家需要但是又不能自己生产的物品。

最初，马隘的圩市只是在马隘乡的街道后面，那里专门有一排铺面是给赶圩的人摆摊用的；后来随着市场经济的繁荣，马隘的这一农村基层市场也受到了一定的影响。在马隘圩市上摆摊的人越来越多，要出售的物品也越来越丰富，于是这些摆摊的人就干脆把摆放物品的空间扩展，直接将物品摆放到街道的两旁。现在每逢圩日，马隘的街道后边就专门用于卖衣服、鞋子之类的物品，而街道两旁就专门给附近赶圩的人卖瓜果蔬菜。马隘的圩市在日益繁荣的同时也带动了马隘乡街道两旁的其他固定店铺的发展。在笔者去马隘圩市调查时，恰好遇见笔者的校友，广西民族大学 02 级中文本科的邝某。她的家就在马隘乡的街上。她母亲在街道旁开了一间粉店，兼卖包子、馒头。其母从 20 世纪 90 年代就开始做这行了。平时生意一般，但在圩日时，生意还是挺不错的。

马隘的圩市是周边村落的人最常去的一个市场。每逢圩日时，从早上 6 点起，就已经有附近的村民或是县城里的生意人陆续来这里摆摊了，圩市一般到下午三四点才结束。如果不是圩日，马隘相对就冷清多了；街道上几乎没有什么摊点，只是在小巷里零星地有几个卖猪肉或蔬菜的。

马隘圩市的热闹与否与农忙、农闲有直接的关系。2007 年 1 月笔者去马隘调查圩市时，是农闲时节，附近的村民都有时间过来逛圩市，因此也显得格外热闹。但时隔几个月之后，再在同年的 7

① 〔美〕施坚雅著，史建云、徐秀丽译：《中国农村的市场和社会结构》，7 页，北京：中国社会科学出版社，1998。

月去，恰巧碰上的是农忙时节，虽然也是圩日，但赶圩的人明显不如1月的人多。才是中午12点钟，街道后面摆摊的人都已经收拾东西准备回去了。街上的人对笔者说，这几年马隘的圩市没有以前那么热闹了。现在很多人都已经开始不干农活，跑出去打工了。而且现在华银铝业公司进来，把乡到县城的路都修好了，人们进县城比以前更方便，县城的东西又比马隘的多，所以现在人们也愿意经常往县城里跑。

其次，马隘圩市的热闹还与一些节日有关，尤其是遇上三月三、八月十五等一些当地传统的歌圩日子。马隘素以歌圩闻名，在那个时候，不仅是附近周边村落的人，就连其他乡、德保县城，甚至是其他县城的人都会专门赶过来，那时的圩市上有一两万人都是很正常的。

（二）德保圩市及现代市场

德保的圩市也是大年屯村民爱去的一个圩市。它逢三、六、九为圩日。施坚雅在他的市场理论里，把基层市场之上更高一层次的市场称作中间市场。中间市场是介于基层市场与更高一级的中心市场之间的市场，它在商品和劳务向上下两方的垂直流动中都处于中间地位。[①] 德保县城的圩市就是一个中间市场。一方面，来自德保各个乡、村的人都会在圩日时聚集到这里买卖货物，自然这里的货物要比乡一级的圩市有更多的品种，无论是买东西的或是卖东西的人，也都会比乡一级圩市的多。另一方面，德保的圩市，还会把收集到的各个乡的产品输送到更高一级的百色市的市场，也就是施坚雅所提到的中心市场上。

据大年屯的村民杨稳昭说："新中国成立前德保还是很穷的，大年屯到德保县城都是山路。如果要去德保赶圩，一走就是几个小

① 〔美〕施坚雅著，史建云、徐秀丽译：《中国农村的市场和社会结构》，7页，北京：中国社会科学出版社，1998。

时。现在的路好走了，而且还有了县城至铝厂的直达公交车。去县城方便多了，也就是十几二十分钟，来回只要 4 块钱。”杨稳昭经常去逛圩市。他的解释是：“反正现在也没地种了，我们老人家待在家里也没什么事做，不管是马隘，还是德保，有圩都去逛逛，不买东西也可以找几个老朋友聊聊天，消磨一下时光。”可见，华银铝业公司在大年屯征收土地后，不仅是让村民们从此以后不再耕田种地，而且更重要的是让村民有了更多的空闲时间。传统的农民都是日出而作，日落而息，现在这种日子再也不会有了。对年轻人来说倒还好办，他们可以到外面的世界寻求更多的生存空间；但对村里的老人们来说，一闲下来就无事可做。闲暇时，只能无聊地去逛逛附近的圩市，和同样无事可做的老人们共同缅怀一下以前的农耕生活或是说说家长里短。

随着现在市场经济的发展，德保县城早已不再局限于每逢三、六、九的圩日或是街道两旁零星的店铺。现在的德保县城已经发展成为一个有模有样的县城，集地方的经济、行政于一身。一些城市的品牌在德保也可以看到，如以纯、班尼路、李宁等，都在德保有专卖店，并且还做得红红火火。以前德保的老街——南隆街，现在已成为当地的步行街，是大年屯，也是德保县其他乡、村的人来到德保必定要逛的一个地方。到了晚上，位于县城新华书店侧对面、实验小学旁的是有名的夜市摊点。不仅是县城里的人，一些来县城玩的周边村落的人都会在这里品尝一下当地的风味小吃。随着德保县城第三产业的兴起，大年屯的人逐渐开始享受到第三产业的好处。如屯里的一些年轻女性都会结伴去县城里烫头发或染发。

如果说德保的圩市是大年屯村民在以前农耕时代常想去的地方，只因为在那里他们可以买卖更多的与农业有关的东西，比如种子、化肥等，但现在耕地没有了，去德保赶圩的目的更多的是为了逛逛县城的现代市场，去圩市倒成了一个次要目的。

（三）华银铝业公司生活区市场

华银铝的临时生活区离大年屯不远，步行 20 分钟的路程。现在大年屯的村民因为无耕地可种，有些村民就在自家路旁开辟出一小块地种植少量的蔬菜，并时而拿到生活区出售。少数有商业头脑的村民也会把贩来的猪杀了拿到生活区出售。同时，随着华银铝的兴建，大批建设工人跟随自己的包工头来到这里，全国各地的人也纷纷涌入这一地区从事各种经营活动。笔者在生活区的市场上随便走了走，就发现供应早餐的馄饨饺子店是一对河南来的夫妇开的，店旁的五金店又是一对重庆来的夫妇开的，而一家杂货店则是一对贵州来的夫妇开的。在生活区也随时可以看到诸如“正宗桂林米粉”、“正宗柳州螺蛳粉”、“花溪牛肉粉”等地方小吃的招牌。此外，在生活区中，还建有佳达超市（铝厂分店）、网吧、职工餐厅及网通、移动、联通等业务代办点。这一系列与铝厂职工生活相配套的基础设施在方便职工的同时，也大大丰富了大年屯及其周边村屯村民的生活。

还没有生活区时，大年屯里使用手机的都是那些在外打工或在外做小生意的村民。真正能像移动公司的宣传广告中说的“一边耕田，一边聊天”的实在是少之又少。装固定电话的也就是村里的几家小卖铺。现在生活区中设有移动、联通的服务网点，村民们觉得办个手机其实也挺容易的，费用又不高（那里的资费实行的是乡村通，接听全免，无最低消费，打出 0.12 元/分钟），比以前去小卖铺打还便宜。现在大年屯的人，不止是一些四五十岁的中年人，就连六七十岁的老年人也开始用上了手机。他们使用的手机一般都是儿女们淘汰的。

图 3-2-4　华银铝的临时生活区市场

生活区的网吧不可否认也给村里的人，尤其是青少年造成了一定的影响。大年屯完小的农老师对笔者说，“现在一到周末，他们（指学生）就急着要去上网”。不可否认上网可以拓宽人们的眼界，但也存在着一些负面影响。有一次当笔者和屯里的一群孩子在一起时，一个孩子对另一个孩子说：“今晚你又可以去网上和你的男朋友聊天了。”“男朋友”，这个字眼从一个只有 11 岁的农村小孩的口中说出，确实让笔者很吃惊，而且还是网上的男朋友，不由得感叹随着生活区进来的网吧的影响力。

生活区的晚上照样也是灯火通明，热闹非凡。啤酒摊、烧烤摊随处可见。一桌又一桌的铝厂工人坐在那里高声谈笑，也有附近的一些村民来到这里闲逛。有一天晚上，笔者跟村长的儿媳妇阿现来到生活区。她带我来到一处烧烤摊，说那是她田阳的表兄嫂。让笔者感到奇怪的是，这么多的摊点竟没有一个摊点是大年屯的村民开的。为什么连稍远的田阳人都知道来到这里抢占商机，而大年屯的人却没有这样的意识呢？笔者认为这与他们的重农思想存在着直接关系。由于农业对传统社会具有无与相比的重要性，不论农民在传统中国的实际地位与生活状况如何，长期以来的“农本”和“工商末”的观念及相应的政策与措施，在将农民束缚于土地上的同时，也使他们同社会上的大多数人一样，形成了敬重务农者而鄙薄商贾者及其他职业的心理。[①] 但让人感到欣慰的是，现在大年屯已经开始有越来越多的村民加入到其他的行业中了，我们也期望在生活区中能看到更多来抢占商机的村民们。

从以上描述可以看到，随着华银铝的进驻，村民的消费行为和圩市本身都发生了不同程度上的变化。尤其值得一提的就是华银铝的生活区这一现代市场。它的出现并不仅仅只是一个简单的现代市场的概念，更重要的是它代表的是一种现代工业文明。随着我国现在经济发展中所倡导的由农业国向工业国转变的发展，直接导致了我国农村社会变迁的趋势是农村城市化与社会现代化。现在华银铝进驻大年屯一带，直接把现代工业文明带进了村民中间，村民都在潜移默化地接受着现代工业文明的洗礼。

长期以来，我国经济保持着典型的二元经济结构。中国城市与农村被以户籍制度为代表的体制分割开来，城市经济的工业化与现代化处于自我循环之中，农村经济的工业化和现代化被排斥于城市经济发展之外，工业文明的积极成果没有被乡村广泛吸收，农村经济继续保持着自身的封闭特征。[②] 华银铝业公司在国家西部大开发战略的号召下，进驻到大年屯一带，也代表着一种现代工业文明与传统农业文明的融合。这一举措如能成功，不仅给国家的重工业发展带来好处，对当地经济的发展也是极为有利的。

在西部大开发中，国家在少数民族地区创办现代化工业企业确

---

① 周晓虹：《传统与变迁——江浙农民的社会心理及其近代以来的嬗变》，125 页，北京：三联书店，1998。

② 石忆邵：《中国农村集市的理论与实践》，116 页，西安：陕西人民出版社，1995。

实能推动当地少数民族群众的经济生活。但是，当植入少数民族聚居区的现代工业以自我服务体系与当地农村少数民族经济形成相互隔离的两个封闭运行系统时，在区域统计指标中所反映出来的工业增长、结构变动、城市兴建等，却并未形成少数民族直接可资利用的发展条件。[①] 而且这些企业往往对少数民族旧存的组织以及单一的农业经济结构触动较少。结果，尽管植入少数民族聚居区的现代大工业企业具有较大的生产技术和组织资源，却在高度集中又人为割裂的板块管理制度下，进入各种“条条块块”的独立运行轨道，既未能与当地少数民族经济融合，也未能发挥推动少数民族生产组织创新的相关效应。[②] 这种情况不解决，对大年屯一带地区不仅不能如自治区党委副书记、自治区副主席王万宾在华银铝矿成立时的致辞中讲到的，推动百色老区脱贫致富，促进桂西经济区的形成和发展，而且企业的生存还因为需要依赖当地少数民族群众在生活资料上的支持、自然资源和生态环境的牺牲，反而会加重当地群众的负担。

对大年屯的村民来说，在这场历史的剧变中，成功地完成社会转型，提高经济发展水平，光靠政府、企业这些“外因”还是不够的，毕竟生活活动的主体是生活方式形成和变迁的“内因”。也就是说，少数民族地区的发展，最终还是得靠当地群众自己的力量去进行、去实现。只有作为主体的少数民族群众自觉地参与西部大开发，充分发挥积极性和创造性，才能不断推进当地经济的发展及自我水平的提高。

三、代沟的深化

作为现代工业文明代表的华银铝在进驻大年屯一带时，充当着

① 陈庆德：《发展人类学引论》，219页，昆明：云南大学出版社，2001。

② 陈庆德：《发展人类学引论》，327～328页，昆明：云南大学出版社，2001。

加速大年屯一带地区由传统社会形态向现代社会形态转变的助推器。其实所谓的社会转型，从根本意义上来说，是人们之间相互结合的方式与原则的转型。[①] 人们之间相互结合的方式与原则归根结底也是一种观念层面上的东西，传统社会中的人会有属于传统社会中人们相互结合的方式和原则，而现代社会中的人同样也会有他自己的一套与人相互结合的方式和原则。在两种社会交替转型之际，不同的观念发生冲突是难以避免的事。在大年屯中，这最直接的表现就是一直接触传统农业文明的老一辈与现在不断接触现代工业文明的新一辈观念上的冲突，即代沟的加深。

代沟问题是通过日常生活中的琐事表现出来的。笔者第二次去大年屯调查时，村民杨现昭向笔者诉苦："现在的生活没法过了，我准备去流浪了。""流浪，你儿子舍得啊?""就是因为他，我才要流浪呢，现在饭都没得吃了，他和他老婆都不管我了。"因为当时笔者跟他们的关系还不怎么熟，因此也不好多问，随便寒暄了两句就离开了。过了几天，当笔者见到杨现昭的儿媳妇时，小心翼翼地向她提起杨现昭的事，她马上接话说："你不要听他瞎说，谁不给他饭吃了，谁不管他了！我们现在没地种了，我和我老公都要去铝厂做工，哪有时间天天伺候他，他就到处对别人说我们不管他。现在没地种，钱比以前少了，给他的零用钱就没以前多，他就不高兴了。你看，我刚做了一个通宵的工，一回来还给他把饭做了呢。"两个人说的是完全不同的情况。后来笔者问了一下房东杨堂昭，他说："他们家呀，从铝厂征地以后，问题就多了。老人家嫌儿子没以前好了，儿子和儿媳妇又嫌老人家比以前难伺候了。反正家家都有一本难念的经，不是自己家的事，我们也不好管。"

其实自华银铝在大年屯进行征地以来，屯里由此而起的家庭纠纷又何止在杨现昭一家出现。就是笔者的房东杨堂昭家也有新的矛盾出现。现在没地种了，大年屯不少的中青年人因为无事可干，经

① 曹锦清：《黄河边的中国》，422 页，上海：上海文艺出版社，2000。

常聚集在村口的小卖铺打麻将。杨堂昭的儿子杨国参及其妻就经常去那里，其儿子就让父母看着。对于这点，杨堂昭也无可奈何："现在没地种了，铝厂征地时补了一点钱，这些年轻人就经常打牌，又不出去找事做。现在我们这些老的不仅要养小的，连小的儿子也要一起养。"对于现在屯里的年轻人经常打麻将的事，很多老人也是看不惯的，都说以前有地的时候还好，年轻人都知道下地干点活，现在没地了，他们都不知道要干什么了。对于老人们的怨言，年轻人似乎不屑一顾，都认为父辈们太啰唆，太不理解他们了。

美国人类学家玛格丽特·米德在研究"代沟"问题时，认为不同辈分的人（狭义上指家庭成员中的父母和子女，广义上则指社会上的年长一代和年青一代）由于历史时代、社会环境和生活经历的不同，他们的价值观、思想认识、心理状态、生活态度、行为方式以及兴趣爱好等方面存在差异，并且容易引起分歧和冲突。[①] 随着时间的推移，人们发现米德的代沟理论存在着不足，比如她将代与代之间的矛盾和冲突最终唯一地归结为文化传递方面的差异，忽略了社会方方面面的影响，无视了人在社会实践中的主动性和创造性。[②] 而国内有学者认为，代沟是由于时代和环境条件的变化，基本社会化的进程发生中断或模式发生转移，而导致不同代人之间在社会的拥有方面以及价值观念、行为取向的选择方面所出现的差异、隔阂及冲突的社会现象。[③] 但米德根据人类文化传递的特征把人类文化分为"后象征文化"、"互象征文化"和"前象征文化"，从而建构起来的代沟分析理论，对于解释大年屯为什么加深代沟的问题是有效的。

---

① 〔美〕玛格丽特·米德著，曾胡译：《代沟》，4～6页，北京：光明日报出版社，1988。

② 周怡：《代沟理论·跨越代纪对立的尝试》，47～52页，载《南京大学学报》，1995（2）。

③ 周怡：《代沟与代差·形象比喻和性质界定》，76～78页，载《社会科学研究》，1993（6）。

米德在以其代沟理论分析父辈的文化时，称这种文化为“后象征文化”。她认为，当论及“未来重复过去时”型时，用“后象征”来形容，后象征文化是一种变化迟缓、难以觉察的文化。[①] 可以说，后象征文化表述的就是一种原始社会的基本特征，也是一切封闭的传统农业社会所具备的基本特征。在那种社会里，孩子是长者身体与精神的后代，是长者的土地与传统的后代。[②] 大年屯自有周姓人来此居住，就一直视土地为根，视农耕为最主要的生存手段。他们几代人所经历的往往就是一成不变的农耕生活，长辈的过去就是年轻人的未来。正如米德所言：后象征文化完全是代代相传的。它的延续既依靠老一代的期望，又依靠年轻人对老一代人期望的复制，而这种复制的能力几乎是根深蒂固的。它靠的是成年人能够理解养育他们的父母，正如他们以同样的方式养育自己的子女那样。[③] 即使是在后来的家庭联产承包责任制后，大年屯也不断地有被解放出来的劳动力走向外面的世界，寻求其他的生存手段。但当他们回到村中时，仍须像以前一样，过着他们的农耕生活。他们在外面所接触的东西只能当作是见了世面。总的来说，大年屯就是这样一个相对封闭的传统农业社会。在那里，父辈的农耕经验和生活阅历使他们在自己的子孙面前具有绝对的权威。就算是一些外出打工的年轻人，回到家中仍是会被父辈灌输以“唯有种地才是硬道理”的思想。这些外出打工的年轻人确实会对父辈的权威、生活方式、生活态度提出种种质疑，但这时所形成的两代人之间的代沟还远远没有激化到今天的局面，或者说那时的代沟也还只是处于一种萌芽的状态。

---

① 〔美〕玛格丽特·米德著，曾胡译：《代沟》，20页，北京：光明日报出版社，1988。

② 〔美〕玛格丽特·米德著，曾胡译：《代沟》，21页，北京：光明日报出版社，1988。

③ 〔美〕玛格丽特·米德著，曾胡译：《代沟》，23页，北京：光明日报出版社，1988。

华银铝在大年屯征地以后，随着耕地的缺失，使父辈们一度灌输的“唯有种地才是硬道理”的思想一夜之间化为乌有。今天父辈们再用他们以前的老经验来教育自己的子孙时，就会马上遭到反驳。去外面世界闯荡过的年轻人们都看到了外面工业文明与家中农业文明的鲜明对比。“他们也许会珍视这种对比，以充满钟爱之情的眼光看待先前的、不同的生活方式的少数纪念物；或许，他们会发现这些祖先的记忆颇有些沉重或毫无魅力，从而一股脑儿地拒绝它们。”[①] 在笔者去大年屯的时候，因为和村民黄斯傅较熟，所以他经常向笔者提起在广东一所私立中学教书的儿子，还时常向笔者念叨他儿子就要带女朋友回家了。一天，他很兴奋地找到笔者，说：“小周，走，去我家坐坐，我儿子带着媳妇回来了（他一直称儿子的女朋友为媳妇，在他心里，认为现在儿子的女朋友已经跟媳妇没什么区别了）。我媳妇也是你们桂林的（实际上她是贺州的，但在他的意识里，一直认为贺州就是桂林）。”到了他家里，那位姑娘就在客厅里坐着看电视，见笔者来了，简单地打了声招呼又继续看电视了。随后黄斯傅又过来问了女孩今天想吃点什么菜之类的问题，说话时显得有点拘束。过后，当笔者跟他聊天时，问起他跟他“媳妇”说话时怎么显得有点拘束，黄斯傅说，其实就是跟“媳妇”没什么话说，他说：“现在的女孩子都不做什么事了，她在我家这几天，碗都没有洗过。像我们以前找老婆，首先就是要看人是不是勤快，会不会做事。光是长得漂亮有什么用。我跟我儿子说了，他竟然说我是老古董，他说现在都什么时候了，反正也没地种了，找个会做事的回来干吗，我儿子说他就是喜欢这个‘媳妇’。他喜欢就行了，我能怎么办，还能说什么，反正他以后跟‘媳妇’应该也不经常回来的。”在笔者调查期间，也不时地有老人向笔者抱怨，说他们的儿女现在越来越不像话了。以前只有他们说什么，儿女们

① 〔美〕玛格丽特·米德著，曾胡译：《代沟》，38页，北京：光明日报出版社，1988。

照做什么。现在儿女们都学会顶嘴了，反过来还会对他们说起道理来。“现在他们的翅膀长硬了。”这成了大年屯的老人最常说的一句话。

此外，跟工业、商业或是其他行业相比，农业的报酬确实是少，所以大年屯在实行家庭联产承包责任制以后，一些从土地上解放出来的剩余劳动力为了追求较高报酬而外出打工。大年屯的年轻人从传统封闭的农村来到城市打工，在接受了城市文明的熏陶及剧烈的人格转型后，“一种新的道德秩序（就会）渐趋形成，并促使早期的某些惯例迅速瓦解[①]”。但同时在他们的城市打工生涯中，也往往由于自己本身的文化水平低，找的多是一些待遇不好的工作。对于这种情况，笔者在村中专门走访了4个从广东回来的姑娘。她们的年龄都不大，都在18～21岁之间。据她们说，自己开始也想在广东那边多待一阵，多挣些钱，但是工作太辛苦了，而且也想家，所以在广东待了没多久，就都回来了。而且她们也表示，以后也不想去这么远了。铝厂的工作也辛苦，所以现在先在家里待着，反正家里也不用她们去挣钱养家，过一阵再去县城里看看有什么合适一点的工作。从这几个大年屯小姑娘的身上也不难看到，大年屯的这些年轻人，尤其是女孩，虽然生在农村，但从小在家也都被父母呵护着，没有什么人生的阅历，因此对家庭、长辈的依赖性都比较强。当她们在外面遇到困难和挫折时，就会表现得无所适从。所以也就不难解释为什么在铝业公司征收土地以后，一些回家的年轻人却不再外出找事做，而是在村口的小卖铺里终日打麻将，还要父母来养活了。村里的老一辈，毕竟经历过人生的风风雨雨，虽然现在大年屯农耕生活的终结使他们积累下来的经验成为过去，而且现在村里的年青一代对他们的超越或是给他们带来的不满时，又给他们的晚年增添了一种孤独和失落，但每当他们回忆过去的时

① 周晓虹：《传统与变迁——江浙农民的社会心理及其近代以来的嬗变》，263页，北京：三联书店，1998。

候，再看看现在的年轻人，还是都会油然而生一种感叹："现在的年轻人真的是一代不如一代啊!"由此，我们已经可以看到，随着华银铝在大年屯征收土地，代沟问题有所加剧。

国内学者周怡认为，由于变迁、转型的加剧以及出现频繁的社会流动，中国社会生活的各个领域里出现许多边际人，这些边际人因为立足在两个社会形态（农耕社会与工业社会)、两种时代（政治时代与经济时代）以及两种文化（传统文化与现代文化）接壤处，其内心的茫然、失落和冲突正是社会不同代间的代沟现象在个体身上的具体表现。① 这里所说的边际人就是前文所提到的在华银铝附近打工或寻找商机的、去外地打工的返流村民，而与他们对立的就是一辈子都待在村中从事农耕、现在耕地缺失而觉得以往的权威尽失的老一辈们。这两代人之间的冲突实质上也是一种现代与传统的冲突。

米德认为，在论及年长者不得不像孩子学习他们未曾有过的经验这种文化类型时，应该用上"前象征"这个词。② 现在的大年屯，实际上已经进入了一个新的无农时代。在这个新的时代里，村里的年青一代更乐于接受新变化，而且能更快地适应新变化，他们是大年屯新时代的主角。大年屯的老一辈们，用米德的话来说，正是"时间上的移民"，"他们挣扎着与新时代陌生的生活环境搏斗着。像所有的移民与开拓者一样，这些时间上的移民也是旧文化的携带者"。③"他们把熟悉的世界留在了身后，居住在一个新的时代里。这个新时代的环境与他们所熟悉的完全不一样。他们的思想仍

① 周怡：《代沟现象的社会学研究》，67～79页，载《社会科学研究》，1994（4)。

② 〔美〕玛格丽特·米德著，曾胡译：《代沟》，22页，北京：光明日报出版社，1988。

③ 〔美〕玛格丽特·米德著，曾胡译：《代沟》，72页，北京：光明日报出版社，1988。

然使他们留恋过去，留恋他们的童年和青年时的世界。”[①] 现在的大年屯，老一辈和年轻一辈，或者说后象征文化和前象征文化之间的矛盾是不是真的不可调和呢？答案肯定是否定的。要解决这个问题，需要的是两代人之间的一种交流，一种有共同语言的对话。“只有成年人像父母和老教师那样认为自己需要内省，需要用自己青年时代的所作所为来理解眼前的年轻人，交流才是有可能的。”[②] 同时，年轻人也不要一味地否定老一辈在过去的时代所积累起来的经验，大年屯老一辈的村民在以前的传统农耕社会所培养出来的睿智和生活哲理所形成的道德规范和交往规则，仍然是现代社会的精神和制度财富的一部分。年轻一辈与老一辈应该彼此互相信任。米德曾用了一个十分贴切的比喻来论述老一辈人的经验：“正如一个匆忙按照过时的模式修建了临时抵挡风雨的房屋的新国家，孩子们只会说他们冷，并指出某处吹来了穿堂风；但有技术和力量另盖一种房屋的人仍然是父亲。”[③]

代沟真实地表现出了大年屯在被征收土地后两辈人之间的差异和冲突。这些冲突增强了一些对父母有依赖感的年轻村民的个体自主性，而逐渐放弃了对父母那一辈人的依赖，从而在大年屯的新时代里找到自己的位置。此外，这些冲突对老一辈的村民来说，也可以增强他们适应发展变化的危机意识，进而促进他们尽快地适应社会的发展。

① 〔美〕玛格丽特·米德著，曾胡译：《代沟》，73页，北京：光明日报出版社，1988。

② 〔美〕玛格丽特·米德著，曾胡译：《代沟》，78～79页，北京：光明日报出版社，1988。

③ 〔美〕玛格丽特·米德著，曾胡译：《代沟》，90页，北京：光明日报出版社，1988。

四、民间宗教信仰及风俗的变迁

随着华银铝进驻大年屯一带，大年屯的村民们不仅在生产方式、消费观念和对待现代文明的观念上受到不同程度上的影响，随着他们与外界现代文明接触的加深，他们的民间宗教信仰和风俗也不可避免地发生了一定的变迁。

（一）信仰的多元化发展

1. 对重要人物的信仰崇拜

大年屯的村民供奉的重要历史人物主要是岑天保及他的两个妹妹。岑天保（1328—1394 年），宋朝岑仲淑的第十代世袭土官。岑仲淑原籍浙江余姚，随狄青征讨侬智高有功，宋皇帝封他为世袭土官，管辖牂牁郡句町地（句町县地跨滇黔桂边界，相当于现在的地区级以上辖区）一带地方，成为岑氏世袭土官的始祖。明朝洪武元年（1368 年），岑天保继承其父任镇安知府。他在位 26 年，保卫疆土，繁衍人口，劝民耕种，发展农业，制定法规制度，减免繁重的捐税劳役，筑城墙，救济孤寡，对当时镇安的农业生产和社会发展起了很重要的作用。洪武二十七年（1394 年）出巡时坠马身亡，葬在响泉山。人们为了纪念他，把响泉山改名为天保山。人们还在那里建祠纪念他，取名为岑公祠（也就是现在大年屯人所说的天保庙）。当时建有头门三间，正厅三间，两廊各三间，还建有照壁、围墙。清光绪十五年（1889 年），群众捐资重修。新中国成立后，天保庙多次被毁，但过后群众又自觉募捐复建，1986 年重建，水泥砖墙，共 3 开间。现在属于县一级文物保护单位。[①] 正因为岑天保对当时的德保人民所做的种种贡献，德保人民一直把他当作神一

① 德保县地方志编纂委员会：《德保县志》，573 页，南宁：广西人民出版社，1998。

样来供奉。逢年过节，初一、十五，大年屯的村民都会去离村子不远的天保庙。天保庙位于现在马隘乡贤里屯与个利屯之间的山脚下，距离大年屯大概有步行30分钟的路程。据他们说，不只是本屯的人，周边村落的人也去，就连其他乡的人，甚至是德保县城的居民都会去祭拜。有很多当地的生意人或是家中有小孩读书，又或者是家中有人在外打工的都会到天保庙祈求保佑。据说，正月初一时，大家早上起来的第一件事就是去天保庙拜神，祈求在新的一年中一帆风顺。人多的时候，去天保庙的人会从天保庙的门口排到大年屯村口的文昌山脚下。现在的天保庙供奉着两个新神像，一个像关公，一个像财神。庙内有很多附近的村民送来的红布，据当地人说，这些都是人们拿来还愿的。

此外，大年屯的村民还经常去天保庙请平安符或是牛形图案的剪纸回来贴在自家的墙上、门上或是家里祖先牌位的旁边。据大年屯的老人说，家家户户贴这种平安符和剪纸是当地的一种风俗。以前是全村人请来的道公做过仪式以后发给各家，代表着各家五谷丰登、六畜兴旺。各家得到这些剪纸后还会把它贴到猪栏或牛栏里，而且这些剪纸还有金色的，剪出来的动物不单只是牛，还有猪、鸡，有时候还会有稻穗形状的，只是以牛的形状最为常见，因为牛对壮族的农耕文化具有十分重要的意义。现在尽管村里已经无地可耕，但是村里人仍会经常去天保庙买一些这样的剪纸回来贴在家里。当笔者对房东杨堂昭问及是不是有钱都可以去天保庙买到平安符和剪纸时，他立刻纠正道："小妹，话不能这么说，不是有钱什么都可以买到的。你以为天保庙卖的都是一般的纸吗，那都是请道公做过法的，很灵验的。以前大家都在村里，就直接请道公来村里做仪式并给我们送平安符和那些'小牛'。现在很多人都出去打工了，而且我们屯也没有道公，还要去别的屯请道公来。现在就是他们谁想要，谁就去天保庙买。"看来这些平安符和剪纸对村民来说并非只是单纯的商品。在农耕时代，它们代表着村民希望保佑五谷丰登、六畜兴旺的美好愿望，现在也已经成了大年屯村民潜意识里一种保平安的方法了。对于这些平安符和剪纸，不仅是老一辈的人信，村里的年轻人也信。杨堂昭的儿子杨国参在当地的一些重要的节日，只要他在家，就会骑着摩托车去天保庙把家里的平安符和剪纸买回来。

对于大年屯的人来说，他们不仅供奉天保庙，还供奉双姑庙。双姑庙供奉的是岑天保的两个妹妹，因而称为双姑庙。相传岑天保和他的两个妹妹感情十分好，当岑天保坠马身亡的噩耗传来时，他的两个妹妹悲痛至极，为了继续跟随哥哥，双双跑到山上，一起跳下山崖。后人为了纪念她们，就在她们坠崖的地方修了一座庙，取名双姑庙。和天保庙一样，双姑庙的影响力不仅仅局限于大年屯一带，而且还遍及整个德保。大家也都会在初一、十五或过年过节时来这里上香叩拜。在华银铝还未进入当地以前，大年屯一带的人更是把歌圩的场地设在双姑庙前。村民们说，歌圩那天，会在双姑庙前搭上歌台，附近的村民都会蜂拥而至，并在供奉两位仙姑的神龛上摆满他们专程送来的供品，点上香烛，对两位仙姑进行叩拜，祈求仙姑保佑日子平安顺利，同时也诚心地邀请仙姑与大家一起观看山歌比赛。2003 年华银铝进来后，双姑庙的位置建成了现在华银铝的水厂，所以现在举办歌圩的场地只有另择位置。虽然现在歌圩不在双姑庙前举行，但大家仍会沿用以前的风俗。在举行现在的歌圩时，村民们会在歌台下放两张凳子，并在凳子上方各撑上一把伞，凳子上各摆放一个香烛台和水果之类的供品，香烛台里插上香，在香烛台的下面还压着一张专门请附近的道公画的黄色纸符。在歌圩还未开始时，一些村民都会在事先挖好的小坑里烧纸钱。村民们说，这也都是当地的风俗了。虽然现在的歌圩不在双姑庙前举办，但还是要像以前一样，诚心诚意地把两位奶奶请出来和大家一起看歌圩。

现在的双姑庙建于 1994 年春，是一座砖瓦平房，主要是由附近的邑考屯、大业屯、邑仙屯、安阳屯、涯屯、内苗屯、大年屯、文涯屯等地方的村民集资修建的。

图 3-2-5　双姑庙

当地人都把去天保庙和双姑庙祭拜看成是一年中的大事，尤其是春节时必定要去。在历史上，双姑庙除了几次翻新外，基本上没有很大的变动。当地人还流传着这样一个故事，说是在“文化大革命”除“四旧”时，当地政府把双姑庙拆毁，当时德保的×××路过，就顺手扛了两条横木回去修自家的房子。但是回家后，他的女儿就发疯了。大家都说是因为他触犯了两位仙姑，最后在别人的指点下，他亲自扛着横木回到双姑庙去认罪，没过几天他女儿的病又奇迹般地好了。这件事是否属实，不得而知。但是大年屯的村民们在向笔者讲述时一再强调故事的真实性。他们说也正是因为华银铝的人都知道此事，所以都不敢把现在水厂内的双姑庙拆掉，而且还会允许村民像以前一样进去祭拜。

2. 祖先崇拜

在壮族社会中，祖先神是家庭或宗族成员认同的象征。祖先崇拜在大年屯的表现主要是每个姓氏的人对他们共同的祖先的祭祀，这种仪式分为家祭和墓祭两种。

(1) 家祭。现在大年屯各家正厅的墙上均立有祖先的牌位和神龛。牌位几乎都是到县城里定做的，因而上面的字句都大同小异。

弘农堂

祖德扶持家宅旺

左昭 定福灶君之神位

杨门堂上历代一派宗亲之位

右穆 花王圣母之神位

宗恩护佑子孙贤

图 3-2-6　祖宗牌位

（2）墓祭。每年的三月三，是大年屯的村民一年当中最重要的节日之一，是村里各个姓氏的人祭祖的日子。大年屯村民家的坟都聚集在村头，就在华银铝的围墙对面。在三月三那天，村民早早地就会起来，在各自姓氏的祖坟前整理杂草，点蜡烛、香火，供祭品等，行跪拜礼。据村里的老人说，以前三月三祭祖的时候，父辈们都会在祖先的坟头讲起整个家族的历史。但现在知道这些历史的人已经越来越少了，而且现在的年轻人对这些也不太感兴趣，所以这些老人都感叹，不知道等他们这一辈过世后，还有谁知道家族或村里的历史。

3. 土地神崇拜

壮族是一个以稻耕农业为主的民族，稻作生产对土地的依赖使得土地崇拜成为壮族民间信仰中的重要形式之一。在壮族先民的眼中，土地广大无边，负载万物，是人们赖以生存、生产、生活的基本条件。因此，土地便被人格化和神格化，从而形成土地崇拜。为了讨好土地神，祈求他保佑生产生活的顺利进行，便产生了各种土地崇拜的仪式。在大年屯，逢初一、十五或是一些重要的节日，村民们便会在自家耕地周围或房前屋后插满香，祭祀土地神，祈求他保佑当年的农业生产顺利及家宅平安。

随着华银铝进驻大年屯一带，虽然已经没有耕地了，但是这一习俗村民们还是继承保留了下来。

壮族先民对土地神的祭祀，早先多为对土地的直接祭拜，即上文所提到的直接向该地的土地神祭祀、祈祷，后来才逐渐变为立庙祭祀。在壮族地区，只要有村寨，一般都有土地庙。人们认为土地神是一方之主，主管一方水、旱、虫灾及人畜瘟疫等。土地庙多设在村旁路边，内无神像。大年屯也不例外。大年屯用于供奉土地神的庙有两个：一个是早年大年屯人共同集资修建的，大概位于村尾；一个是杨姓家族自己筹建的。大年屯的村民认为守护他们土地的神是土地爷和土地妈，他们把二位合称为福德老爷。在土地庙中供奉的就是这两位土地神，是大年屯各宗族成员认同的象征。

图 3-2-7　大年屯土地庙

图 3-2-8　杨姓村民修建的土地庙

4. 文昌塔祭拜

大年屯的村民不仅在土地庙进行祭拜，还会到离村口不远的文昌塔进行祭拜。文昌塔位于村口西面的文昌山（原名媳妇山）上。此塔名为文昌，即意味着村民们希望自己所在的地方文明、昌盛。关于这座塔的来历，还是有一些曲折的。原来的文昌塔并不是在文昌山上，而是在文昌山对面的一座叫大明山的山上。当地人为什么要建文昌塔呢？据大年屯的人说，是因为正对着大明山的那座多坏山。原来按照当地人的风水来说，大明山代表着青龙，多坏山代表着白虎。他们认为代表青龙的山一定是要比代表白虎的山高，否则当地的男人就会短命。但是大明山却比多坏山低，而要补救的唯一方法就是在代表青龙的大明山上建一座塔，意味着用塔去顶对面代表着白虎的多坏山，以此来保佑当地的安定。于是在同治十二年(1873 年)，当地人开始集资建塔。后来在“文化大革命”期间，因为“破四旧”，文昌塔被列入“四旧”之列而被炸毁。“文化大革命”后，当地人在大明山上又一次建起了文昌塔，但在 2003 年华银铝来到大年屯一带征地时，大明山所在之处恰好为华银铝的征地范围。后来华银铝与当地人协商，在炸毁大明山后，又在大明山的对面，也就是媳妇山上，重建一座形状、高度同样的塔，即现在位于村口的这座塔，因此现在的媳妇山也就跟着被称为“文昌山”。从上面的描述可见，文昌塔见证了大年屯的历史。现在在新的文昌塔的塔身可以看见一副对联，虽经风雨洗刷，有些字迹已经不清楚了，但依然可以清楚地看见对联上的“铝厂”字样。大年屯的人说，这副对联是铝业公司专门派人贴上的。

图 3-2-9　文昌山上的文昌塔

九天云厨

文昌公□□座大□□□

人□心灵与铝厂□□□

图 3-2-10　文昌塔对联

图 3-2-11　基督教信仰

5. 基督教信仰

大年屯在华银铝进来以前，是没有人信仰基督教的。他们普遍崇拜和祭祀的只是岑天保及双姑、祖先神、土地神、文昌塔等，大年屯的村民认为他们的信仰属于道教之列。自从铝业公司进驻大年屯一带后不久，就不断地有外地的包工头或是铝业公司的领导就近来大年屯租房子住。这些外来者当中就有信仰基督教的。他们在和村民的接触中，会无意识地对村民们进行基督教教义的宣传，这就使一部分的村民开始逐渐走上了信仰基督教的道路。

个案 11：村民黄某（化名），40 岁出头，娘家在巴头乡，后来改嫁来到大年屯。据她讲述，她的前夫与她同村，婚后十分恩爱。后来在儿子出生后没多久，老公为了让他们能过上更好的日子，就去广东打工。但是后来交友不慎，误入了广东的黑社会，连续 7 年杳无音讯。黄某说："一连 7 年没有老公的消息，我一个人独自抚养着儿子。儿子懂点事了，当他问我，爸爸怎么都不回来？我都不知道应该怎么回答他。村里也开始有闲言闲语了，有的就说他是不是在广东那边又找了一个老婆，不要我们母子俩了。又有人说他在广东学坏了，进了黑社会，学会吸白粉了。我实在是撑不下去了，就登报跟他离了婚，一个人带着儿子过。直到前几年经人介绍认识了现在的老公，才带着儿子一起嫁过来的。后来听别人说他回德保了，但是病得快不行了。我是真的很想去看他，但是我也说不清楚为什么就是怕去见他，所以到他死，我都没有见他最后一面。”说到伤心处时，黄某忍不住掉下了眼泪。“现在的老公肯定是没有以前的那个老公对我好的，有时候他对我都不理不睬的，对我儿子也不怎么好。儿子也知道这不是他的亲爸，跟他的关系也不是很好。现在儿子大了，一个人去广东打工，很久也没回来过了。现在的老公在家里也不做什么事，还好我在生活区开了一个裁缝店，帮人缝补一下衣服，就这样打发过日子了。你知道吗，我现在才40出头，就已经停经了，我还专门去百色的大医院去看了，医生也说没什么问题。”她说，“现在还多亏了村里原先住的那些人叫我信了基督，要不然我肯定活不到今天。牧师说了，我们现在的不幸上帝一直在看着的，他会保护我们的。”在黄某的带动下，她现任老公的弟弟也开始信了基督教。每到星期天，黄某都和她的小叔或是姐妹（基督教把信教的男女都称为兄弟姐妹）约好一同去县城的基督教教堂做礼拜。在黄某的裁缝店里笔者见过她的一位同姓姐妹，她现在在生活区卖猪肉，她们因为共同的信仰而相识。在我们聊天时，她也不时地向笔者讲解基督教的教义，说着基督教的种种好处，跟笔者说基督教的歌曲是如何动听。她说得兴起，就拿起黄某的圣经歌本唱了起来，还说：“今天生意不太好，心里烦，唱几句，心里舒服点了，再去卖猪肉。”

县城的基督教教堂位于德保县的烟草公司旁。这个教堂每逢星期三、五、日都有聚会。星期三是从晚上的八点到九点半，主要是祈祷会，用本地话进行。星期五的也是从晚上八点到九点半，主要学习唱诗。星期日是信徒们做礼拜，分为两场：第一场是从早上十点到十一点半，用的是本地话；晚场是从八点到九点半，用的是普通话。周日的礼拜一般分为 11 个程序，顺序为唱诗—默祷—宣信—祈祷—唱诗—启应文—唱诗—读经—唱诗班献唱—牧师讲道—唱诗—主祷文—默祷—散会。周日白天去教堂做礼拜的，除了县城里的居民外，还有来自德保各个乡村的教民。黄某就是每个周日和姐妹们约好去赶那一场，散会后，她和姐妹们都会顺便再逛逛县城，如果没什么事也会马上坐公交车回家。现在大年屯除了黄某来教堂做礼拜以外，一些年轻人也开始不定期地去教堂做做礼拜。这些年轻人并非像黄某那样是信徒，他们只是在和铝业公司的人的接触过程中，逐渐地在了解基督教。基督教对他们来说是新奇的，而且《圣经》里面的故事对他们也是很有吸引力的。可以说，大年屯的年轻人去基督教教堂是出于一种好奇，或是一种赶时髦的心理。教堂周日晚上那一场礼拜参加者多是县城的居民和一些附近的村民。也因为晚上这一场是讲普通话的，因而在德保的外地教徒来得也不少，其中不乏铝业公司的职工。

大年屯民间崇拜和宗教信仰的多元化发展表现为本土民间宗教信仰的复兴及外来宗教的传入。秦汉之后，随着封建王朝对壮族地区统治的不断加强和壮、汉民族之间政治、经济、文化交流的加强，汉族道教开始传入壮族地区，并同壮族地区原有的原始宗教相结合，相互影响，形成了壮族民间宗教信仰的复杂性与多元性。现在大年屯的民间宗教信仰包括传统的对重要历史人物的信仰、祖先崇拜和对土地神的信仰等。基督教现在已为少数人所接受，为了迎合当地人，多是用本地话进行传教，不可避免地具有本地的特色。

人们常常会把民间信仰视为传统的，而且也常常会把传统与现代对立起来，认为只有打破传统才能建立现代。因此，在新中国成立后的很长一段时间内，都把民间信仰作为落后的、封建的传统而加以摧毁。但是民间信仰是一个地方民众内心的一种根深蒂固的情感，光凭行政命令是无法摧毁的，只要政府的控制稍稍放松，民间信仰就会迅速恢复。

华银铝作为国家现代工业企业，以一个现代因子的身份渗入到大年屯中，传统与现代的问题又一次被提起。但这一次，我们没有看见大年屯的民间信仰被又一次摧毁，相反，却有日益兴旺的趋势。同时也因为华银铝的到来，基督教信仰也开始在村中逐渐兴起。大年屯传统民间信仰复兴及外来宗教兴起的原因是多方面的：

第一，土地的缺失更激发村民寻求神灵保佑的需要。

这一点首先与大年屯的年轻人有很大的关系。大年屯的年轻一辈与老一辈之间存在着明显的代沟，老一辈所信奉的农耕年代的那一套，他们都不屑一顾。但是偏偏唯独在信仰这一点上，年轻一辈与老一辈在观点上却取得了一致。正如本尼迪克特所言，个人的生命史首先和最多也不过是对他的社会代代相传的模式和准则的适应而已。从诞生开始，他所生于其中的风俗就塑造了他的经验和行为，当他长大并能参与社会活动时，那种文化习惯就是他的习惯，那种文化信仰就是他的信仰。[①] 铝业公司在大年屯征收土地，造成了那里农耕生活的中断，村里的年轻人在这种“倒逼机制”下，纷纷到外面的世界寻求别的生产方式来维持自己的生活。外面的世界很精彩，但同样也很无奈。在外遇到不顺时，他们从小心里就形成的民间信仰就为其时，提供了心理依托。现在的大年屯，凡是家里有人要外出打工或是做点小生意的，家里人都会去天保庙、双姑庙或其他地方烧烧香，让神灵保佑家人在外面能顺顺利利，一切平安。大年屯的村民在外面做生意发了财的，也会去这些地方祭拜，让神灵保佑自己在以后能继续财源广进。去天保庙或是土地庙祭拜，现在的年轻人都不用老一辈的人提醒，自己都会很自觉地去祭拜，或是去那些地方讨个平安。对于传统的农民来说，保农就是保土，保土就是保根。现在大年屯的土地没了，但是村里的土地崇拜并不是就此也跟着消失了。土地崇拜实际上还是祖宗崇拜的依托，

① 〔美〕露丝·本尼迪克特著，王炜等译：《文化模式》，2页，上海：三联书店，1988。

因为是土地保证了祖脉的延续。就像李培林《村落的终结》一书中所描述的广州的羊城村一样，土地的稀缺不是消解而是更加激发了村民对土地的崇拜。[①] 虽然失去了土地，但大年屯的村民仍会在一些重要的日子里在自己的房前屋后插香祭拜，这种壮族较原始的对土地崇拜的形式照样保留了下来。村里的两个土地庙并没有因为土地的失去而被村民舍弃，相反香火却有越来越兴旺的迹象。

第二，村民对宗族凝聚力的渴求。

华银铝进驻大年屯，村民们最重要的耕地没有了。老一辈的村民在时常缅怀过去的时候，更觉得现在年轻的一代对自己本姓的了解实在不够，认为应该让后辈们都了解自己的家族，这样才能规范家族，并增强家族的凝聚力。就像杨氏家谱在序言中写道：

傅闻厥木有本，厥水有源，人子之有父母，然则父母之生，岂无目来哉。一言父而母，租可类推，孙更可类推矣，便不溯流穷源，而书之于谱，则阅世生人，阅世人成代烟年远，而祖孙父子，查不知其所出，于是乎尊卑失序，名分颠倒，每见一字之乱，或因小忿而视之如仇，或贪姿色而忘（原文如此，编者注）结姻，岂足天下有二姓乎，良由宗图未定位，宗谱未叙，以致此耳间有一二仿佛，知其来由而藏书罕见，口传谁其信之，此图谱之作宜亟亟也。

黄姓家族发给黄姓各家村民的《关于规范家族字派的通知》，上面写明了要重修家谱的原因：

我们黄氏这一支族从黄明祖公生三子（永族、永农、永禄）始用“永”字派以来，各小支族的字派一直很乱，女字派更乱，导致记载中先辈和后辈颠倒或分不清。为了规范我们这一支族的男女字派……

① 李培林：《村落的终结——羊城村的故事》，16页，北京：商务印书馆，2004。

从这些姓氏的重修家谱上，我们都可以看到老一辈人对姓氏家族的重视。于是各个家族也就自发地出现了类似于“家谱重修委员会”之类的组织。大年屯的杨、黄两个大姓已经开始重修家谱（杨姓的家谱已重修完毕，黄姓的家谱还在继续重修中）。在大年屯，一般担当重修家谱重任的都是那个姓氏家族中有文化的老人。他们既熟悉本家族的历史，而且也有一定的文化水平。此外家谱一般也是放在这个姓氏家族中最有声望的人手里。杨家的家谱主要是由杨炯昭和杨稳昭两位老人整理的。杨炯昭早年当过兵，1951—1952年在龙州县独立团担任通讯班长一职。他回家务农后，一直担任村里第四公社的会计。杨稳昭也是屯里老一辈中有名的文化人。他从小就去马隘读书，后来就读于百色农校。毕业后一直在大年屯中担任兽医，一干就是30年。杨稳昭在村中挺有威望，连村长黄斯博有什么事都会找他商量。黄姓家族的家谱重修主要由村长黄斯博负责。他可以说是黄姓家族中最有出息的人，黄姓的人都说他特别聪明，他的高中学历在现在的大年屯也算是比较高的。周家的家谱暂时还没有重修，但是现在存放在他们周姓一个威望最高的老人手上（此人现在已经跟着儿子在广东居住）。梁家因为人口较少，所以还没有家谱。这些修家谱的人在修谱的过程中一般都不出头露面，而是在幕后指点。他们自己热心修家谱，而且也熟悉一些仪式程序，因而同姓的村民都信任他们。各个家族自发组织的这样的家谱重修“委员会”进一步促进了当地的民间信仰，尤其是对祖先的信仰崇拜。

第三，文化交流的广泛深入，引入了外来宗教。

虽然现在基督教在大年屯还是为少数人所信仰，但之所以会出现此现象，也是因为村民跟华银铝的人的接触、文化的交流。前文中所提到的黄某因为生活中的不幸，使她产生了寻找信仰的需求，她认为基督教就是自己灰暗人生里的一盏明灯。

总之，大年屯的这些宗教信仰，不管是以前就有的，还是后来随着铝业公司的进入而跟随进入的，都是大年屯村民的一种自由选择，由此使大年屯的信仰呈现出一个多元化的趋势。在他们步入无农时代的转折时期，这些信仰让他们心里都得到了安慰，帮助他们舒缓了社会变迁所造成的恐慌和压力。

（二）歌圩风俗的变化

歌圩是壮族人民定期聚会唱歌以传情达意的一种传统风俗[①]，源于古老的百越文化。从汉代刘向《说苑·善说》的《越人歌》中可看到最初的印记——这首歌是公元前528年由南方越人唱出来的。一般认为，歌圩最晚形成于唐代，歌仙刘三姐是它形成的标志。[②] 对于这一壮族特有的文化传统，学者们对它的起源进行过认真的探讨，学术成果颇丰，归纳起来，大致有两种观点：一种是认为壮族歌圩起源于壮族先民的宗教祭祀活动[③]，还有一种观点认为壮族歌圩起源于壮族先民的“择偶”生活[④]。尽管所见不尽相同，但这两种观点都肯定了一点，即歌圩经历了从“娱神”到“娱人”的演变过程。

德保的歌圩，当地话叫作“端”，到清代成为山歌求情，以对歌求婚，男女青年以互相碰彩蛋来卜测婚姻佳运，以抛绣球传情，以抢花炮象征天神赐福、五谷丰登、六畜兴旺为主的活动。乾隆三十二年（1767年），镇安知府赵翼以《土歌》为题，具体地描述当时天保歌圩节男女青年对歌的情景：

春三二月圩场好，蛮子红装趁圩嬲。长裙阔袖结束新，不睹弓鞋三寸小。谁家少年来歌唱，不必与侬是中表。但看郎面似桃花，郎唱侬酬歌不了。一声声带柔情流，轻如游丝向空袅。有时被风忽

① 潘其旭：《壮族歌圩研究》，2页，南宁：广西民族出版社，1992。

② 潘其旭：《壮族歌圩研究》，143页，南宁：广西民族出版社，1992。

③ 罗瑞宁：《壮族歌圩起源辩》，19～23页，载《南宁师专学报》，1995（3）。

④ 黄润柏：《壮族歌节“三月三”的属性问题初探》，35～40页，载《广西民族研究》，1993（4）。

吹断，曳过前山又嫋嫋。可怜歌阕脸波横，与郎相约月华皎。曲调多言红豆思，风光罕赋青梅标。世间真有无碍禅，似入华胥梦缥缈。始知礼法本后起，怀葛之民固未晓。君不见双双粉蝶作对飞，也无媒妁订萝茑。[①]

尽管赵翼的诗流露出了歧视少数民族的态度，但仍可以从中看到当时德保县歌圩活动鲜明的地方特色。

大年屯村民唱的山歌大都是流行于马隘一带的七字山歌。这里的山歌模式一般都是固定的，并根据当时对歌的情况临时填词。要在这么短的时间里理解对方抛过来的问题，迅速机智地做出恰当的回答，需要广博的知识和敏捷的反应能力。按照大年屯一带的风俗，姑娘在去歌圩之前，母亲都会为她们准备好满满一篮五色糯米饭，让她们带到歌圩上。如果姑娘们很会唱歌，她的糯米饭就会很快被和她对歌的男青年分光。如果这个姑娘不会唱歌，她的糯米饭就会剩下很多回来，这在村里是一件很没面子的事，会被村里的老人看不起的。所以在当地，姑娘是否会唱山歌，是否唱得好，已成为了男子择偶很重要的一条标准。歌圩作为青年男女进行社会活动的一种形式，曾是他们生活中不可或缺的一部分，对他们的影响可谓深入骨髓。

虽然歌圩在壮族人民的心目中占有重要的地位，但它在历史上的发展却不是一帆风顺的。自明朝中叶封建王朝逐步对土司统治地区实行“改土归流”后，封建统治者就一直视歌圩为“风流圩”，把歌圩中演唱的山歌视为“风流歌”，认为“伤风败俗”而加以禁止。新桂系政府在1931年颁布了《广西各县市取缔婚丧生寿及陋俗规则》，其中第五章陋俗中的第三十六条规定：“凡诲淫之歌会，

① 德保县地方志编纂委员会：《德保县志》，658～659页，南宁：广西人民出版社，1998。

歌圩等恶习，均属伤风纪，应禁绝之。”[1] 1936年又颁布了《广西省改良风俗规则》，其中的第五章陋俗中的第三十四条规定：“凡麇集歌圩和淫邪歌圩，妨害善良风俗，或引起斗争者，得制止之，其不服者处以一元以上五元以下罚金，或五日以下之拘留。”[2] 在“文化大革命”中，当地政府多次以“破四旧”为名，对歌圩进行禁止。

但歌圩作为壮族人民生产生活中不可缺少的一部分，对它的禁止并不是一纸行政命令所能实现的。歌圩的生命力就如同白居易的诗中所写的那样“离离原上草，一岁一枯荣。野火烧不尽，春风吹又生”。歌圩越禁，唱的人越多，犹如雨后春笋，显示出强大的生命力。尤其在像大年屯一带偏远的壮族地区，歌圩更是显示了它生生不息的自发性及它坚韧的品质。听村中的老人们说，尽管这一带的歌圩在新中国成立初期及“文化大革命”时被当地政府禁止，但只要他们听到附近哪里有歌圩活动，都会互相转告，到了那一天，大家都会自发结伴前行。以前的路没有现在这么好走，往往要走上好几个小时，但这丝毫也不能阻挡他们的热情。甚至其他县举办的，比如靖西的四月初二的和田阳的四月初八的歌圩，他们也会照去不误。

20世纪80年代后，大年屯一带的歌圩进入了一个全新的发展时期。对于这一壮族的传统文化，当地政府对它采取了积极支持的态度。这时的歌圩在政府的引导下，更朝着一种有序的方向发展。现在的歌圩活动大都采用了比赛的性质，因而比以前的歌圩更具有观赏性，而且歌圩的举办也不仅仅局限于以前的那些传统日子。在当地政府的扶持下，歌圩越来越普遍地出现在一些新的庆祝节日或

① 广西壮族自治区地方志编纂委员会：《广西通志·民俗志》，427页，南宁：广西人民出版社，1992。

② 广西壮族自治区地方志编纂委员会：《广西通志·民俗志》，428页，南宁：广西人民出版社，1992。

一些重要的日子里。如2003年11月8日，为了庆祝华银铝工程的启动，就在大年屯的小学内举办过一次歌圩活动。那天除了唱山歌比赛，还有篮球比赛。这次的歌圩活动是由华银铝、德保县政府和大年屯共同出资举办的。在开幕式上，德保县的一些领导专程来到这里致辞祝贺并参加了歌圩活动。村民们说，村里很久没有像那天那么热闹过了。不仅周边村子的群众来参加，就连县城的人，甚至是别的县的人都专程跑来。

现如今，大年屯的村民参加的歌圩一般有两个：一是大年屯旁边安阳村九月初九的歌圩，一个是八月十五在马隘乡乡政府旁举办的歌圩。

图3-2-12　安阳村的歌圩

笔者曾观看了安阳村九月初九的歌圩。安阳的歌圩在整个德保都比较有名：一是因为安阳村离县城不远，县城的很多退休老人都可以在重阳节这天来这里参加活动；二是因为华银铝的进驻，临时生活区就在安阳村的旁边，因此德保其他乡、村的很多群众，甚至是其他县的群众都想在参加安阳村歌圩的同时，顺便去华银铝参观；三是因为安阳歌圩上的山歌比赛还专门从东凌乡请来专业的评委，在整个德保来说，具有这样比赛性质的歌圩活动这是最正规的一个，因而也就使安阳的歌圩更具有参与性和观赏性。

人类学家雷德菲尔德（Robert Redfield）曾提出“小传统”（the little tradition）和“大传统”（the great tradition）两个概念。所谓“小传统”，指的是乡民社会中一般的民众尤其是农民的文化。“大传统”则指以都市为中心，以绅士阶层和政府为发展者和支撑力量的文化。[①] 大传统与小传统之间的交流与互动，是文化创新和发展的重要途径之一。大年屯歌圩风俗的变化说明了这一点。

纳日碧力戈说，乡土知识和都市知识、民间智慧和科技智慧之间，并不存在截然对立的割据。它们的中心之间和边缘部分可能存在巨大差别，但是在各自的中间和边缘部分却存在大量的互相渗透、互相糅合。[②]

根据联合国开发署最新的定义，发展指的是创造一种能够充分发挥人的潜力的环境，使人们得以按照自己的需求和兴趣，获得富有创造性和丰富多彩的生活。[③] 从某种层面上来说，中国的发展还是指工业文明包容和指导农耕文明的发展。从前文对大年屯歌圩变迁的描述中可以看出，现在的歌圩与过去的歌圩在发展上的最大不同在于，现在的歌圩有了一个包容、支持它发展的社会环境。正是在当今社会大环境的包容、支持下，壮族的歌圩文化的外延已经扩展。歌圩不单是过去单纯的“倚歌配偶”，它已经成为一种群众性的集体歌唱活动。今天的歌圩活动中，既有对歌娱乐，又有民族体育竞赛和商业贸易、文艺表演等，就像安阳村的歌圩，可以称为是一次文娱大会。可以说，现在的歌圩已不再游离于主流文化之外，而是真正地被主流文化所接受包容，它再一次迎来了生命中的又一

① 王铭铭：《社会人类学与中国研究》，140页，桂林：广西师范大学出版社，2005。

② 纳日碧力戈：《现代视野中的乡土知识与民间智慧》，24～27页，载《民族艺术》，1999（1）。

③ 宋涛：《传统裂变与现代超越：西部大开发与西南少数民族生活方式变革问题研究》，28页，北京：民族出版社，2006。

个春天。

大年屯歌圩文化的变迁向人们展现了一个传统文化的困境：随着现在大年屯土地的缺失，越来越多的村民选择走出村庄，外出打工或在铝厂打散工。这些外出打工的村民在接触到更多的外来文化和工业文明后，逐渐对本民族的传统文化呈现出一种冷淡的态度。最直接的表现就是现在的歌圩出现了老龄化的趋势。

希尔斯曾说过：传统依靠自身是不能自我再生和完善的，只有活着的、求知和有欲求的人类才能制订、重新制订和更改传统。传统之所以会发展，是因为那些获得并且继承了传统的人，希望创造出更真实、更完善，或更便利的东西。[①] 可见，民族的生命力在于它独特的文化，在于它延续的传统，在于它的不断创新。因此，在当今的社会中，民族文化的流传还在于与时俱进地引进现代元素。这些都需要主流文化给予指导和支持。同样，歌圩作为壮族这一民族极富特色的传统文化，要想在发展中创新，除了要有主流文化的包容支持外，还必须得到主流文化的引导，也就是现代工业文明的引导。当具有鲜明地方民族特色的歌圩文化越来越具有现代特色时，有学者认为“政府的政策和社会团体的导向有时对民歌文化的传承、传播和发展也起到一定的负面影响……虽然，更多的人得以看到对歌比赛，更多的人由此而了解山歌，但山歌的艺术却被消减了”[②]。固然，一味地去迎合主流文化，或是去赢得大众的欢心而把本民族的精髓扔掉，不是民族文化传承发展的正确道路，毕竟“文化是民族的根系，是一个民族生存、延续、发展的重要支柱”[③]。一个民族，如果没有了自己的民族文化，他们的根基何在？

---

① 何星亮：《对传统与现代及其相互间关系的阐述》，见〔美〕希尔斯著，傅铿、吕乐译：《论传统》，23页，台北：桂冠图书公司，1992。

② 覃乃昌：《壮族〈嘹歌〉的传承与传播研究——壮族〈嘹歌〉文化研究之七》，896～100页，载《广西民族研究》，2005（4）。

③ 李富强：《让文化成为资本——中国西部民族文化资本运营研究》，53页，北京：民族出版社，2004。

可是，不与大传统互动交流，小传统又如何能够生存？李富强在《让文化成为资本——中国西部民族文化资本运营研究》一书中，就举了一个很好的例子：近些年来，常有台湾省的一些少数民族文化交流团来桂与当地少数民族联欢。在联欢的过程中，广西少数民族的演唱者大多是饱经风霜的老者，所唱民歌虽然古老、庄重，内容也很丰富，思想也很积极，但曲调单一、乏味，不动听；而台湾少数民族同胞所演唱的歌曲，既有民族特色，又朗朗上口、娓娓动听。这不是因为台湾少数民族民歌比广西少数民族民歌"优越"，而是因为台湾少数民族所演唱的是经过"再创造"的歌曲。它已在"传统的"民族特点的基础上加入了"现代的"因素，所以它容易为现代人接受。而广西少数民族同胞所演唱的歌曲是"原生"的，没有经过"再创造"，没有加入任何的"现代的"因素，所以很难为现代人特别是年轻人所接受。① 这一例子更好地说明了，要想让本民族的优秀文化被更多的人接受，使它的精髓得以传承，就要创新，只有创新才能使本民族的文化得以实现现代化。同样的，工业文明引导歌圩文化在当今这样一个现代化的时代里与时俱进，才能使它更好地发展，更好地适应当今飞速发展的世界，歌圩文化也才能表现出更加旺盛的生命力。总之，各民族都应该而且可以通过对自身传统文化的不断创新，通过对现代世界的不断调适，而实现富有民族特色的现代化，关键是要在民族传统文化与现代化之间找到富有生命力和活力的生长点，促进民族自身的发展。②

---

① 李富强：《让文化成为资本——中国西部民族文化资本运营研究》，55页，北京：民族出版社，2004。

② 李富强、蓝襄云：《让传统告诉未来·引言》，5页，哈尔滨：黑龙江人民出版社，2006。

第三章 结 语

大年屯，只是中国几百万个自然屯中普普通通的一个。翻开大年屯尘封的历史，我们可以看到从大年屯的建村初始，土地就在其村民的生产生活中占有相当重要的位置。农耕生活是大年屯能得以延续几百年的一个根基和脉络，也是大年屯村民一直以来赖以生存的不可缺少的一笔财富。但当华银铝进入大年屯一带并向村民征地以后短短的几年时间里，我们从大年屯发生的文化变迁中，不仅可以看到传统农耕文化与现代工业文明的碰撞，还可以把它看作是中国民族地区乡村都市化的一个缩影。

一、传统与现代的对立统一

对于传统文化，曹锦清曾有过一段精彩的描述：传统文化仅是指一套世代相传的习惯观念与行为方式吗？如果世代相传的观念习俗与当代村民的实际生活发生了强烈而持久的冲突，人们会牢守传统而使自己的生活陷入混乱吗？这种可能是有的，但不会持久。人们迟早要适应变化了的实际社会环境。因此，当我们在村民的观念与行为方式中看到活跃着的“传统”时，应从两个视角去分析：一是旧习惯的残留作用，二是传统依然是他们对付生活之需的东西。换句话说，传统依然是他们生活方式的一个组成部分，而并不单纯是一种“多余，甚至是有害的残留物”。在笔者的调查中，华银铝对大年屯进行土地征收，用一种“倒逼机制”使村民们同以前的农耕生活挥手道别。由华银铝业公司带来的社会现代性逐渐在大年屯渗入与生长的同时，大年屯村民的传统文化也在此期间发生了相应的变化。不管村民们是否愿意，他们都必须使自己走向一个有别于传统农耕生活的全新时代。尽管几百年来大年屯的传统农耕社会所形成的传统文化不会在短时期内很快逝去，但现在我们已经看到大年屯村民在走向全新时代的过程。我们了解到他们正在努力适应这个新的时代，看到他们努力争取走向进步、文明、开放和现代的一面，也看到他们仍然受着传统掣肘的另一面。

大年屯是一个拥有数百年农耕历史的壮族传统村落，而华银铝则是一个代表着现代化工业文明的国家大型工业企业。在人们的眼中，大年屯是传统的，华银铝是现代的。人们在讨论现代化时常常把“传统”与“现代”对立起来，这实质上就是将文化的发展脉络割裂开来。传统文化在本质上与现代化密切相关，传统文化是文化本体，而现代化是一个时间观念、政治观念和经济观念，既是目标，又是过程。现代化就是传统文化的对外开放与对外互动。[①] 大年屯的村民们在与华银铝的频繁接触中，必定导致他们的传统文化逐渐走向现代化。同时，从大年屯传统文化变迁的过程中我们也可以看到，这些传统的文化都是大年屯几百年的农耕文化孕育的结果。比如大年屯的宗教信仰，虽然与现代化的进程中不符，但却是大年屯村民在现代化进程中所形成的恐慌、不安等情绪的一服抚慰剂。一切传统都是传到现代并统一到人们心理、习惯、风俗与制度中去的活着的因素。[②] 因而村民身上的传统并不是旦夕之间就能全盘剔除的。

贯彻落实科学发展观，从民族传统文化与“现代化”的关系来说，就是要振兴民族文化，让传统文化参与现代化建设，……因为任何民族的现代化都是本民族传统生活方式、人生理想、价值观

① 李富强：《壮族村落——那善屯》，见《南昆八村——南昆铁路建设与沿线村落社会文化变迁》，178 页，北京：民族出版社，2001。

② 曹锦清：《黄河边的中国》，31 页，上海：上海文艺出版社，2000。

念、民族精神、民风民俗的现代化。[1] 总之，“传统”与“现代”是一种对立统一的关系，它们既有相互矛盾的一面，又有相互适应、促进和发展的另一面。

二、乡村都市化中的文化适应

20世纪60年代美国人类学家克莱德·伍兹提出“指导性变迁”概念，他认为指导性变迁就是指某社会的个体或群体积极地、有目的地对其他民族的社会观念的现实干预。[2] 这一概念后被中国学者将之本土化为“指某一文化的某些人有计划地帮助或促使另一文化的人们发生社会或文化变迁[3]”。华银铝进驻大年屯一带，作为国家计划性变迁的一个个案，加速了大年屯文化变迁的脚步，促使其能更快地过渡到现代化，更快地实现乡村都市化。

学者沈远新在谈到民族地区的现代化发展时，认为有两个方面对民族地区的制约不能不加以考虑：一是文化具有单一的归属性；二是文化具有完整性。这就使得任何一种文化均有其生存、延续和发展的轨迹，不必靠他种文化的帮助而更新，甚至反而对他种文化产生一种排斥性。[4] 这也是当代中国在发展民族地区经济或进行指导性变迁时常遇到的情况，一旦处理不当，就会使外来的现代工业文明与传统的农业文明出现一种格格不入、貌合神离的状况。

在漫长的历史岁月中，壮族农耕文化曾成功地实现了自我保持

① 李富强、蓝襄云：《让传统告诉未来·引言》，4～5页，哈尔滨：黑龙江人民出版社，2006。

② 〔美〕克莱德·伍兹著，何瑞福译：《文化变迁》，69页，昆明：云南教育出版社，1989。

③ 蓝武芳：《三村变迁——环北部壮族农村经济转型和文化适应》，见孙秋云：《文化人类学教程》，52页，北京：民族出版社，2004。

④ 沈远新：《关于民族地区现代化的几个重大问题的思考》，41～47页，载《贵州民族研究》，2000（1）。

及自我更新的统一，建立了自强不息的生命机制，应对一个又一个来自内部与外部的挑战，创造出壮族文化发展史上的一个个奇迹。[①] 但是，这一过程也有其局限、封闭、落后的一面，在当代的现代化发展中极不协调。因此，在壮族地区的乡村都市化进程中，壮族的传统民族文化在现代化进程中应该如何发展，是继续固守传统、一成不变，还是全盘抛弃传统，并对外来的现代文明全部加以吸收？这些都是需要考虑的问题。

吴文藻先生曾对文化下了一个精辟的定义："文化最简单的定义可以说是某一社区居民所形成的生活方式，所谓生活方式系指居民在其生活各方面活动的结果形式的一定结构，文化也可以说是一个民族应付环境——物质的、概念的、社会的和精神的环境的总成绩。"[②] 从这个层面来说，文化的本质在于适应，它的发展在于继承和创造。现在的大年屯，外来文化与本民族、本村落的传统文化的冲撞和磨合贯穿于华银铝的建设与生产中：大年屯的村民已经开始寻找除农耕以外的生产方式，消费方式和对待现代化的态度也在发生着改变，就连最传统的民间宗教信仰和歌圩文化，也在与华银铝的接触中悄然发生着改变。因此在华银铝进入大年屯的这几年里，我们已经可以看出大年屯所发生的种种变化。虽然谈不上剧变，但也可以说是在逐渐地融入现代化的进程，村民们已经在逐渐地努力适应着这些转变。

民族地区乡村都市化带来的现代化应该是属于民族的现代化，民族地区乡村都市化中的文化适应就是民族现代化和民族传统文化相结合。民族现代化和民族传统文化的结合是强大民族的标志。我们中华民族的复兴，壮族的复兴，也要走这条道路，即民族现代化

① 李富强：《"蛮荒"稻香——壮族农耕文化》，156 页，香港：天马图书有限公司，1998。

② 费孝通、王同惠：《花蓝瑶社会组织·吴文藻导言》，5 页，南京：江苏人民出版社，1988。

与民族传统文化相结合。[①]

总之，现在的大年屯，正如李培林笔下的那个羊城村，它的农业耕作史断裂和终结了，但村落的历史还在延续，大年屯要沿着一个现代化的村落方向发展。但是，现代化不是空中楼阁，而是建立在传统的基础上，乡村的现代化更是如此。现在大年屯迈向现代化，除了要靠华银铝业公司的推进作用外，还要靠自身的努力；只有在这一“外力”与“内力”的合力作用下，大年屯的现代化才能最终实现。

① 张声震：《二十一世纪壮学的走向》，36～37页，载《广西民族研究》，2000(2)。

本篇参考文献

一、志书、古籍

[1] 德保县地方志编纂委员会．德保县志．南宁：广西人民出版社，1998

[2] 广西壮族自治区地方志编纂委员会．广西通志·民俗志．南宁：广西人民出版社，1992

二、著作

[1] 黄淑娉、龚佩华．文化人类学理论方法研究．广州：广东高等教育出版社，2005

[2] 石弈龙．应用人类学．厦门：厦门大学出版社，1996

[3] 王铭铭．社会人类学与中国研究．南宁：广西师范大学出版社，2005

[4] 李守经．农村社会学．北京：高等教育出版社，2005

[5] 庄孔韶．人类学通论．太原：山西教育出版社，2005

[6] 施琳．经济人类学．北京：中央民族大学出版社，2002

[7] 高丙中、纳日碧力戈．现代化与民族生活方式的变迁．天津：天津人民出版社，1997

[8] 李富强、李土玉、纳日碧力戈．南昆八村——南昆铁路建设与沿线村落社会文化变迁（广西卷）．北京：民族出版社，2001

[9] 郭大钧．中华人民共和国史（1949—1993）．北京：北京师范大学出版社，2003

[10] 徐杰舜、刘小春、罗树杰．南乡春色——一个壮族乡村社会文化的变迁．南宁：广西人民出版社，1990

[11] 周大鸣．凤凰村的变迁．北京：社会科学文献出版社，2006

[12] 李培林．村落的终结——羊城村的故事．北京：商务印书馆，2004

[13] 宋涛．传统裂变与现代超越——西部大开发与西南少数民族生活方式变革问题研究．北京：民族出版社，2006

[14] 周晓虹．传统与变迁——江浙农民的社会心理及其近代以来的嬗变．北京：三联书店，1998

[15] 费孝通．江村经济——中国农民的生活．北京：商务印书馆，2006

[16]〔美〕施坚雅著，史建云、徐秀丽译．中国农村的市场和社会结构．北京：中国社会科学出版社，1998

[17]〔美〕许琅光著，彭凯平等译．美国人与中国人——两种生活方式比较．北京：华夏出版社，1989

[18] 〔美〕米德著，曾胡译．代沟．北京：光明日报出版社，1988

[19]〔美〕黄宗智．长江三角洲小农家庭与乡村发展．北京：中华书局，2006

[20]〔美〕黄宗智．华北的小农经济与社会变迁．北京：中华书局，2004

[21]〔美〕阎云翔著，龚小夏译．私人生活的变革：一个中国村庄里的爱情、家庭与亲密关系1949—1999．上海：上海书店出版社，2006

[22]〔美〕本尼迪克特著，王炜等译．文化模式．上海：三联书店，1988

[23] 李富强．人类学视野中的壮族传统文化．南宁：广西人民出版社，1999

[24] 李富强．“蛮荒”稻香——壮族农耕文化．香港：天马图书有限公司，1998

[25] 李富强、蓝襄云等．让传统告诉未来．哈尔滨：黑龙江人民出版社，2006

[26] 李富强．中国壮学（第一、二辑）．北京：民族出版社，2006

[27] 李富强．让文化成为资本——中国西部民族文化资本化运营研究．北京：民族出版社，2004

[28] 玉时阶．壮族民间宗教文化．北京：民族出版社，2004

[29] 张声震．壮族通史．北京：民族出版社，1997

[30]〔法〕孟得拉斯．农民的终结．北京：中国社会科学出版社，1992

三、论文

[1] 杜发春、罗炳正．民族地区大型国有企业与当地经济社会发展——广西平果铝业公司与周边地区调查．民族研究，1999（2）

[2] 马俊毅．民族地区国有企业与当地经济社会发展学术研讨会综述．民族研究，1999（2）

[3] 程成．国有大型企业与当地壮族的现代化．广西右江民族师专学报，2001（3）

[4] 程成．国有大型企业对当地壮族生活方式的影响初探．桂海论丛，2001（10）

[5] 张楠．民族地区工业化进程中的问题与对策．西南民族大学学报（人文社会科学版），2004（11）

[6] 江世银．西部大开发与西部地区工业化发展．天府新论，2005（1）

[7] 张鸿雁．农村人口都市化与社会结构变迁新论——孟得拉斯《农民的终结》带来的思考．民族研究，2002（1）

[8] 关凯．现代化与少数民族的文化变迁．中南民族大学学报（文化社会科学版），2002（6）

[9] 姚月红、马建青．从多维视角透视“代沟”的影响．当代青年研究，2001（5）

[10] 周怡．代沟理论：跨越代际对立的尝试．南京大学学报（哲学人文社会科学版），1995（2）

[11] 王培刚、张登国．当前农村家庭中的文化反哺：基本内容与趋势导向．四川行政学院学报，2007（3）

［12］黄宗智．制度化了的“半工半耕”过密型农业（下）．读书，2006（2）

［13］徐杰舜、林敏霞、杨清媚．聚焦：守土与离土——第三届人类学高级论坛海峡两岸圆桌论坛纪实．广西民族学院学报（哲学社会科学版），2006（1）

［14］徐杰舜．中国农民守土与离土的博弈——孟德拉斯《农民的终结》的启示．中南民族大学学报（人文社会科学版），2006（1）

［15］李富强．“打工族”与壮族文化变迁——以田林那善屯为例．广西民族学院学报（哲学社会科学版），2003（3）

［16］李富强．壮族的文化传递．广西民族研究，1993（2）

［17］陆晓芹．壮族歌圩当代流变论．广西民族学院学报（哲学社会科学版），2003（7）

［18］张声震．二十一世纪壮学的走向．广西民族研究，2000（2）

第四篇　天峨县连迁移民新村

第一章　社区背景

一、天峨县概况

本文所调研的连迁移民新村地处天峨县境内。天峨县位于广西壮族自治区河池市的西北部，居红水河上游。东及东北与南丹县交界，东南接东兰县，南连凤山县，西及西南与乐业县相邻，西北与贵州省罗甸县隔红水河、牛河相望。

今天的天峨县境，在古代属百越地。秦时属象郡。汉时属益州刺部牂柯郡（今位于贵州境内），直至三国、晋代、隋朝仍属益州刺部牂柯郡。唐代置羁縻峨州，属江南道黔州都督府。北宋时，天峨境地属广南西路观州；南宋属广南西路宜州。元代置程县，属庆远府南丹安抚司。明代，今天峨东北境属庆远府，西南属泗城州，距州府北480里置“天峨甲”。清代至民国，东北和东南境属庆远府南丹州，西北一部分及西南大部分属泗城州凌云县。清乾隆五年（1740年），凌云县始添县丞一员，协助知县处理此境所辖政务，时称“天峨分县”。县衙署置于天峨南岱。乾隆四十六年（1781年），衙署驻天峨街，仍称天峨分县，是年，清庭颁发乾字一二四二零号钤记一颗。是时，天峨分县只管辖二十四亭半（含今县境更新、纳直、向阳、下老和乐业的过马、打路、新化等），每亭四村，共98村。

宣统三年（1911年），改设弹压公署，称“凌云县天峨弹压公署”，设弹压官1人。民国十六年（1927年），改弹压公署为凌云县北路民团总督队。民国十八年（1929年）废北路总督队，改设凌云县第十四区团务分局，设正副局长各1人。此际辖境仅有天峨乡及新、那、赖三亭（今更新、纳直、那里）而已，原有逻西、八亭、过马则拨归凌云县第十三团务分局管辖。民国十九年（1930年），在今县境，设凌云县第十四区，区长1人。民国二十一年（1932年），割罗宜、九亭及巴更乡之泽亭、斌亭、安亭、锦景、上福、文篇（今文里、边里）、嘉禄（今加里、六里）等7村补充原有二十四亭半，设凌云县天峨特别区。因此地属黔桂边陲，贵州、广西两省的中共地下革命活动昌盛，实为国民党政权鞭长莫及，于民国二十三年（1934年）筹备成立天峨县。县衙之西有峨山，与南480里的凌云苍岭相对峙，以峨山取其政区名。广西省政府于民国二十三年冬，割出凌云县之罗宜、天峨、更新、划凤山县之老鹏，取南丹之六排、桥头、甲板、牙林共8乡在民国二十四年（1935年）正式成立天峨县，县治仍立于天峨乡之天峨街，时属百色行政监督区。第一任县长黄建中承袭历史上的避违，为区别县、乡、街之名，把“天峨乡”改为“城治乡”，把“天峨街”改为“向阳街”。民国二十七年（1938年），天峨县划归庆远行政监督区管辖，区治宜山。民国三十一年（1942年），天峨县划归第二区管辖，区治柳江。民国三十七年（1948年）又属第十区，区治宜山。民国三十八年（1949年）改属12区，区治凤山。1950年1月20日，天峨县获得解放，县治立于向阳街。1952年下半年，县治迁至六排，时属宜山专区所辖。1958年7月，宜山专区更名为柳州专区，天峨随辖。1965年5月，广西壮族自治区增设河池专区，天峨县属之，区治河池金城江。1971年河池专区改称为河池地区，天峨县仍属之，迄1988年未变。[①]

天峨县面积3,129.47平方公里，县城距河池市政府驻地157

① 天峨县志编纂委员会编：《天峨县志》，25～26页，南宁：广西人民出版社，1994。

公里，现辖六排、向阳2镇和芭暮、八腊、老鹏、纳直、更新、燕来、下老、坡结、三堡等9个乡，村民委员会91个，社区委员会3个，村民小组1,625个。全县143,249人，居住着壮、汉、瑶、侗、苗、布依、毛南等14个民族，其中壮族占56.66%，汉族占38.95%。[①] 2002年，全县国内生产总值64,011万元，比上年增长14.7%，增长速度排在全区第4位。“九五”时期年平均增长9.47%，人均国内生产总值4,479元，比上年增加613元。地方财政收入4,917万元，人均343元，人均财政收入排在全区第17位。农民人均纯收入1,918元，比上年增长8.2%。[②]

天峨县境地处广西丘陵与云贵高原的过渡地带，属凤凰山脉和东凤岭山脉交错区。群峰林立，沟壑纵横，地势西北高东南低，以中山为主。主要山峰有高楼山、三匹虎、大山、交连岭等。其中高楼山为全县高山之首，海拔1,419米。此外海拔1,000米以上的山脉有311座。县境属亚热带季风气候区，冬暖夏凉，四季分明。年平均气温20℃，年平均日照时数为1,281.9小时，年降水量1,370毫米，无霜期达330天。境内河流属珠江流域西江水系，有大小地表河流58条，全长1,186公里，河网密度为每平方公里0.7公里，地表年平均径流量为12.93亿立方米。主要河流红水河自西北向东南贯穿境内，流长112公里，平均流量1,590立方米/秒。[③] 土壤以红、黄壤为主，土层厚，肥力足，有机质含量丰富，适种性广。全县森林面积21,778万公顷，森林覆盖率达83.8%。境内野生动植物资源种类繁多，主要有果子狸、猴、山鸡、穿山甲、黄羚、野猪和香菇、木耳、中草药材、甜竹笋、尧山茶、马蜂蛹、芝麻剑鱼等；属国家重点保护的珍稀树种有格木、铁杉、任木等；矿产资源

① 王佳玉：《河池市概况》，28页，南宁：广西民族出版社，2003。

② 天峨县统计局编：《天峨县2002年统计年鉴汇总》，205页，2003。

③ 天峨县志编纂委员会编：《天峨县志》，71页，南宁：广西人民出版社，1994。

主要有锑、锌、铁、铜、金、煤、硫、铝、锰、辉绿岩等。[①]

二、连迁移民新村基本情况

（一）新村概况

2001年7月1日正式开工建设的龙滩水电站，是中国仅次于三峡水电站的第二大水电工程。水电站库区移民涉及广西、贵州两省的10个县，迁移人口7万多人。天峨县是电站坝址所在地和电站库区重点淹没区，全县11个乡，库区淹没涉及10个乡（镇），淹没区主要分布在县城以西、西南和西北。其中向阳镇和下老乡是天峨县库区重点淹没区，移民生产安置人口分别占其总人口的65.23%和67.84%。[②] 目前，移民搬迁和安置工作已顺利完成。连迁移民新村就是在这样的背景下形成的一个村落。

连迁移民新村建立于2004年2月，位于广西天峨县六排镇西北方向10公里处的一个山坡上，与六排镇那州村相邻，在行政上属于六排镇。六排镇清代属那地州北旦哨，民国二十三年（1934年）划归南丹县，称六排乡。民国二十四年（1935年）划归天峨县，仍称六排乡。1950年至1953年为天峨县第三区，1954年至1957年称纳州区，1958年为纳州红星人民公社。以后，六排区、六排人民公社与六排镇几经分合撤并，1984年仍称六排镇至今。六排镇自古以来是红水河上游的一个重要集镇。相传元代老街河口码头有六根石柱，河上船只来往停放时都靠石柱成排，故名“六排”。其位于天峨县境东南部，镇政府驻地六排，与县政府同城。六排镇是龙滩电站施工区和生活区，同时，也是大西南出海航道的必经之地，桂西北与黔南州陆上交通要冲之一，东与南丹相连，南

① 天峨县志编纂委员会编：《天峨县志》，74页，南宁：广西人民出版社，1994。

② 天峨县统计局编：《天峨县2005年统计年鉴汇总》，325页，2006。

与岜暮乡、西面和南面分别与向阳和八腊乡接壤，北面与坡结乡毗邻，地理位置非常重要。六排镇多属山区，溶岩分布广，地处亚热带与中热带的过渡带。龙坪坡海拔1,264米，镇驻地四面环山，中间较平，红水河将其分成东西两岸。六排镇是天峨县的政治、经济、文化的中心，全镇幅员面积347.2平方公里，耕地面积16,978亩。其中水田7,452亩，以产稻谷、玉米为主，纳合、纳州、都隆、登里、索法、云榜等坝子是县内双季稻重要产区，旱地9,526亩，林地面积24,941.74公顷。2005年辖10个村，3个社区居民委员会，229个村民小组，常住人口36,010人，暂住人口1万多人。①

连迁移民新村现有174户，共714人，主要由向阳镇和下老乡的村民组成。下老乡村民共有305人，向阳镇村民共有409人。其中向阳镇治安村治安屯的村民共有335人，占向阳村民总数的81%；下老乡村民以雅房村下雅屯村民为最多，共240人，占下老村民总数的78.6%。主要有壮族、汉族、布依族，壮族约占96%，汉族占3%，布依族占1%。本村落共有杨、罗、李、黄、王、韦、刘、覃、秦、吕、赵、张12个姓氏，其中罗、韦、王为三大姓。连迁村落占地面积约63亩，共有水田约100亩，旱地约300多亩，人均约有0.5亩田地。除此资源外，村里还约有2,000亩的山坡资源在后靠。在连迁移民新村常住的714人中，除10名国家干部及其家属外，其他的人为农业人口，基本上都从事农业生产。新村共有两批移民迁入，第一批在2004年2月迁入，第二批在2006年3月迁入。目前，新村第一批移民大部分都已买到了足以解决温饱的田地，而第二批移民则因当地田地少而且价格高而无法买到田地。第一批移民除了种植水稻、玉米外，还有网箱养鱼、种植蘑菇、跑运输、开小商店等多种生计方式，而第二批移民则没有田地可种，

① 王佳玉、韦显寿：《河池市乡镇概况》，189～190页，桂林：广西师范大学出版社，2005。

有些村民回老家种植作物，但是大部分已丢弃了农业，试图寻找新的生计。比如有些人到县城打临时工，加入网箱养鱼、种植蘑菇的行列等以谋生存。由于田地大幅度减少，村民又没有一技之长，部分村民找不到新的生活方式而终日无所事事，整天就靠打牌、打麻将、到县城去玩等方式度日，生活比较困难。

（二）移民来源地概况

1. 治安屯

移民来源地之一是治安村治安屯。治安屯是天峨县向阳镇治安村的一个自然村落，离向阳镇约有 5 公里，共 153 户，人口 614 人，壮族约占总人口的 96%，汉族占 3%，布依族占 1%。向阳镇位于天峨县的中部，北部与贵州省罗甸县班仁、大亭乡隔红水河相望，西部、西南部与下老、燕来乡和乐业县的新化乡接壤，东部与坡结、六排、八腊乡相邻，南部连接老鹏、纳直乡，与 3 省 3 市 3 县 10 个乡镇交界，是县内边界最复杂的乡镇。总面积 399.98 平方公里，是全县面积最大的乡镇。2003 年年底总人口为 17,051 人。镇内共有 9 个民族，其中壮族人口 10,675 人，占总人口的 63.42%，汉族人口 6,082 人，占 36.13%。红水河绕过北面和东北面边界，布柳河流经南部腹地，省道 20343 线横过全境，镇政府驻地向阳距离县城 32 公里，交通便利。向阳镇地跨一河两山，即布柳河和峨西北、峨南北两大山脉，南北最大距离达 39 公里。由于地域跨度大，境内地形复杂，地貌多样，大致分为北部和西北部的中低山地貌区、东部和南部的低山地貌区、东部和南部的低山地貌区、中部的河谷丘陵平原地貌区。地形地貌的复杂性、气候类型的多样性、地理位置的优越性和历史背景的特殊性，对向阳镇经济和社会的发展产生了深刻的影响，并在境内出现了 4 种不同类型的经济区。一是以商贸为主的向阳经济区。二是以种植水稻、水果、蔬菜为主的向阳盆地农业商品生产基地，这个经济区域包括向阳村的全部、治安村和全平村的大部分，是天峨县农业生产条件最好的地区之一。自改革开放以后，这个地区的群众积极开展农业产业结构调整，将耕作由原来的水稻两熟改为蔬菜+水稻两熟或果蔗+蔬菜两熟。同时，大力开发荒坡草地，种植西瓜、龙眼、荔枝、芒果等热带名优特优水果，成为全县最大的反季节蔬菜种植基地和热带水果生产基地。三是半农半渔的布柳河流域经济区，包括治安、平腊村的大部分和龙鱼、林列村的一部分。四是以林、粮、牧为主的高山农业经济区。治安屯就是处于以种植水稻、水果、蔬菜为主的向阳盆地农业商品生产基地。

根据族谱和墓碑显示，治安屯立寨的时间应该是在明末清初，已有400多年的历史，祖籍多为贵州人，是祖先当时为逃避战乱而建立的，当时只有十几个人。治安原名安亭，新中国成立后改为治安屯。治安屯周围多为土山，地势平坦开阔，土壤肥沃，水资源、森林资源丰富，阳光充足，气候温和，很适合种植水稻、水果、蔬菜等。治安村民世代以种植农业为生，并以养殖业、渔业为辅助生产，形成了一套独特的生产方式。新中国成立前，治安村民以种植水稻为主，以少量的玉米为辅，因技术落后，种植方法较为传统，水稻产量不高。新中国成立后，在党和政府的领导下，村民开始采用新的种植技术，进行科学种田、科学管理，并改善了种植结构，在种植水稻的基础上增加种植玉米，产量有较大的提高。特别是1983年后，村民引进了冬种技术，反季节种植蔬菜、水果等高品质产品，在水稻产量提高的同时，经济收入也有了较大的提高。村民充分利用地理优势及聪明才智创造了较大的经济利益，但是龙滩水电站的建设迫使他们离开了世代居住的家园，良好的田地及丰富的资源将被淹没，他们将寻求新的生存方式。

2. 下雅屯

移民来源地之二是下老乡下雅屯。下雅屯是下老乡雅房村的一个自然村落，共有160户，642人，壮族人口占总人口的95%。雅房村离下老乡政府约有10公里。下老乡位于天峨县西北部的红水河畔，西南与乐业县逻西接壤，东北部与贵州省罗甸县红水河镇隔河相望。20343省道从中贯穿而过，红水河航道流经境内。全乡总面积326.5平方公里，辖下老、百塘、雅房、罗宜、豪明、纳明等7个村71个自然屯93个村民小组。2003年年底全乡总人口为2,473户10,620人。其中壮族人口8,979人，占84.55%；汉族人口1,641人，占15.45%。乡政府所在地下老（壮语为“下面大寨子”之意，汉语音译而得名），距离县城76公里。[①] 下老乡背靠峨西北山脉，面朝红水河。境内中小山脉基本上出自峨西北山脉，并顺红水河走势从西南向东北逶迤而下，错落有致，排列整齐。支脉与支脉之间有一条小河。在红水河沿岸就排列了7个较大的河谷，自上而下分别是圭里、百定、百塘、下老、雅房、豪明、八沙。除罗宜、纳明两个村为中低山地貌之外，圭里、百塘、下老、雅房、豪明等5个村都处在红水河凹陷区，以低山丘陵地貌为主。

据村中老人讲述，下雅屯建立时间约有300多年，是祖先当时为逃避战乱至此而建立的。下雅屯地处低山丘陵地区，周围多土山，森林资源和水资源丰富，人们长期以种植水稻为主，以养殖业为辅，近年来主要靠种植桐果、板栗、杉林等经济作物增加经济收入。在搬迁之前，下雅屯约有98%的村民在家务农，主要种植水稻、玉米及高品质的蔬菜、板栗、杉林等经济作物，5%的村民偶尔到县城打临时工，只有1%的村民到广东、深圳等地打工。

① 程维昌：《天峨县农业志》，19页，天峨县农业局编印，1987。

第二章 传统生计方式

一、主要生计方式——稻作农业

人类以农业为生的民族可分为定耕定居及游耕迁徙两类。壮族世代以农业为生，属于定耕定居型农业民族。

一个民族生计方式的形成及实际运用，与该民族的生态环境、活动空间、技术水平及习俗信仰等因素有密切关系。连迁移民来源地的气候属于南亚热带季风性气候，阳光充足，雨量充沛，土地肥沃，适合种植水稻、玉米、豆类、甘蔗等第二产业粮食和经济作物。治安村民及下老乡村民的祖先从明末清初开始建立村寨起就一直以种植水稻为生，这种传统一直流传至今。从建立村寨到新中国成立前，一直以粮食生产为主，经济作物的种植几乎为零。新中国成立后，中国共产党和人民政府重视农业，逐步调整农业结构，经济作物种植的比例有所增长；但是1978年以前全县各乡村的种植业均以粮食生产为主，经济作物种植的比重仍很小。自党的十一届三中全会以后，县内开始改变“以粮为纲”的生产方针，实行“以林为主，林、粮、牧、副、渔、土特产”综合发展的方针，逐步调整了农业内部的产业结构。种植业以林为主，宜粮则粮，宜林则林，从而粮增林茂，其他经济作物种植比例不断增长，提高了人们的生活水平，也带动了家庭养殖业的发展。

连迁移民在长期的历史发展过程中，逐步形成了适合自己的一整套传统生计方式，其生计方式主要由以下几个方面组成。

（一）生产组织

农业生产是以一定的组织形式进行的。根据文献资料和当地人的口述资料，连迁移民的先辈们在不同的历史阶段有不同的生产组织形式。

新中国成立以前，县内农民主要以一家一户为单位进行个体生产，但也存在自愿基础上的互助合作。互助合作主要有三种形式：一是帮工，在农忙季节，亲戚、邻居之间的互助帮工，只吃饭不计工或工钱；二是换工，民间称“打工换背”，即人工换人工，人工换牛工或牛工换牛工，或是人工换农具；三是借工，往往是劳动力少，或牛力、工具少的农户向人力、牛力工具充裕的农户借用人力、牛力、农具，在一定的时间之后还给人工。这三种“单干”形式在治安村和下老乡都曾存在过，但是常用的是帮工制。当时农业生产条件很落后，村民大都没有充裕的生产工具，农忙季节单凭自家的生产工具及人力不足以完成繁重的劳动任务，所以亲戚及邻居之间互相帮助，这种劳动组织形式在一定程度上解决了人力及工具不足的问题，是农民渡过难关的较好形式。

新中国成立后，经过减租退押、土地改革，生产资料由私有制向公有制过渡，全县掀起了成立合作社的高潮，多数村民都加入了高级农业合作社，进行集体生产。广大农民投入大生产运动，兴修水利、积肥改土、积极抗旱，生产条件逐步改善，生产积极性空前提高。1965 年的农业总产值达 751.98 万元，其中种植业总产值是 510.55 万元。①

党的十一届三中全会以后，天峨县实行“以农为主，林、农、牧、副、渔、土特产”综合发展的方针，鼓励农民致富，农业生产出现了新的生机。特别是 1980 年逐步实行家庭联产承包责任制以后，农民放开手脚大干，农业发展速度之快前所未有。1979 年至

① 程维昌：《天峨县农业志》，43 页，天峨县农业局编印，1987。

1985 年，连续 7 年全面丰收，农业总产值持续上升。治安村民与下老村民也努力谋发展，积极探索新途径，分别于 1983 年、1986 年引进了冬种技术，这是在农业生产上的一大变革，大大增加了村民的收入，提高了村民的生活水平。

家庭中的劳动分工：男子承担砍伐树木、搬运收获物、建筑房屋等重活；妇女承担家务、上山摘野菜、播种、除草等较轻的活儿；老人看家；小孩长到八九岁协助家务，到十四五岁开始参加地里劳动。村民搬迁之前的家庭分工已不明显，很多活由男女共同完成。村民在生产劳动过程中养成了互相帮助、团结协作的好习惯，这种风俗习惯帮助村民渡过了一道又一道难关。

（二）耕作技术

新中国成立前，农业生产条件很差，工具落后，耕作粗放，技术水平非常低下，加上抵御自然灾害的能力很弱，农业生产很不稳定。新中国成立后，共产党和人民政府十分重视发展农业生产，关心农民缺吃少穿问题的解决，积极改革土地制度，同时采取许多措施扶植发展农业生产，如大力兴修水利等，这都大大提高了农民的农业耕作技术及水平。治安村及下老乡村民也在这一历史变革中提高了耕作水平。

1. 耕作制度

新中国成立前，水利设施差、抗灾能力低，生产手段落后，耕作制度沿袭旧的习惯，变革较少。县内 8 乡 71 街都实行一熟制。民国政府虽连年主张变革农事制度，但进展甚微。

新中国成立后，由于生产条件改善及生产手段的逐步改进，人口逐年增加，提高土地利用率已成为必然趋势，农业生产讲求经济效益，农作物结构变化和产量的增加成为农民的自觉要求，给耕作的变革提供了条件。治安村的耕作制度变化如下：

水稻两熟制：治安村从 1954 年至 1983 年、下老乡从 1956 年至 1987 年一直实行水稻两熟制，即早稻和晚稻。早稻于农历三月份插秧，六月中旬即可收成。六月下旬开始种晚稻，八、九月份即可收成。20世纪50年代初期，县内以广种多收为主，当时主要扩大开荒种植农作物，产量非常低。1954年，天峨县为了增加复种指数，提高农业产量，开始推行双季稻耕作制。1978年全县的复种指数提高到了48%，是历史最高年，其中治安村的复种指数占本村农田的15%。

水稻三熟制：1954年以后，天峨县政府逐步提倡两熟制，增加复种指数。1964年天峨县进行了水稻三熟制的试验示范工作，在向阳、治安、全平等村进行试验。治安屯实行三熟制，即早稻、中稻和晚稻。早稻和晚稻种在水田里，而中稻种在旱田里。中稻要等天下雨时才能耕种，因为旱田不保水，只有下雨才能翻耕田。一般五月份种植中稻。中稻需要大量的水，后来由于水肥条件不足而被迫放弃种植。水稻三熟制一直延续至1978年。

一季水稻加一季冬种制度：治安屯从1983年开始实行一季水稻、一季冬种，下老乡从1987年左右才开始实行。1983年随着冬种技术的传播及冬种所带来的较高经济收入，在少数人的带领下，村民开始改变水稻两熟制，在每年的五月份只种一季水稻，在冬天时反季节种植蔬菜等经济作物。

玉米套种多熟制：在水田中玉米地间套种南瓜、豆类、蔬菜，夏秋冬依次收获。玉米套种多熟制的地方，对保护和恢复地力极为有利。

轮歇地一年间套多熟制：1983年冬种之前一年一熟制的新开荒地专种棉花、芝麻、黄豆、红薯等，1985年后人们充分开发轮歇地，种植桐果、杉木、板栗等，在种植这些果树的前3年间种玉米、红薯、黄豆等，3年之后就不再种植玉米、红薯之类的作物，因为3年后桐果、杉木、板栗已长高，不利于玉米、红薯之类的作物吸收阳光。

以上是连迁村民主要的传统耕作制度，在搬迁之前村民采用的耕作制度主要是一季水稻加一季冬种制度、玉米套种多熟制和轮歇地一年间套多熟制。

2. 栽培作物种类及其种植技术

两屯所种植作物分为粮食作物、经济作物和蔬菜等三大类。治安村与下老乡均属于土山区，新中国成立前种植的作物主要包括水稻、玉米、豆类、薯类、青菜等。水稻是传统的主食，播种量大，每年播种面积占当年播种面积的80%以上。新中国成立前的水稻种植方法总体沿袭历史上大株稀植的传统插秧技术，播种期一般在谷雨前后，插秧期在小满前后，分叶差，易倒伏，产量低，亩产刚达300斤。据村中老人介绍，在新中国成立以前，他家采用的水稻种植技术都是从老一辈那里流传下来的，再加上当时也不懂得如何去管理，产量非常低，亩产最多为300斤，有些家庭只产100多斤，6口之家，温饱问题都不能解决。

新中国成立后，政府非常重视农业技术的推广，1956年各区成立农业推广站后，推广科学育秧，对水稻进行合理密植，合理利用土地肥力，使每亩增收50～70斤。1960年基本上解决了温饱问题。自从1970年治安村开始修建水渠后，生产条件有了很大的改善，灌溉非常方便，为粮食生产提供了充足的水源，当时亩产可达800斤左右，至1986年粮食亩产量达到了1,100～1,300斤。玉米作为水稻的补充，在青黄不接时亦作为村民的主食，玉米一般种在山坡上或是旱地里，采用刀耕火种的方式，产量较低。直到1983年冬种技术的传入，人们才引进新的品种，改在水田种植，产量有了较大的提高。

除了冬种，治安村民还种植了别的经济作物。新中国成立以前的3年，种植大烟、出售大烟曾是人们的一份收入。20世纪70年代以前的经济收入主要靠烧木炭、种木耳、出售土特产。主要是用金冈木烧木炭，也只有金冈木才能长出木耳。木炭一斤0.2元，木耳一斤6.6元。每年的3月份砍金冈木，暴晒在山坡上，等到第二年自行长出木耳，便可出售，每家一年可收100斤。据村中老人回忆，当时有几家光出售木耳年收入就有2万～3万元。出售土特产基本上可以维持生活，主要土特产捡的有林护皮、青冈果、木耳、地菇，挖的有千斤把、首乌、土木林，剥皮的有水麻毛、林木等。在利益的驱使下，人们大面积地砍金冈木，以至到1985年时金冈木绝种。

树木是人们的收入来源之一。在1990年以前，人们大面积地砍伐树木，用来烧木炭、烧饭、起房子、贩卖等。到1992年以后山上的木材被砍光了，政府才意识到问题的严重性，便开始要求村民造林，种植杉木、板栗、桐果等，面积达3,000多亩。山坡的种植面积没有限制，谁家有能力谁家就多种，收入也更多。但是有些家庭没有资金，劳动力也不够，没有开发山坡，所以很多荒山都闲置不用，造成了资源的极大浪费。1990年，本村的韦校长（原治安小学校长）曾向政府提议分荒山到户，平均每人8亩山坡，要求种植经济林，开发的投入主要靠贷款；但是当时政府担心收入不好，还不了贷款，没有同意，依旧种植水稻。政府及村民没能改变观念，传统思想限制了他们的创新与发展。韦校长说，如果按照他当年的提议，现在每家至少有20万元的收入，日子肯定比现在好过多了。桐果、板栗、杉木、香蕉、桃子等都是品位较高的经济作物。这些经济作物经常销往县城、贵州、湖南等地，虽然这些经济作物长成的时间较长，最少要3年才能有收入，但也不失为一项收入来源。

3. 品种、肥料和病虫害防治技术的变化

民国时期，县政府虽多次计划改良农作物品种，但是收效甚微。新中国成立后，党和政府把品种改良当作绿色革命，积极推广优良品种，使农作物逐步稳产高产。1954年以前，治安村水稻品种以本地麻谷、大广、小广、打谷粳、黄毛粳等为主。1954年种植双季稻成功，才逐步从外地引进优良品种，逐步改善并替代了当地传统单一的低产品种。水稻先后引进了外地良种解放1号、南京2号、金中矮、团结1号、团结2号、朝优、仙优桂33等品种，县乡科技人员还试验成功杂优品种，很适合治安及下老村当地的种植。玉米先后引进了靖西1号、品杂4号、火箭3号、白玉米、雪玉米、都安白、都安2号等品种。豆类主要有云南大豆、宜山黄豆等，薯类主要有四季薯、南洋木薯等品种。甘蔗主要是果蔗。

在引进新的品种时，要经过试验、示范、推广三个阶段，政府花了大量的人力物力，广大农业科技人员做了许多艰苦细致的工作。在搬迁之前，村民主要农作物已全部采用了良种种植，亩产量均为1,300斤左右。

在土壤肥料上，基本的演变趋势是纯农家肥逐渐转向人工化学肥料与农家肥料相结合。1956年，县成立种子站，1959至1982年二度成立种子公司。种子站、农业局为村民科学种田、使用肥料提供了指导，使农民种植作物逐步走上科学化道路。20世纪50年代至60年代中期以农家肥为主，20世纪60年代后至70年代初期大种绿肥和施用化肥逐年增加，逐步改变了以前“收多收少靠天送”的习惯，逐步形成了收多收少在于肥的良好习惯，逐步积累了一些有机肥和无机肥相结合的经验，做到攻头顾尾空中间，既保证苗壮、穗足，又避免了苗青空穗和一路青等现象发生。20世纪70年代后期克服了偏施氮的倾向，推广氮、磷、钾配合使用，喷硼和喷磷酸二氢钾等根外追肥的一系列措施，增产效果更好。此外治安村有充足的天然绿肥和农家肥料，实行家庭联产承包责任制后，农民又积极积肥制肥，施用农家肥，从而降低了生产成本，提高了经济效益。

随着社会科技水平的提高，农民越来越认识到科学种田的重要性，越来越相信科学的力量。观念改变了，物质生活就会跟着改变，文化也随之而改变；但远离村庄的田块不施农家肥的现象仍很普遍，主要是因为路途遥远，施肥极不方便，只能采取刀耕火种的方式，靠天吃饭。

在病虫害防治技术上，根本的变化就是多种多样的化学农药和杀虫剂取代了壮族传统的防治方法。民国年间，一旦病虫害爆发，人们就杀狗祭天，供山神土地神，防鼠则割田坎边杂草，防鸟则插竹弓竖草人，防兽则守夜敲竹梆，从抽穗至成熟，历时3个月之久，但每年水稻受灾面积仍约占播种面积的15%。20世纪50年代末开始大量使用药物防治，以石灰、草木灰拌六六粉、西力生用手撒，对防治病虫害有一定的效果。

4. 生产工具

治安村和下老乡世代都以人力和牛力作为耕作动力，一直沿用传统简单的生产工具，有三种类型：开掘器具主要有锄头、铲子、刮子、镰刀、斧头、长弯刀等；耕作器具主要有锄头、山步犁、脚犁、田犁、耙；收割器具主要有镰刀、铡子、禾斗、背篓等。新中国成立以前，每户所拥有的生产工具比较少，如缺乏耕作器具的农户占总农户的十分之三四，有的缺犁、耙，有的甚至连锄头都没有。

新中国成立初，国家扶持困难农户购买耕作器具，几乎每个劳动力都有锄头、刮子、犁等生产工具。劳动工具的推广与普及，大大提高了劳动生产率。1974年治安村四个生产队，每队添置一台拖拉机（由国家贷款）。在1985年以前，牛是人们主要的生产工具，不管是犁地还是耙田都离不开牛，1985年以后开始用机械进行生产。1990年治安屯约有10台拖拉机，均用于农业生产。1995年以后大部分家庭都实现了机械化生产。而下老乡村的生活水平比治安村的低，实现机械化生产的较少，1996年才开始实现机械化生产，而且只有少部分农户能机械化生产，大部分还是用牛来耕作，劳动强度较大，生产率较低。除了进行机械化生产外，村民在20世纪80年代后还增加了电动打谷机、电动碾米机、玉米脱粒机等现代工具。据统计，1996年，约1/3农户有电动打谷机、电动碾米机，4/5农户有玉米脱粒机。一些传统农具逐渐得到了改进或淘汰，犁由原来的铁、木结构改成全铁结构，人力喷雾器1975年开始广泛使用至今，人力打谷机由1985年的60台下降到1996年的25台。

二、副业

壮族农民以水稻农业为主要生产内容，以副业为补充，包括养殖业、狩猎、渔业、商业等。

（一）养殖业

1. 养殖种类与结构

两屯主要养猪、鸡、鸭、牛、羊等，下老乡村民还养马。养殖是主要的经济收入来源和优质的农家肥来源。1980年后，实行家庭联产承包责任制，养殖业政策相对放宽，使农村养猪、牛量增加。1988年，每户养猪四五头，养牛三四头，养鸡和鸭的数量则更多，一户养20～30只不等。1985年县里曾搞养羊运动，全治安屯约有四五户贷款养羊，一户养100～300只羊不等，年收入约为3万～5万元；1996年出现了水鸭专养户，养水鸭四五百只之多，年收入也上万元；下老乡有十多户养羊，一户约养殖二三十只，四五十只的也有，到1988年养羊的户数增加了，价格降低了；有15户养马，一户约养30来匹，主要用于出售，也可以拉货。家禽除了供自己食用外，大部分上市换钱以补贴家用。猪和牛是养殖业中的重头，牛是主要的生产工具，可用于耕地、耙田、拉货等，在交通不便的山区，猪和牛是家庭的主要收入来源和肥料的主要来源。

2. 养殖技术

20世纪60年代初之前，两屯均采用传统的养殖技术，猪的喂养方式全部实行熟喂，20世纪60年代后期才开始生喂。传统的饲养方法即熟喂法，投资少，只要付出劳力，将猪菜加些玉米粉、米糠或木薯粉等一同煮熟再喂。可是，由于食料单一，营养价值不高，猪生长慢，一般要喂养一两年才能出栏，且重量也不超过100公斤，被称为“长寿猪”。20世纪60年代后期开始生喂，特别是80年代以后，这种喂养方式很普遍，而当时有玉米、黄豆、一五一等较高营养的猪饲料，猪生长得快，一年可出栏两三批，年收入约三四千元。牛主要以放养式为主，一年四季除农忙和农作物未收割前进行人工放牧外，其余时间都是任其自由觅食，至下午四五点钟再赶其回来。鸡、鸭的饲养基本一致，都是放养式，即早上喂一餐玉米或谷子，之后就放出去任其自由觅食，晚上回笼。

（二）狩猎与渔业

1. 狩猎

狩猎经济曾在壮族地区占据重要地位，是壮族主要生计方式之一，随着农业的发展，狩猎的地位日益下降，但它作为农业经济的补充一直存在，迄至今日。在向阳和下老乡等地，狩猎曾在很长的一段时间内是村民生活的重要补充，是他们肉食的来源之一。据村里老人介绍，20 世纪六七十年代以前，治安屯四周的树木非常茂密，四五人合抱的百年大树随处可见。因为山林茂密，所以经常有老虎、狗熊、野猪、豹子、野猫、果子狸、穿山甲等出没。村民进行狩猎通常是在农闲或空闲时间。行猎者主要是男子，或单独行猎或集体行猎。村民狩猎所获得的动物基本上自食，很少出售，只有当一斤可卖至 10 元时才出售。但是经过人民公社、大炼钢铁运动及村民为生计所迫大批砍伐木材出售，致使山上的树木越来越少，野兽也逐渐减少，而老虎、狗熊、豹子等这些大型野兽基本绝迹。

2. 渔业

由于壮族远祖所处的地区江河纵横，湖潭密布，因而渔业很早便成为他们的主产之一。向阳镇治安村和下老乡均处于红水河沿岸，治安村还处于布柳河下游，村里还有几条纵横交错的小河，这就使得两乡镇有丰富的渔业资源，渔业成为他们的副业之一。治安村从 1992 年才开始有人工养鱼，共有 3 家业户，主要养草鱼，因为管理比较方便，只需投一些稻草即可，年收入约为 2,000 元。

（三）其他副业

1. 小商店

在治安屯最早开小商店的是兰丽华一家，她家从1991年到搬迁之前一直在开小商店，年均收入可达2万元，在村民当中收入是最高的。除兰丽华一家外，还有两三家也跟着开商店，但他们的生意越来越难做，因为商店个数增加了，人们的需求并没有增加多少，且兰丽华家的商店已经在村里树立了良好的信誉。一开始，兰家只是出售一些日常用品，后来收购村民的土特产或是代售，同时也出售一些大型的商品，多方面满足了村民的需求。

下老乡1990年开始有小商店，在搬迁之前共有5家，主要出售一些日常生活用品，生意比较好。因为离下老街较远，在村里购物非常方便，人们也愿意在小商店里买东西。罗家的商店一年约有两三万元的收入，生意稍差一点的一年也有一万多元的收入。除了出售日常生活用品的小商店之外，治安屯还有一个粉店，每天收入二三十元。

2. 建筑

两屯都有一定数量的建筑人员。治安屯约有60人，下老乡约有一半的人从事这一职业，均为农闲时的兼职。主要是修建街道、桥梁等，每个人一天收入约53元。

3. 纺织

几乎每户都有一台织布机。在20世纪80年代后，随着人们生活水平的提高，人们更倾向于购买市场上的衣服。人们织衣服少了，但是仍自己织布做棉被，或是织丧服。在壮族农村，一般丧礼上所用的布都需要家织才行，否则会被认为不合礼仪，不尊重死者。所以织布机在村里还是很有市场，中老年妇女都会织布。

第三章　生计方式的现代变迁

一、变迁的背景

龙滩水电站是国家利用天峨县丰富的水利资源实施西部大开发战略和“西电东送”的标志性工程之一。地处红水河上游的天峨县，拥有丰富的水利资源，被誉为西南土地上的一颗“水电明珠”。境内河流属珠江流域西江水系，有大小地表河流 58 条，全长 1186 公里，河网密度为每平方公里 0.7 公里，地表年平均径流量为 12.93 亿立方米。主要河流红水河自西北向东南贯穿境内，流长 112 公里，平均流量 1,590 立方米/秒。[①] 早在 20 世纪 50 年代中期，龙滩水电工程即开始规划。1969—1972 年，广西水电设计院在龙滩梯级坝段中选出六排、龙滩两个坝址进行初步设计第一阶段勘测工作，提出《红水河龙滩电站选坝阶段工程地质勘察报告》，推荐龙滩作为坝址。1981 年 11 月，国务院批准了红水河综合利用规划报告，确认龙滩水电站是红水河梯级开发中的关键性骨干工程。1985 年 5 月，《龙滩水电站开发可行性研究报告》通过国家计委的审批。1993 年，国家计委将其列入电力基建大型预备项目。2001 年 4 月 21 日，国家计委批准了龙滩水电站开发可行性研究报告。经国务院第 104 次总理办公会批准，2001 年 6 月 27 日，国家计委以［01］1122 号文件批准龙滩水电工程开工。2001 年 7 月 1

① 天峨县志编纂委员会编：《天峨县志》，71 页，南宁：广西人民出版社，1994。

日，龙滩水电工程举行开工典礼。这是西部大开发重点建设项目，也是广西壮族自治区历史上投资规模最大的一个项目。它的坝址上游流域面积98,500平方公里，占红水河流域面积的71%，工程预算投资243亿元，装机容量540万千瓦，占红水河可开发容量的35%～40%，年发电量187亿千瓦时，是在亚洲和中国仅次于三峡水电站的第二大水电工程。同时，它还拥有三个“世界之最”——最高的碾压混凝土大坝、最大的地下厂房和提升高度最高的升船机。据研究，它的建设对于满足广东、广西两省电力增长的需要，优化南方电网的电源结构和电网结构，对于减轻红水河下游和西江两岸的洪水威胁，改善水资源环境，促进广西、贵州少数民族地区经济和社会的全面发展均有巨大作用。而据天峨县县长黎丽介绍，2001年，即龙滩主体工程开工之年，天峨县财政收入5,600多万元，经济增长率37.1%，其中龙滩水电工程投资拉动经济增长就达28.4个百分点，对经济增长的贡献率为76.5%。①

连迁移民新村作为龙滩水电站库区移民点的代表，随着旧村落的终结和新村落的建立，其所处自然环境和社会环境发生了重大变化。

（一）自然环境的变化

1. 田地数量大幅度减少，田地质量下降

以治安村民为例，他们在向阳时，平均每户拥有水田3亩，旱地2亩，还有大面积的山坡资源，山上可种植桐果、板栗等经济林。田地的质量较好，保水性能强，一般情况下，1亩水田种1季水稻只需要施五六斤肥料就能有好的收成，生产成本很低。而移民后，由于是外迁，受到当地居民的歧视，移民所购买到的田地都是当地居民觉得质量不太好的田地，保水性能很差，如果不下雨几乎

① 龙滩水电工程系列报道之一：《地位篇：红水河的龙头电站》，载《中国电力报》，2003。

不能耕种。此外，土地的价格昂贵，一亩田要花1.5万元左右，很多村民都没有能力购买太多的田地，只能买一两亩种植水稻自己食用。

2. 水资源的缺乏

在旧居，共有3条河流流经村子，除此还有一条大的人工三面光水渠，以供平时灌溉之用。只要水田缺水，村民直接排水进田即可，既不用抽水也不用挑水，非常方便，村民的生活用水是自来水。但在连迁，水资源非常缺乏。由于此地为半土山半石山地区，加上村落建在山坡上，村民所买的田地都离河流较远，而且除了下大雨，河会经常干涸，给村民种植水稻造成了不便。

3. 山坡资源减少

在旧居，村里有大面积的山坡，资源丰富，主要有树木、野果、野菜等，此外在山坡上可以种植桐果、板栗、荔枝、香蕉等品位较高的经济作物，3～5年即可有收成。而在连迁，除了有水田和旱地之外，没有了山坡，虽然在旧居还有2,000多亩的山地没有被淹没，可以种植作物，但是路途遥远，很多家庭都已放弃种植。

（二）社会环境的变化

1. 人口密度增加，人均可用资源少

在旧居，治安村占地面积约300余亩，有640多人，有丰富的水田、旱地及山坡资源，水田人均占有量1.5亩，旱地2亩，山坡面积不可计算，谁有能力谁开发山坡。而在连迁村落占地63亩，人口710余人，水田、旱地人均占有量不足0.5亩（包括后来的移民），人口密度大大增加了，村中几乎没有多余的空地。

2. 周围村民的“敌视”

以前在老家，大家都相识，生活很安定，几乎不存在安全问题。随着身份的改变，作为移民，成为周围村民土地资源及水资源的竞争者；此外，当地居民总是以各种借口向移民要钱，如增加自来水费、土地补偿费等，如果移民不能满足其要求时，便有人到移民村“争取权益”，或是堵住移民通往县城的道路，曾有人扬言如果移民不能满足他们的要求，便要让移民“好看”。这些都给移民带来了不安全因素。

3. 与外界联系更密切

连迁村离天峨县城很近，交通也非常方便，村民与外界联系较多，出入县城便利，可以了解更多的信息，并直接到市场上出售农产品，而不用像以前等老板到田头收购农产品，致使农产品的价格不高。龙滩的建设也带来了现代文化，这些现代文化无时不在地影响着移民的物质生活和精神生活。

伍兹在《文化变迁》中说过：“变迁通常随着社会文化环境或自然环境的改变而发生”，“当环境的改变需要新的思维和行为模式时，社会文化变迁的必要条件就出现了”。[①] 连迁移民新村生产生活方式的变迁正是在此背景下产生的。

二、传统生计方式的变迁

（一）主要生计——稻作农业

传统农业生产的变迁主要表现在：

1. 耕作制度

由于自然资源的大面积减少，只有水田和旱地，水田的质量很差，保水性弱，没有相关的水利设施，移民在刚搬到新址时，对这里的生产条件还不习惯，再加上生活还不稳定，所以在 2006 年以前没有一户移民种植水稻。直到 2006 年 5 月份才开始有少部分人种植水稻，2007 年 5 月份种植水稻的农户才多起来，但都实行一季水稻制度。

---

① 〔美〕伍兹著，施惟达、胡华生译：《文化变迁》，22 页，昆明：云南教育出版社，1983。

2. 种植技术

种植作物分为粮食作物和蔬菜等两大类，主要有水稻、玉米、蔬菜等，这些作物均为移民自己食用，不对外出售。品种上，水稻品种均为优良品种，玉米多为杂交玉米品种；技术上，由于水田的质量差，保水性能弱，每年都要注意保水，多次施用化肥才能有所收成。以前种1亩田施三四斤复合肥做底肥，过半个月左右再施两三斤化肥做追肥即可有好的收成，但现在1亩田的底肥和追肥共需要施10多斤。玉米的栽培比以前更注重科学方法，以前大多在山坡上种植玉米，山坡离村庄较远，施肥不方便，村民一般采用刀耕火种的方式种植玉米，亩产只有四五百斤；但是在连迁，由于旱地离村庄较近，施肥非常方便，村民对玉米进行深耕细作，精心护理，施用化学肥料，玉米产量很高，产量比以前增加了一倍。在连迁种植水稻，病虫害较多，村民种一季水稻一般要喷4～5次农药稻谷才能长成，以前只要喷农药2～3次即可，而且每次用量都较少。

3. 生产工具

搬迁到连迁后，人们的生产工具发生了重大变迁。移民们丢弃了大部分的传统生产工具，如斧头、长弯刀、铡子、犁、耙等，使用的生产工具主要有拖拉机、锄头、铲子、镰刀、电动碾米机、玉米脱粒机。移民都用机械进行农业生产，雇用一台机械耕地、耙田一亩仅需要100元，这是村民都可以接受的，而且使用方便，省时省力，只是在收割时需要用到镰刀、背篓。据统计，全村共有5台拖拉机，电动打谷机30台，电动碾米机10台，每户拥有镰刀四五把，锄头两三把。移民们丢弃了大部分的传统生产工具，主要是因为现在没有了山坡，虽然还有2000多亩的山坡在后靠，但是距离遥远，大部分移民已放弃经营山坡，因此开发山坡所需要的生产工具也就没有了市场。最为重要的生产工具——牛，也因为人们观念的改变，认为牛的工作效率低，养殖又麻烦，而且雇用人家来耕地、耙田的费用不高，所以不再养牛及使用牛。

从生产工具的变迁可以看出移民也是有选择的，保留了传统农具的不可替代性，同时在如何最大程度地降低劳动强度上，考虑了新农具的购买成本和实用性。劳动工具是人手的延伸，机械化工具的广泛使用提高了劳动生产率，降低了劳动强度，节约了劳动时间。

（二）副业

1. 养殖业

2004 年 2 月搬到连迁后，移民们不再养殖现有自然环境不允许的牛和鸭子，但还继续养殖猪和鸡，但养殖的数量比以前明显减少。造成这种类植结构变化的原因主要有三个：一是在连迁，村落是城市化建设，街道很干净整齐，没有空地放养鸡，只能采用圈养的方式。村民认为圈养的鸡长得不好，而且家里也没有太大的空间养鸡，所以数量明显减少，由以前每户养 10 多只到现在的每户3～5只；猪也由于地方狭窄、不卫生而不太受村民欢迎。现在全村 100 多户，只有三四十户养猪，而且每户就养三四头，数量也明显减少。二是连迁村没有河流，也没有小溪，没有了养殖鸭子的条件，所以村里没有一户养鸭子。三是移民观念的改变，不愿再养殖牛。在老家时，村民耕地、耙田等重要农活就已大部分实现了机械化，牛的作用大大降低，而且养殖牛很辛苦，每天要消耗一个劳动力。到了这里，没有了山坡，想养殖牛也没有地方，再加上人们现在不愿吃苦，雇用别人连耕地、耙田一起一亩才花 100 元，这是村民可以接受的，牛在这里已经没有了作用，因而大家不再养牛。

移民比较注重科学养殖，经济效益较明显。以养猪为例，猪食料主要有营养较高的猪饲料、玉米、米糠、黄豆等，而没有了往日的红薯藤、木薯等营养不高的野生青菜，加上人们现在生活好了，剩饭剩菜的油水较多，给猪增加了营养。喂养方式主要是生喂。每户养猪的收入少的有 2,000 元，多则达 4,000 元。

2. 小商店

在连迁现在只有两家小商店，主要出售一些日常生活用品，如盐、鸡蛋、烟等。刚搬到连迁时共有3家小商店，但后来因为生意难做，1家关了张。因为这里离县城很近，而且村民现在手上的现金较多，如果需要购买生活用品会到县城大批地购买，而只有在紧急情况下才会到村民的小商店购买，这就使村里的商店生意不好做，每天的收入连本带利最多也只有100元左右。

三、新型生计方式的孕育

面对土地面积和经济收入的大幅度减少，在本村精英的带领下，连迁移民新村于2006年6月开始引进新的技术，主要有蘑菇种植技术和网箱养鱼技术。随着新技术的传播与普及，新型生计方式在连迁孕育并逐渐形成。

根据人类学的观点，社会是不断变化的，社会只有在不断创新的过程中才能走向进步，而在文化创新中的压倒性的因素就是传播或借取。① 克莱德·伍兹认为，传播是有选择性的，某些人会比其他人能更迅速地接受创新，一旦在群体中获得某一创新，采纳的过程就是从个体传递到个体。② 因为传播是一个逐渐的过程，时间是传播过程中的一个重要因素，不同的人因为有不同的动机、价值观、自身的素质、在社会系统中所担任的不同角色，面对同样的事物态度会不同，采纳新事物的过程自然也不同。

---

① 〔美〕伍兹著，施惟达、胡华生译：《文化变迁》，25，昆明：云南教育出版社，1983。

② 〔美〕伍兹著，施惟达、胡华生译：《文化变迁》，31～32页，昆明：云南教育出版社，1983。

个案1：兰丽华率先引进蘑菇种植技术

2006年6月，连迁村民开始引进新的技术——蘑菇种植技术，引进该技术的是本村一位中年妇女——兰丽华。兰丽华今年约35岁，家里有丈夫、两个小孩、父母亲。2006年10月份，兰丽华的丈夫回老家（靠近宾阳的一个小乡镇），听弟妹说他们种植蘑菇，一年可收入两三万元，正在为生计发愁的他听了之后很是激动，心想学习他们种植蘑菇说不定也能有好的收入，第二天就回来跟妻子商量此事。妻子听了他的分析之后意识到种植蘑菇很有发展潜力，虽然这里的水不是很充足，但可以等下雨后蓄水以满足其需要，相信自己可以应付。于是没过几天，她就邀上本村3个与她谈得来的妇女一起回到老家看看人家怎么种。当时弟妹的蘑菇已经长出了一批，长得很好，她们几个也觉得很有发展前途，凭着她们有冬种的经验，应该没有多大难度，于是决定冬天试种蘑菇，后来赵姐得知此事也加入了她们的行列。2006年11月，她们开始在连迁试点，先是做了一些种植蘑菇的准备，如整理场地，准备稻草、薄膜等，然后她们一边向弟妹取经，一边自己摸索。非常幸运的是11月5日南宁一位食用菌专家到天峨县开会，兰丽华从弟妹那里得知此消息后与伙伴们专门请专家到现场进行技术指导。该专家的到来解决了她们的一些技术难题。此次蘑菇种植占地面积100平方米，成本约1,100元，总收入约3,000多元。1个月就产出一批蘑菇，3个月即可长完，而且效益也不错。这引起了县农业局的重视，特为此召开了会议，派工作人员到连迁视察，认为种植蘑菇对生计困难的连迁村民来说是个不错的选择，政府支持他们种植。政府打算2007年11月份在连迁扩大种植规模，并在此基础上在连迁村或是其附近建一个蘑菇加工厂，这样就可以增加移民的收入，解决移民的劳动力剩余问题了。很多村民都表示2007年冬天也要种植蘑菇，希望也能有好的收入。

个案 2：王向根老村长率先引进网箱养鱼技术

网箱养鱼主要是在水中利用网箱进行养鱼的一种技术，它在规模上和技术上比传统渔业的要求高。率先引进该技术的是老村长王向根，他在治安村当过 10 年的村长，所以对村里的情况比较了解，也比较关心民众的生活，见的世面也比村民多。王村长早就听说大化也有很多库区移民，想必他们的生存策略值得自己借鉴，于是在生活稍微稳定、生计开始成为问题的时候，决定到大化、岩滩等地考察。考察之后，他发现，此地移民网箱养鱼收入不错，解决了不少家庭的生计问题。大化移民进行网箱养鱼是在他们原先被淹水田的水面上，是利用传统水资源进行"生钱"的一种生存方式。回到村里，王村长跟村民们分析了情况，认为本村情况与大化移民的情况差不多，都是田地少，没有其他的收入来源，只有水资源，大化移民能充分利用水资源进行网箱养鱼，而且效果不错，本村也可以试试。村长决定贷款进行网箱养鱼，在王村长的带领下，有三四个村民也决定贷款搞网箱养鱼。2007 年 3 月，王村长及几个村民学习了大化移民的网箱养鱼技术之后，贷款买了网箱、鱼苗等，回到自己原来的耕作区进行网箱养鱼。村长预计，这几年的水很肥，不用放任何的肥料，河里的鱼就可以长得很好，产量应该很高，1 年之后基本上可以上市。关于销路人们还没有找到，但是他们相信在销路上应该没有问题，因为以前曾把冬种产品销往全国各地，在这方面是有把握的。

新技术的传播是发生在一定的社会系统规范里，在这个规范里，一些群体对传统和外来事物的领略步伐是不一致的。针对不同的采纳群体，罗杰斯提出了不同类型的采纳者概念，主要有创新者、早采纳者、早随潮流者、晚随潮流者、滞后者等五种类型。埃弗里特·罗杰斯和拉伯尔·伯德格则认为，传播是交流的一种，专指新发明在社会系统成员之间传布的交流方式，传播过程包括发明、通过一定的渠道交流、经历一定时间、在社会成员中传布。

根据罗杰斯的理论，笔者认为，在连迁，对待新的技术或是事物，不同的人群由于不同的人生经历、对传统文化的不同态度、接受新事物的时间早晚，主要有意见领袖人、早随潮流者、晚随潮流者几种类型。

意见领袖人是通过预期的方式，具有影响他人的态度和行为能力的人。这个意见领袖人就类似罗杰斯提出的早采纳者，早采纳者就是那些受尊敬的个体，他们在本地文化传统范围内比创新者拥有更多的既得利益和权势。在连迁，针对不同的技术领域，意见领袖人和早采纳者分别是王村长和兰丽华。在调查中笔者得知，王村长的个人阅历及社会交往非常丰富，分田到户后积极探索适合本村种植的农作物，经常出门做生意，在外面认识了很多人，从 1993 年开始又当上了治安村村长，一直当了 10 年之久。他具有积极进取的精神，与外界联系紧密，思想开放，在村里也享有较高的社会地位，他非常了解村民的情况，知道村民的困境在哪里，除了种植水稻，比较容易接受哪种生存方式以及哪种生存方式较适合村民的情况。而兰丽华虽然是一名妇女，但她有敏锐的市场眼光，对新事物比较敏感，如在治安时，在没有人开小商店时，她就感觉到开小商店肯定能有好的收入，决定之后她就着手开了治安村的第一家小商店。从 1991 年开始一直到搬迁之前，她的生意都是比较好的，后来开的几家小商店的规模、收入无法与她的店相比，因为她能在较恰当的时间提供村民所需要的商品，并能在村民没钱买东西时给予适当的帮助，如可以赊账或是借现金等，在村民心中树立了良好的信誉。

王村长和兰丽华两人都比较有发展眼光，也比较大胆，能够很快地接受新的事物，在他们的带领下，有些村民较早地加入了他们的行列，有些则较晚，有些则一直持观望态度，我们分别称之为早随潮流者、晚随潮流者。

1. 早随潮流者

早追随者往往比晚追随者更有发展的眼光，他相信意见领袖人的决定，尊重科学知识，也期盼着新技术的到来，当新技术到来时能较早地接受它。在连迁村，这种类型占13%，其中蘑菇种植技术占5%，网箱养鱼技术占8%。

个案3：赵女士是较早的蘑菇种植技术的追随者之一。她今年约33岁，家里有2个女儿、丈夫、婆婆。她是家里的经济支柱，比较有经济头脑，相信科学知识，比较大胆，凡事都想试一试，能够在新技术的面前迅速做出决定，她也信赖兰丽华这个意见领袖人。当她知得兰丽华从弟妹那里学到了种植蘑菇的技术，并准备在连迁种植，而且已与村中另外3个妇女商量好了一起种植的消息后，就到兰丽华家详细了解情况，并决定试一试。她回家与丈夫商量了一下，丈夫也同意了，于是在兰丽华她们准备种植蘑菇做前期工作的时候，她就加入了她们的行列。此次种植蘑菇每人除去成本约赚了600元，赵女士对这个收入是比较满意的，她决定继续种植蘑菇，也希望更多的村民加入她们的行列。

2. 晚随潮流者

晚追随者是持怀疑态度的一个群体，这一部分人在本案中约占50%，其中网箱养鱼占10%，蘑菇种植占40%。

接受网箱养鱼技术的人比蘑菇种植技术的人数少是因为网箱养鱼不像种蘑菇那样，两三个月就见成效；而且网箱养鱼需要较大的投入，见效期长，比较难预测。虽然去年种植蘑菇的只有5户人家，但笔者从调查访问中得知，今年约有40%的妇女打算种植蘑菇，而表示搞网箱养鱼的农户只占10%。可见，人们是否接受新事物，除了受到自身经历、传统文化的影响外，经济因素也是一个很大的制约因素。

个案4：吕凤清是蘑菇种植技术的晚随潮流者之一，今年35岁，家里有丈夫、儿子和婆婆，她是家里的支柱。在老家，以种植水稻和经济作物为生，掌握了种植水稻和冬种的技术，此外还有几十亩的荒山种植桐果、板栗等经济作物，年收入也有七八千，日子还算过得去。搬迁到连迁后，全家只有0.9亩水田，约1亩旱地，没有了山坡，再加上此地水资源缺乏，田地质量差，不保水，一开始不适应这里的生活，没有种植任何作物，直到去年（2006年）5月下了一场大雨，才开始种植水稻，但收成不好。除此之外，家里再没有别的收入。2006年，有村民叫她一起合作种植蘑菇，当时她也想试一下，但是想到这里缺乏水资源，也没有前人经验，因此她选择观望。去年冬天这些人成功地种植了蘑菇，而且在市场上卖了好价钱，甚至出现了供不应求的局面。于是，吕凤清决定2007年冬天也加入她们的行列。她说，她们有了经验，只要跟着她们好好做就一定能种出好的蘑菇来，到时家里就有一份收入了，不用整天等着龙滩的补助了。她表示村里很多妇女也有这种想法，很多都是决定采用合作的形式种植蘑菇。

个案5：罗积良是网箱养鱼技术的晚随潮流者之一。他是连迁移民新村的新村长，约40岁，家里有一双儿女，均在读大学，家庭花费很大，他的经济压力也较大。搬迁到连迁村不久，他就以运输业为生，但赚钱不多，特别是近两年，所以他一直在找机会增加收入。2007年3月份，老村长及几个村民进行网箱养鱼，成本要五六万元。由于家里的经济压力大，使得他不敢轻易地加入这一行列，直到两三个月后他听说村长养的鱼长得很好时，才开始有了要搞网箱养鱼的想法。此后他参观了老村长及几位村民养殖的鱼，更增添了信心。根据老村长的分析，他相信按照当前的情势，如果投入五六万，鱼一出售便可收回成本，随后几年就有得赚了，经过一番权衡后，他决定搞网箱养鱼。他不用贷款，龙滩的补偿就够成本了。2007年6月，罗村长开始搞网箱养鱼。他决定一边搞网箱养鱼一边打听销路，以确保鱼长大后即可马上出售。

经过两三年的调整，村民逐步适应了连迁村的生活，但仍约有

40%的村民还不能适应。虽然他们很想做点事情，但是面对环境的巨大变迁，维持原有的稻作生产已不可能，新的生产方式还没有找到，非常迷茫。

个案6：包二奶的王某。王某原是治安村民，约50岁，家里有一双儿女，女儿已工作，儿子还在读大学，据别的村民说，他家的补偿有十几万，这在村里补偿金额是较多的，也正因为如此，他才有了包二奶的条件。王某以前在老家是很勤快的，家里除了种植水稻，冬天还反季节种植辣椒、黄瓜、西红柿等蔬菜品种，由于他掌握的技术较好，管理得当，冬种品种的产量很高，再加上他开发的荒山也很多，约有100多亩，光是种杉木就有五六十亩，家里就只有他和他妻子两个劳动力，所以基本上没什么空闲时间，整天都很忙碌。搬迁到连迁后，田地质量差，没有足够的水，也没有了山坡，以前种植水稻都很方便，不用抽水，也不用蓄水，但现在连抽水都成为问题，所以他干脆什么都不种，说是辛苦了那么久，要休息几年，直到去年他妻子才种了1亩水田和1亩玉米地，大部分活都由他妻子来做，自己只是在妻子叫去帮忙时才会去，否则就整天找地方玩。当笔者问及他为何不种植作物时，他说他不习惯在这里种，直到现在还不能适应这里的生活，很是无聊，后来发展到有了婚外情。

个案7：天天打麻将的刘某。刘某原是治安村民，男，约40岁，家里有老母亲、妻子和一个正在读小学五年级的儿子，他是家里的主要劳动力，也是家里的精神支柱和经济压力的承担者。刘某在老家也种了较多的经济林，得到的补偿有7万多，可起房子装修房子差不多花了4万，买家具约花了1万，所剩下的钱也不多，所以他能买田地的钱不多，只买了0.7亩田、1亩地。他除了种植水稻、玉米、养几头猪外，大部分时间是空闲的。自从搬迁到连迁后，村民们由于空闲时候多，打麻将、下棋、打牌成为村民主要的娱乐方式。每天都有三五成群的村民聚在一起打麻将，刘某就是其中之一。据村民说，他几乎天天打麻将，很少干家务。当笔者问他为何天天去打麻将时，他说没办法，没事做。自己也想过要找点事做，但自己是既没有文化、又没有技术的中年人，能干些什么呢？到县城当临时工一天也只不过二三十元，而且还不容易找活。他表示还是比较习惯种植水稻，希望政府能解决土地问题，有更多一点的土地，就不会没事做了。笔者曾问他为何不去搞网箱养鱼时，他一脸的无奈，说网箱养鱼的成本很高，谁能保证它有钱赚啊。据刘某述说，在连迁的生活费比在老家高许多，在这里，连青菜都是买的，肉价每斤也比以前多了三四块钱，一天的生活费至少要 50 块才行，更可怕的是人情费，一年要花五六千块钱的人情费，去年就花了差不多 6000 元。在生活费猛长、没有多余资金、自身没有技术特长的情况下，他无计可施，只能每天以打麻将度日。

从以上分析我们可知，村民不适应连迁生活环境主要是因为生活环境变化巨大，但仍有一些人固守传统的稻作文化，不愿意尝试新的事物，而原先掌握的生存技术发挥不了作用，再加上没有一技之长及经济压力，使他们无法找到新的适合自己的生存方式，以至于不能适应新村生活。

从以上对比分析中我们可知，在适应过程中，一般具有开放思想，与外界有较多联系并有一技之长，能大胆创新，勇于接受新事物的中年人能较快地适应新的环境，而固守传统文化，不愿意创新与改变传统观念，没有一技之长又受经济因素制约的移民适应新村的环境比较困难。

蘑菇种植技术及网箱养鱼技术的传入，已经得到大部分村民的认同与接受，连迁村正在形成新的生产方式，这将在很大程度上促使他们的传统文化发生变迁。

在引进新技术的同时，连迁村民应市场需要而产生了新兴的行业——运输业，这也是移民新的收入来源之一。这几年，随着搬迁人数的增多，加上村落离县城有 10 多公里，人们要到县城需要有交通工具，此外，这几年移民们掀起一股建现代化房子的热潮，对建筑材料的需求很大，大量的人流和物流的涌入，运输业应运而生。运输业主要分为客运和货运。客运主要是中巴车和面包车，往返于连迁、那州与县城之间运送乘客，每天约有100元的收入。货运主要有农用车，用于闲时在县城及周边乡镇帮人拉货，主要是建筑材料，一天收入在80～150元之间。虽然运输业还没有形成规模，还处于起步阶段，收入不是很高，但对于没有其他收入来源的村民来说也不失为一个收入渠道。更重要的是，这也是变迁的重要动因之一。

第四章　生计方式变迁的原因和影响

一、生计方式变迁的原因

社会与文化变迁的发生，原因是多种的，自然灾害及生态变迁、人口压力与资源紧张、发明创造、文化传播、工程计划的实施等都能带来社会与文化的渐变与突变。关于文化变迁的原因，在人类学界已有诸多学者对其进行论述，主要观点有如下几种：一是童恩正认为影响文化变迁的因素主要有发现和发明、传播、涵化和革命等，其中文化传播导致文化变迁所占的比重最大；而石奕龙不同意童恩正的看法，认为这些并非文化变迁的原因，而是文化变迁的途径或过程。二是怀特认为在整个文化系统中，技术系统发生变化引起社会系统的变化，而技术系统和社会系统又引起意识形态系统的变化。黄淑娉、龚佩华等人同意怀特的看法，认为他的看法符合生产力是生产中最活跃的因素的唯物主义观点；但是怀特忽略了人的作用，他的唯物主义观点是一种机械的唯物主义观点。三是哈维兰认为，变化的原因是多种多样的。其中一个是环境发生变化，因之文化也随之变化；另一个是文化内部的人观察文化的方式发生个别改变，这会导致社会解释其文化规范和文化价值观的方式发生个别改变；第三个根源是与其他群体的接触，引进新的观念或新的方式，这也会造成传统价值观和传统行为方式的改变。而对文化变迁的原因进行较为全面分析的是伍兹。他在《文化变迁》一书中，指出“社会文化环境和自然环境的改变，为文化变迁的根本原因，正是由于这个原因促发出新的反应方式，从而促使文化发生变迁”，“在实际的文化变迁过程中，导致文化变迁的原因是多种多样的，即在整个线性过程中的任何一个环节，都可能作为一种促动因素而导致其他方面的变迁”。①

伍兹的观点对我们研究与分析壮族移民生产生活方式文化变迁的原因具有启发作用。根据内外因相互作用的原理，笔者认为连迁移民生产生活方式变迁主要有以下几个原因：

（1）国家实施西部大开发和天峨县政府开发当地水资源，是移民生产生活方式变迁的背景，也是重要原因之一。1999 年，以江泽民为代表的党中央第三代集体领导人根据邓小平的战略构想，提出了实施西部大开发战略。天峨县是西部地区较为贫困落后的一个县，但拥有丰富的水资源，为天峨县的大开发提供了优势的资源。龙滩水电站的建设使移民离开了世代生活的环境，社会环境与生活环境的巨大变化，引发了根植于其中的生计方式的变迁。所以说西部大开发的实施和龙滩水电站的建设是壮族移民生计方式发生变迁的重要原因之一。

（2）文化的传播。文化传播对于人类社会文化变迁的重要意义早已为人们所共识，壮族移民生计方式发生变迁的主要动力之一也来源于文化传播。如果说发明是一种内源性的动力的话，那么文化传播就是一种外源性的动力。文化传播在连迁村主要表现在蘑菇种植技术的传播及网箱养鱼方法的传入。借取是有选择的，人们不会接受外来文化所提供的，或所能从中得到的一切东西。一般来说，文化特质是被接受或排拒，完全取决于它在接受文化里的效用、适宜性和意义。一个特质必须对可能的借取者具有某种效用，因此，拖拉机不会被多岩石的山区农村所接受，牛肉三明治也不会使印度人喜欢（他们认为牛是神圣的动物）。同样地，蘑菇种植技术的传

① 〔美〕伍兹著，施惟达、胡华生译：《文化变迁》，2～3 页，昆明：云南教育出版社，1983。

入在连迁村也是如此。连迁村民在旧居就具有丰富的冬季种植蔬菜等经济作物的经验，通过高温技术在冬天进行反季节种植，而蘑菇种植技术原理与冬种技术原理差不多，只是在程序上稍微繁杂，在技术上要求更为严格。蘑菇种植技术因其在连迁的适宜性而为村民所接受。因蘑菇种植技术与冬种技术相似，成本较低，生长期短等而为多数村民接受，它的传播改变了人们传统的作物种植方式及职业观念。60％的村民表示如果种植蘑菇的收效比种水稻好得多，将会大面积种植蘑菇，水稻种一些够吃的即可。网箱养鱼技术是利用传统水资源的一种新型技术，移民搬迁之后最多的自然资源便是水资源，网箱养鱼在连迁具有可行性，对村民来说也是不错的收入选择，因而为村民所接受。该技术的传入，改变了人们传统的思想观念，在一定程度上也改变了传统的生活方式。

（3）文化的自调适。奥格本特别强调文化调适对文化变迁的作用，认为文化是各个部分的高度整合，任何一个部分的改变都会带动其他部分的改变，各个部分对已变化的调适带动了文化整体的进化，但调适并不是立刻发生的，而是隔一段时间后才出现的，这就是文化滞后。这一理论可以解释连迁移民生计方式的变迁。从系统论的角度看，社会与文化是一个复合体，除了内部各元素之间相互适应，即一部分变迁连带其他部分的相应变迁外，社会与文化对外部环境的适应也是重要的一面。就连迁移民来说，外部环境主要有汉族文化、现代文化及后现代文化，这些文化正以各种方式传入连迁移民社区。移民对这些文化的调适方式，或接受，或抗拒，或改造利用。生态环境的变迁也会带来文化的调适，田地数量的减少及质量的下降、水资源的缺乏，带来了移民传统水稻种植技术一系列的变迁。当然，连迁移民的文化调适并不仅仅表现为被动的形式，而是更多地表现为主体性的文化选择。移民是其社会文化变迁的主体，随着生活的逐渐稳定、民族文化意识的提高，他们对民族传统文化资源价值的认识更加深刻，借助于民族传统文化资源进行文化积累及发展的愿望更为强烈，而对异文化的冲击，能在各种文化相互振荡中进行文化采借与创造，并保持了本民族的特色与文化。

二、生计方式变迁的影响

生计方式是一个民族文化的基础，它的变迁必然会影响到其他文化的变迁，这种影响经由一个从物质文化深入精神文化的过程。

（一）居住建筑的变化

连迁移民世代居住的是壮族传统的干栏建筑。干栏房适合南方气候和稻作民族的居住，其历经千年不衰就是见证。“由于壮族地区江河湖泊星罗棋布，气候闷热多雨，森林繁茂，空气潮湿，瘴雾弥漫，毒蛇猛兽横行，为了人畜的安全，壮族人们的民居建筑就要认真考虑能适应这种自然条件。而干栏建筑通风好，干燥凉爽，既能防暑、防瘴又能避猛兽毒蛇，而且不受地形限制，管理方便，是非常适应岭南的生态环境的。”① 作为连迁移民来源之一的治安村村民祖先把治安村建立在背靠青山、面朝水、四周群山环绕、中间低平的山间谷地上。旧村落的选址符合壮族的风水观念。在古朴的风水理论中，风即气、空气、气流或生气，气象征着万物活力与生机；水即流水、泉水、水源，水乃生命之源，没有水，大地万物就会枯竭而死，有水就有生命与绿洲。背山面水的选基或居住模式，是人们渴望把自身和谐地统一于大自然之中而采取的一种自我完善的手段。壮族及其先民多选择在依山傍水近田的缓坡或台地上营建房屋，这些地点临近水源和田地，既有利于生活也方便下田劳动，既近田又不受水淹亦不占耕地；同时因地势高且地质结构厚实，故而地面多较干燥，通风良好，空气清新，加之村落多背靠山岭，既能使人们的心理有一种依托感和安全感，又能避挡村落后面的来

① 李富强：《人类学视野中的壮族传统文化》，84页，南宁：广西人民出版社，1999。

风，适合人们居住的需要。这是壮族及其先民在长期的生活实践中，经过不断的观察与经验积累，不断加深对自然的认识和利用的结果，其中包含着丰富的地质学、气象学、水文学和环境工程学的因素，体现着壮族居住文化的成就。① 在未搬迁之前，治安村背靠青山，眼前是一大片稻田，稻田延伸到对面的山脚下，有一条小河沿村落直入布柳河，河水可为灌溉之用。

图 4-4-1　连迁移民的旧房子

近现代壮族民居主要存在三种建筑形式：传统纯木结构的干栏建筑，又叫吊脚楼或麻栏；土木结构的干栏建筑；土木结构的汉式二层楼房。治安屯的干栏建筑与这三种民居有原理上的相似，又有结构上细微的差别，是壮族传统干栏房的土木结构和现代钢筋混凝

① 覃彩銮：《壮族干栏文化》，23 页，南宁：广西民族出版社，1998。

土结构的结合，具有本民族建筑的特色。以杨某家为例，房子占地约100平方米，共有两层，房子四面墙体用自制的土砖建造，二楼与一楼用木板相隔开，一楼通往二楼的楼梯也是用木材建造而成的，屋顶盖瓦片。房子三开间，左右两间为卧室，正中一间为厅堂，主要用于供奉神龛、待客，供奉神龛的地方不准摆放过多的东西或是不祥之物，壮族人认为那是对神灵的亵渎。二楼主要存放大米、玉米、织布机等，二楼还有一个阳台，平时可晒衣服，也可以放玉米棒让其风干。厅堂的后门与厨房相连，灶台、橱柜、水柜、储粮桶等依次排开，在主屋与厨房之间的走道上摆放生产工具。房子前面有一大块空地，平时主要用于晒稻谷或玉米，非常方便。

搬迁到连迁后，因为有了政府及龙滩公司的补偿，移民掀起了一股建现代化房子的热潮。几乎家家户户都起了钢筋水泥结构的新房。新建楼房用大块的石头填地基，墙体用水泥、白灰、空心砖垒起，楼板是钢筋水泥结构，大部分人家外墙漆上水泥，以防漏水，有些还在外墙贴了瓷砖。房子起到二楼或三楼的占三分之二，三分之一的人家起到四层或是一层。移民的新房子不仅漂亮，而且装修也漂亮，特别是室内装修。大部分家庭都对室内进行了装修，地面铺上了各式各样的瓷砖，还配有新的家具，房子显得更加现代。以杨某家为例，第一间大厅面对街道，有40平方米，主要用于接待客人，晚上存放摩托车和小三轮车。摆放沙发、小茶几、电视、冰箱等。这里也是房子的中心，是供奉神龛及举行家庭活动的地方。往里走是楼梯和厨房。一楼与二楼之间的楼梯下面是带有浴室的卫生间。一楼卫生间再往后走是猪圈和鸡圈，与厨房并排，由一堵墙隔开。二楼主要是卧室，一共有四个房间，两个子女分别有一间，较大的一间为客房，不仅有席梦思，还有一套软式沙发、茶几等。剩下一间为空房，存放杂物。三楼也有两个房间和一个大厅。碾米机放在三楼靠近阳台的地方，这样有利于碾米时灰尘往散。

新居克服了干栏房卫生方面的不足，牲畜关在建筑的后半部分，有和城市楼房一样的卫生间，并有沼气池净化环境，又充分利用了能源。整个建筑趋向现代建筑，又考虑了农村生产生活的需求，同时也保留了干栏房的一些传统文化，如神台位于厅堂中央，新旧居室供奉的内容和意义是一样的。此外，厨房的设置也体现了传统的壮族文化。连迁村民特别崇拜灶神，除了设有现代的灶台，还有传统的灶台，每个节日都要给灶神上香，以求灶神的保佑。

图 4-4-2　连迁移民的新房子

人类的借取是有选择的，是以自身文化为本位的，接受或排拒完全取决于它所接受文化的效用、适宜性和意义。从新旧房屋的结构比较看，连迁新村吸取了现代钢筋水泥建筑的优点，保留了干栏房的部分功能，是传统与现代的结合。

（二）消费行为的变化

连迁移民长年处于四周土山环绕、与外界联系较少的地区，受现代文化影响也较少，其消费也较为传统。村民消费支出主要有购买生产工具、化肥及教育、婚丧礼节支出等方面。经过 20 多年的发展，壮族的消费水平提高了，商品消费比重逐年上升，但消费仍以传统消费为主。自从龙滩建设上马，有了政府、龙滩公司的补偿，移民一下子拥有了较多的物质财富，这为移民的消费从传统到现代的变迁提供了可能，搬迁之后，人们的消费行为发生了很大的变迁，主要表现在：

1. 新的消费种类的引进，开拓了新的消费领域，特别是现代家庭耐用消费品如摩托车、电视、冰箱、轿车等的出现，使人们的生活进入了一个新的境界。据统计，在搬迁之前，全治安屯有电视卫星接收设备4台，电视机120台，VCD40台，电话40部，摩托车12辆，手机5部。搬迁之后，全村家家户户都有了彩色电视，VCD90台，电话120部，摩托车80辆，手机就更多了，几乎每户至少有一部手机。大部分家庭购买了组合家具、沙发、席梦思床、写字台和其他现代厨房电器，如电饭锅、热水器等，这些在搬迁之前是很少的。搬迁之后出现的新消费品应数汽车。有10户家庭购买小面包车，5户购买了轿车，一是方便自己使用，二是在连迁与县城之间运送客人以赚取生活费。

2. 受现代文化的冲击，人们的传统道德观念逐渐衰落，加之龙滩的补偿，空闲时间增多，与县域距离拉近，所以有些男性有了不良的消费行为，不仅影响了家庭关系，而且给村里人带来了不良的影响，甚至对小孩造成了阴影。沉迷于网络也严重影响了年轻一代的身心健康。赌博也是村里这几年出现的违法活动之一。

生计方式的变迁对生活方式的影响是深刻的，既有积极的一面，也有消极的一面。积极的一面主要表现在人们的生活水平提高了，人们与外界交往频繁，信息通畅，新生事物不断涌现；但消极的影响也较为深远，除了以上所提到的不良消费行为，还出现了一股盲目消费的现象，消费没有计划性，主要体现在盖新房的问题上。其次是买车，出现了盲目攀比的现象。如此发展下去，移民的可持续发展将成为一大问题。

政府直接在物质上的大量补偿，使移民对如何分配与使用补偿费产生了困惑。因此，笔者认为，政府应在移民资金使用上对其进行一定的引导，进行一定的职业技能培训，帮助移民再就业。移民都是农业人口，本身没有什么一技之长，长期生活在封闭地区，除了农耕别的基本上不擅长，所以当龙滩建设开始之后，人们突然被置身于现代文化中显得不知所措。移民所得到的补偿是以传统生计的丧失为代价的，这个生计绝不是“几万元钱的补偿费”就能解决了的概念。目前政府的“补偿”是以有形的财产（土地、房屋、树木、设施等）和搬迁重建中的有形物耗为基础计算的。而“生计”则是移民世代奋斗而来的生存机会——是我国最为稀缺的资源。生计是就业，是这些人世代的血汗和投入积累的生存发展的能力、权利和希望。所以政府在此问题上应该对移民特别重视，不能仅仅从物质上进行补偿，还要注重后期扶持，帮助移民再就业，这样可以预防不良消费行为的出现。政府仅仅在物质上对移民补偿是不够的，在精神上、技能上真正关心移民的生活才是关键。

（三）思想观念的改变

传统的消费观念只要求吃饱、穿暖，日子基本上过得去即可满足，但搬迁到连迁之后，有了龙滩公司及政府的补偿，物质财富一下子增多了，与外界联系的增多，生产生活方式的改变，使得移民赋闲的时间较多，对消费也有了更进一步的要求，开始了享受层次的消费，如购买小轿车外出游玩等。

有些家庭还买了消毒柜、冰箱等。村中街道一直保持干净，养成了不乱扔垃圾、经常扫街道的良好卫生习惯。

连迁新村离县城比较近，交通方便，能较早地感受到农产品市场价格的变动情况及市场对农产品的需求，移民不再像以前那样坐等老板到田头收购农产品，而是自己根据市场需求种植农产品，并直接到市场上与商贩议价。

随着龙滩水电站的建设，人们与外界联系的加强，水稻种植产量的降低，生计方式新因素的出现，连迁移民的职业观念也发生了根本性的转变。对连迁移民50名20～60岁人口问卷调查表明，愿意选择非农职业者达30人，占被调查者的60%，其中愿意以经商为业的有20人，占被调查者的40%，表明现在连迁壮族移民的职业观念与其曾经的“以农为本，不事商贾”的传统观念相比有了根本的转变。越来越多的劳动力向运输业、商业等非农职业转移。据调查统计，目前在连迁从事第二、三产业的劳动力，约占总劳动力的20%，比以前提高了一倍。应该指出的是，这些新兴行业还处于起步阶段，其规模尚小，技术也较落后，且销售渠道狭小，大多数村民具有兼职性质，从业者大都并未脱离农业。

思想观念的变化更重要地反映在宗教信仰上。壮族是农耕民族，一直以农业为主，土地是其最重要的生存资源。壮族对土地的爱惜主要体现在对土地神的崇拜上。土地神是壮族普遍崇拜的村落最大的保护神。在治安村，在田地的旁边就建有一座土地庙，庙坛上立一座雕像，象征土地神。在治安村民的传统观念里，土地神是司管本村土地的神灵，神通广大，威力无边，既能保佑风调雨顺，消除灾害，五谷丰产，又能守护村寨，防止鬼怪妖魔和猛兽入村作祟伤害人畜，保佑村寨平安、人畜兴旺。所以，每年春节，村寨主都组织村民杀猪宰鸡，隆重祭祀土地神，祈求他保佑当年风调雨顺，消除灾害，农作丰收。壮族对于土地的崇拜及其仪式，源于原始时代的自然崇拜，形成于农耕社会，并随着农业的发展以及人们的经济生活和宗教观念的变化而发展变化着，曾经历了一个从简单到复杂、从崇拜其自然属性到赋予其社会职能的发展过程。土地神亦由原来的一方之土地神或主管农作物之神，逐步发展演变为一个聚落的保护神，既保佑一定区域作物的生长，还被赋予了司管一个聚落的安全的职能，故民间流行“入村先拜土地神”之说。壮族对于土地神的崇拜，反映了人们对土地的依赖。土地神及其庙坛的出现，是壮族居民在其生活环境中所建立的一种心灵安全防御体系，是壮族村落一种别具特色的乡土景观，蕴含着丰富的历史文化价值。这种信仰的存在，犹如聚落的卫士，给居住其中的人们以安全感。

到连迁之后，由于村落是城市化建设，空余的地方少，加上人们现在生活还不稳定，土地价格昂贵，一亩地价值 2 万多元，这对村民来说是一笔沉重的负担。目前，村民还未能及时地建立土地庙，但人们心里却急切地需要一个土地神，因为在这里人生地不熟，又不能完全适应新的生产方式，土地的减少，新的生产方式还未形成，收入大大减少，这些都使村民心里极为不安，再加上当地居民对移民的“敌视”，因此对土地神的需求就更为急迫。村民们表示，等找到了好地方，不管花多少钱，都要建个土地庙，没有土地庙，就总觉得自己与周围的环境没有完全地融合在一起，没有得到神的庇护，像身处孤岛那样无助。

如果说土地神是壮族司管土地的神灵，整个村寨的卫士，那么祖先神则是一个家族或家庭的忠诚卫士。祖先崇拜是连迁移民信仰的主要形式之一，土地神信仰的缺失使移民只有把希望寄托在祖先的身上，增强了对祖先的崇拜。调查表明，近现代壮族的祖先崇拜大多是以一家一户的形式进行的。在壮族农村中，每家每户的厅堂正中墙上，都有专门供奉祖先的神龛。每逢初一、十五、过年过节，人们必先烧香供奉祖先；逢灾遇难，人们亦常向祖先的神灵祈求；若有大吉大利，也向祖先神灵致谢。如同李亦园先生所揭示的传统中国的祖宗崇拜有牌位崇拜和坟墓崇拜两种不同的形式[①]，连迁移民新村的牌位崇拜表现在平时祭祖，家家户户于堂屋正中供奉神龛，每逢红白喜事或是家里发生了异常状况而得不到合理的解释时，都会设酒肉、香纸奉祖先神灵，以求祖先神灵保佑。这种祖先崇拜在连迁村表现得比以前更为明显与频繁。

个案 8：杨某家搬迁到连迁后，祭祀祖先的次数比以前增多了，“以前我们出第一次远门要烧香拜祖先，第二次就不用拜了，

---

① 李亦园：《文化与修养》，161 页，桂林：广西师范大学出版社，2004。

但现在不行，每次出去都要拜，这样才觉得安心。”当问及为何觉得不安心时，他说也不知道为什么，反正总是觉得心里很不安，可能是家乡的神还没跟着一起来。他所说的家乡神就是土地神。笔者还发现他家除了祖先神龛外，在靠近神龛的两面墙上也贴上了五六张师公给家里做法事时用过的符纸。他说那是为了增强祖先的法力，这样家里人才更能安心生活，如果有土地神就不用贴那么多符纸了。

连迁移民新村的坟墓崇拜在清明节扫墓时表现得最为明显和隆重。清明节对于壮族人民来说是仅次于春节的大节日，每当清明，不管是在外求学的还是在外工作的村民都要赶回家。整个家族人员聚集在一起，策划祭祀祖先。一般情况下，人们都一起承担祭祀祖先的费用，买好祭祀所需的物品，然后一起到祖先坟墓前扫祭，回来之后一起共餐，这期间可以互道家常，这样一来既可以祭祀祖先，使祖先的灵魂得到抚慰，同时也联络家族人的感情，使人们更加团结。

连迁移民土地神信仰的缺失和祖先崇拜的增强，都是村民心理失落的表现，也是村民不能完全融入当地生活的主要原因之一。宗教信仰是移民的重要精神支柱之一，一般说来，宗教信仰的变迁总是滞后于行为的变迁，而随着连迁移民生产方式、生活方式的变化，移民的宗教信仰亦发生着变化。

第五章 结 语

本文以连迁移民新村为调查点，以生计方式变迁为切入点，以龙滩水电站为因变量，重点考察了因龙滩水电站的建设导致的移民生产生活方式发生的重大变迁。龙滩水电站的建设迫使移民离开了世代居住的家园，从而使传统的耕作制度、耕作技术及生产组织都发生了变迁，移民积极采纳新技术，促使新村产生了新的生产方式，生产方式的变迁又引起了移民生活方式、宗教信仰、思想观念的变迁，对该村的壮族传统文化产生了重大影响。在文化变迁与适应过程中，移民们一方面吸收与借鉴了异质文化，另一方面继承与丰富了本民族的文化。综上所述，本文得出以下结论：

1. 移民生计方式的变迁是内外因共同作用的结果，新技术的传播及移民的采纳是文化变迁的重要因素

一般认为，文化变迁是指文化的内容和结构的变化，通常表现为新文化的增加和旧文化的改变，亦即文化与文化之间的传播与文化自身的创造。[①] 促使文化变迁的原因：一是内部的，由社会内部的变化引起的；二是外部的，由自然环境的变化及社会环境的变化如迁徙、与其他民族的接触、政治制度的变化等引起。

移民生计方式的变迁是内外因相结合的结果。外因表现为自然环境和社会环境的改变，龙滩的建设迫使移民离开世代居住的家园，来到一个与老家完全不同的环境，迫使移民面对陌生的自然环境和社会环境调整自己的生计方式。内因表现为对自然环境和社会

① 覃光广等：《文化学词典》，134 页，北京：中央民族学院出版社，1988。

环境的积极适应。面对新的环境，移民积极调整自身以适应当地环境，在维持原有生计方式已不太可能的前提下，移民们积极与外界联系，引进了蘑菇种植技术和网箱养鱼技术。新技术的传播与移民对新技术的采纳是生计方式变迁的重要因素。在连迁，在这两项新技术尚未传入新村时，面对自然环境的变迁，传统的稻作生计方式只是在功能上和结构上发生了细微的变化，生计方式变化并不明显，而当新技术传入新村，并逐渐为多数村民所认可与接受后，新村逐渐产生了新的生产方式，传统生产方式才发生了重大变迁。

2. 移民适应新环境是一个渐进过程

每个民族的文化，都有一个在特定的自然人文环境下长期积累起来的一整套适应体系，是在一定的生产力水平上的最佳适应选择。人们对自然和社会的不断适应，积累起来则形成民族文化体系，新的适应又进一步带来文化的变迁。只有适应了才会有变迁与发展。在最初阶段，各民族文化的适应，主要是对自然环境的适应，在各自特定的自然生态条件下生存。从连迁移民的适应及变迁情况，我们可知，移民适应新环境是一个渐进过程，在刚搬迁到连迁的前两三年，移民对新的环境都不适应，如气温较低，冬天很冷，田地不肥，保水性差，没有水利设施等；相比而言，在旧居，气候温和，土地肥沃，水资源丰富，灌溉也非常方便，所以刚来时村民们感到无法在这里生活，致使村民生活不稳定。没有种植水稻，也没有别的生活来源，自然也没有进步与发展。经过几年的调整后，村民开始适应已经改变了的环境，积极主动地创造条件种植水稻，在种植方法、耕作制度、灌溉等方面进行了调整，在物质上和精神上逐步适应了新的生活环境。

随着移民生活的稳定，与外界联系的增加，民族间的接触越来越多，文化传播的手段越来越方便快捷，彼此之间的影响和交融越来越强烈，文化变迁的速度越来越快。这时，一个民族的文化适应，就越来越多地表现为对人文环境及外来文化传播的适应。对移民来说，文化的适应是一种痛苦的新生过程。壮族移民的水稻农业文化是经过几百年累积形成的文化，是壮族长期适应和选择中形成的，是唯一合理的、必然的、客观的存在，是一个民族的传统文化，是包含民族感情的传统文化，但国家水资源的开发，外来文化的强烈冲击，固守传统的文化已不现实，移民在恋恋不舍中放弃了某些传统的壮族文化，积极合理地借取了新的技术，从而形成了新的生计方式，逐步适应了新的环境。文化的适应以及由此带来的文化变迁，是一个自然的历史过程，在这个客观的必然的过程中，移民有许多美好的东西遗失了，如传统的合作关系、精耕细作的生产方式等，但是在这一过程中移民能积极地适应新的环境，采用新的技术，孕育新的生计方式，给传统文化注入了新的生命力，促使传统文化发生了变迁，逐渐实现民族现代化。

本篇参考文献

［1］任国英．内蒙古鄂托克旗生态移民的人类学思考．黑龙江民族丛刊，2005（5）

［2］施国庆．非自愿移民：冲突与和谐．江苏社会科学，2005（5）

［3］施国庆．水库移民系统规划理论与应用．开封：河南大学出版社，1996

［4］施国庆、陈绍军．中国非自愿移民的贫困分析．甘肃社会科学，2003（5）

［5］〔美〕迈克尔·M. 塞尼著，水库移民经济研究中心编译．移民与发展：世界银行移民政策与经验研究．南京：河海大学出版社，1996

［6］程瑜．白村生活——广东三峡移民适应性的人类学研究．北京：民族出版社，2006

［7］景军．孔庙的记忆．复旦：复旦大学出版社，1996

［8］应星．大河移民上访的故事．北京：三联书店，2001

［9］许佳君、施国庆．三峡外迁移民与沿海安置区的社会整合．江海学刊，2002（6）

［10］风笑天、汪雁等．三峡外迁移民的社区归属感研究．上海社会科学院学术季刊，2001（2）

［11］尹绍亭．一个充满争议的文化生态体系——云南刀耕火种研究．昆明：云南人民出版社，1991

［12］尹绍亭．森林孕育的农耕文化——云南刀耕火种志．昆明：云南人民出版社，1994

［13］尹绍亭．人与森林——生态人类学视野中的刀耕火种．昆明：云南教育出版社，2002

［14］王东昕．衣食之源——云南民族农耕．昆明：云南教育

出版社，2000

[15] 何国强．围屋里的宗族社会——广东客家族群生计模式研究．南宁：广西民族出版社，2002

[16] 罗康隆．论民族生计方式与生存环境的关系．中央民族大学学报，2004（5）

[17] 徐杰舜、罗树杰．靠山吃山，靠水吃水——船家与高山汉生存策略比较研究．广西民族学院学报，2003（2）

[18] 张有隽．吃了一山过一山：过山瑶的游耕策略．广西民族学院学报，2003（2）

[19] 罗柳宁．生态环境与文化调适：以广西矮山村壮族为例．广西民族学院学报，2004（5）

[20] 吕俊彪．“靠海吃海”生计内涵的演变——广西京族人生计方式的变迁．东南亚纵横，2003（10）

[21] 罗荣芬．独龙族传统的农耕技术的可持续性初探．见：民族学．北京：民族出版社，2000

[22] 庄孔韶．云南山地民族人类生态学初探．见：人类学研究．北京：中国社会科学出版社，1987

[23] 尹绍亭．试论当代的刀耕火种——兼论人与自然关系．农业考古，1990（1）

[24] 秦红增、唐剑玲．定居与流动：布努瑶作物、生计与文化的共变．思想战线，2006（5）

[25] 黄应贵．作物、经济与社会：东埔社布农人的例子．广西民族学院学报，2005（6）

[26] 杨雪吟、罗意．云南澜沧江拉祜族人土地制度与生计变化．中南民族大学学报，2007（1）

[27] 李昌敏．发挥土地优势 加快库区建设——龙滩水电站库区移民安置工作的调查思考．南方国土资源，2003（5）

[28] 戴波．创建绿色龙滩，推动地方经济全面可持续发展．水力发电，2005（4）

［29］唐继锦．龙滩水电站库区移民安置实施规划若干问题的研究．红水河，2000（2）

［30］李志农、齐彦斌．龙滩水电站征地移民工作中几大问题的探讨．水力发电，2003（10）

［31］〔美〕伍兹著，施惟达、胡华生译．文化变迁．昆明：云南教育出版社，1989

［32］黄淑娉．黄淑娉人类学民族学文集．北京：民族出版社，2003

［33］〔美〕威廉·奥格本著，王晓毅、陈育国译．社会变迁．杭州：浙江人民出版社，1989

［34］天峨县志编纂委员会编．天峨县志．南宁：广西人民出版社，1994

［35］王佳玉．河池市概况．南宁：广西民族出版社，2003

［36］天峨县统计局编．天峨县2002年统计年鉴汇总．2003

［37］天峨县志编纂委员会编．天峨县志．南宁：广西人民出版社，1994

［38］天峨县统计局编．天峨县2005年统计年鉴汇总．2006

［39］王佳玉、韦显寿．河池市乡镇概况．桂林：广西师范大学出版社，2005

［40］程维昌执笔．天峨县农业志．天峨县农业局编印，1987

［41］李富强．人类学视野中的壮族传统文化．南宁：广西人民出版社，1999

［42］覃彩銮．壮族干栏文化．南宁：广西民族出版社，1998

［43］杨宗亮．壮族文化史．昆明：云南民族出版社，1999

附录 1

调查问卷

说明：本次调查是为了了解居民们迁移到连迁新村后的经济收入与支出、消费水平、娱乐方式、谋生方式等各种生活情况，以便我们掌握更多的真实情况，您的真实回答很重要，调查结果只用于研究，我们将严格为您保密，谢谢合作！

姓名：______ 性别：______ 年龄：______

民族：______ 职业：______ 文化程度：______

1. 您来自哪个乡镇？

2. 在搬迁之前，您的家庭年均收入大约为______元，人均纯收入约为______元；

搬迁之后，您的家庭年均收入大约为______元，人均纯收入约为______元。

3. 搬迁之前，您家庭收入主要来源于：（　）

A. 种地 B. 打工 C. 家庭养殖业 D. 工资 E. 其他

4. 搬迁之后，您家庭收入主要来源于：（　）

A. 种地 B. 打工 C. 家庭养殖业 D. 工资 E. 龙滩补助 F. 其他

5. 搬迁之前，您的家庭共有水田______亩，旱地______亩，开发荒坡______亩；

搬迁之后，您的家庭共有水田______亩，旱地______亩，开发荒坡______亩。

6. 搬迁之前，您家的主要劳动工具主要有哪些？搬迁之后，劳动工具有什么变化？

7. 搬迁之前您家的生产用水来源：（　）

A. 河水 B. 雨水

8. 搬迁之后您家的主要生产用水来源于：（　）

A. 河水 B. 雨水

9. 与搬迁之前相比，您家的实际生活水平怎么样？（　）

A. 有很大提高 B. 有所提高 C. 有点倒退 D. 没有变化

10. 搬迁之前，您的家庭副业主要有：（ ）

A. 家庭养殖业 B. 种植经济作物 C. 做点小生意 D. 打临时工

11. 搬迁之后，您的家庭副业主要有：（ ）

A. 家庭养殖业 B. 种植经济作物 C. 做点小生意 D. 打临时工

12. 搬迁之前，您家出现了哪些新的谋生方式？

13. 搬迁之前，您的家庭支出主要用于：（ ）

A. 生活费 B. 教育费 C. 购买生产工具 D. 人情费 E. 其他

14. 搬迁之后，您的家庭支出主要用于：（ ）

A. 生活费 B. 教育费 C. 购买生产工具 D. 人情费 E. 其他

15. 您家的建房奖金主要来源于：（ ）

A. 自家存款 B. 龙滩公司及政府补助 C. 向亲戚借

16. 您认为现在存在的最大问题是什么？目前最想解决什么问题？

17. 您现在是否习惯这里的生活？生活环境与老家相比有什么不同？

第五篇　宁明县盆昌屯

第一章　盆昌屯：一个工厂边上的村屯

1966年以前立新村盆昌屯在龙州的管辖之下。根据《龙州纪略》所记载，龙州古时属于南粤地，汉朝属于交趾。后来伏波将军马援南征的时候，龙州才入中国版图。宋皇祐年间狄青征服南蛮，把龙州的土地分赏给有功之人赵鼎，自此赵鼎子嗣世袭龙州的土官。元代至正年间（1341—1368年）被降为万户府。明洪武初年（1368年），改为龙州隶属太平府。清雍正三年（1725年），龙州分裂成为上下二龙。中华人民共和国成立后称为龙州县。在明清的时候，盆昌屯隶属上龙土司管辖。民国十七年（1928年），盆昌屯隶属上金县的管辖。1951年5月上金县与龙津县合并，仍属龙州县。此后直到1966年，盆昌屯隶属龙州县上金区（又称为第七区）亭亮乡立新村管辖。“大跃进”时期，立新村改为东方生产队，而盆昌屯也称为1队。1966年，盆昌屯所在的立新村划归宁明县管辖。

盆昌屯四面环山，山的海拔在100～200米之间，中间平坦，从高处看类似一个脸盆，又取“昌盛”之意。该屯处于北回归线以南，纬度较低，且距北部湾较近，受海洋季风调剂，所以形成终年温度较高，雨量较多，夏半年多雨，冬半年少雨，雨季旱季分明的亚热带季风气候。每年的3月气温升高，可以开始春耕播种。盆昌屯每年的平均降雨量为628.9毫米，其中70%又集中在7、8月份。到仲秋季节，天气干燥、晴朗，冬天不太冷。由于处在岩溶地区及地下水的关系，雨季容易内涝。平时，地下水流速缓慢，河道张平，地表已经沉积了厚厚的淤泥，暴雨时地势低的庄稼易被淹没，而整个地区的积水无法渗入粘土般的土壤层时，庄稼便会腐烂。雨季一过，这里又面临着不同程度的旱灾。盆昌屯又是灾情比较严重的一个自然屯，人畜饮水奇缺。据水文资料记载，1900—1980 年 81 年间有 27 年发生了洪灾，其中新中国成立前 50 年间有 18 年发生大洪水，平均 3 年一遇；1950—1986 年 37 年中有 17 年发生大洪水，平均每 2 年一遇。由于地表无法锁住水源，粮食的丰收几乎都依赖自然降雨。

从人口和土地面积来看，盆昌屯是立新村里最大的自然屯。赵姓为村中最大的姓，全村交流基本用壮语，据说赵姓的祖先来自山东白马街，为了逃避战乱来到这里。能够追溯的祖先距离现在大概有 9 代左右。由于年代久远及后来的政治运动，大家对于宗族的认可方式逐渐淡薄，原先共同祭祀的祖先坟墓现在也无法寻找。这种“结构性失忆”[①] 或“谱系性失忆”在人类社会中是十分普遍的现象。然而，盆昌屯往往会通过共同的仪式，定期地加强集体记忆。比如三月初二拜祭土地公等。

在盆昌屯保留着一块碑，记载着光绪十六年（1890 年）发生的一起状告邻村恃强凌弱、劫抢花轿并获得胜诉的民事诉讼案。

“生活在不同层次的族群环境中，我们对于过去有许多集体记忆，他们以族谱、传说、历史记载、古墓、祀堂、手札、碑刻等种种面貌存在着。”[②] 这个历史事件被当地的地方精英“有意”地保存下来，并且以实物（碑刻）形式来加强历史记忆。这个事件被人们不断地重复、传播，“重复”的过程构拟了屯与屯之间的“集体记忆”。这个碑刻还被陇瑞屯当做土地庙来供奉，实物已经被神圣化了。当时八个屯都有一个石碑，现在能够找到的一块碑刻只有在

① 王明珂：《华夏边缘历史记忆与族群认同》，24 页，北京：社会科学文献出版社，2006。

② 王明珂：《华夏边缘历史记忆与族群认同》，24 页，北京：社会科学文献出版社，2006。

离盆昌屯大概半公里远的陇瑞屯。这个石碑表明：当时已经有着比较完善的头人制（族老制），族老执行村中一切事务，处理民事纠纷，祭祀祖先，维持权威性的仪式，凝聚村寨感情，处理对外事务。他们保护村民不让外姓人欺负。族老秉持公道，深得人心。这个组织曾经作为村民无意识的系统存在了相当长的时间，直到新中国成立前。

新中国成立前，盆昌屯就已有种蔗的历史，每家都种上几分地，用来制土糖或者“自啖”。根据《本草纲目》的记载，蔗，味甘，利大肠，止渴，去烦热，解酒毒。《神农本草经疏》云：“蔗浆治噎嗝，治燥，降火，产后益血，产后小便不利。”《景岳全书》也说：“蔗浆治翻胃，久泻久痢，寸白虫，一切虫积，解诸毒入腹及砒毒，风犬伤人。”人们对甘蔗的认识与日俱增，种蔗榨糖者日渐增多。据了解，民国三十五年（1946 年），广西省银行经理赵可任（宁明县下冻街人）曾与南洋企业公司合资在离盆昌屯不远的龙州城西北禁地的西南农场创办一间小型糖厂。但对周边农村影响不大。因为该厂是甘蔗自种自榨，年产黄砂糖仅 10 吨左右。其制糖方法的落后，无法吸引周边的农民种植甘蔗，所以在 1949 年就停产了。因而，在宁明糖厂建立前，盆昌屯一直是家庭手工作坊式的“土法”制糖。虽说质量不佳，但小孩爱吃。盆昌屯几乎每户人家都种植一些甘蔗来榨糖，以换取其他生活用品。1949 年前，一些穷人家一榨好红糖就纷纷拿到街上卖，而富人家则在穷人贱卖红糖时将他们的糖储存起来，等到红糖紧缺时再高价出售。穷人家如果无法维持生活，可以向存有较多红糖的富人家暂借一些红糖拿到市场上卖，到收甘蔗榨糖后再以远远高于所借的数额偿还。

20 世纪 70 年代，宁明糖厂建立以后，村民逐渐放弃土糖制造。宁明糖厂是由宁明三厂发展而来，这个三厂分别是宁明糖厂、宁明造纸厂、宁明印刷厂，厂址在今天的印刷厂。宁明糖厂的建立与当时的政治经济条件有紧密联系。19 世纪 70 年代，自治区革委会综合考察广西的实际情况做出决定，以建小型机糖厂为主的方针发展广西制糖业，他们认为：（1）小型机糖厂投资少，资金容易解决，县里办得起，有利于发挥县办糖厂的积极性；（2）广西甘蔗种植分布零星，可以实行就地种蔗就地建厂进行加工压榨，减少运费的开支，减低生产成本；（3）糖厂规模小、压力小，容易解决糖厂吃不饱的问题。宁明糖厂正是在这样的背景下建立起来的。厂址选在便于运输、与城镇联系方便、生产及生活用水也方便的驮龙乡，距县城4公里，靠近宁明火车站，又处于明江河畔，水陆交通十分方便。最初该厂占地面积150.4亩，其中生产区为82.9亩，生活区为27.5亩。糖厂于1975年投资建成投产，日榨能力为500吨，由县委直接管辖。

糖厂建立后，得益于良好的外部环境，发展较快。主要因国际市场食糖供应日趋紧张，价格大幅度上升；国内原主要产糖区广东和福建省，因为临近沿海，对外开放后已逐步转为外向型经济，农业向创汇型发展，糖蔗种植和蔗糖生产逐年减少。1988年，国务院副总理田纪云来桂视察，决定把广西建成全国主要的食糖基地，提前到1992年实现产糖200万吨。宁明糖厂抓住了机遇，大力发展制糖业。县委、县政府也采取措施，从各方面支持糖厂建设。为扩大规模，1989年征用驮龙村耕地162.368亩；1990年5月，拆迁原旧厂址的生活区建筑，扩建新的生产线。此外县政府加大了人力、物力、财力投入的力度，“八五”期间共向宁明糖厂和海渊糖厂投入资金5,599万元，其中无偿使用资金2,754万元，有偿使用资金2,845万元，并且以财政作为担保，1994年向银行借贷925万元，1995年借贷1,592万元。宁明县委、县政府除了资金上的大力扶持外，在政策上也有所倾斜。一方面，为了解决糖厂原料供应不足的问题，对农业进行结构性的调整。县政府把宁明县一些地方定为蔗糖区，包括盆昌屯在内的亭亮、思乐、峙浪、北江、寨安等乡，目的是扩大糖蔗种植面积，提高单产、增加总产。经过了20多年的发展，蔗糖生产在宁明县经济具有举足轻重的地位。1984年，宁明县农业总产值8,081万元，而原料蔗产值达909万元，占10.2%，蔗糖产值为2,019万元，占34.5%；全县财政收入902.5万元，其中蔗糖利税上缴247.7万元，占27.5%。1994年蔗糖工业产值（16,537万元）占全县工业总产值41,071万元的40.2%，蔗糖上缴税利5,231万元，占全县财政税收7,728万元的67.68%。经过多年的发展，宁明糖厂和海渊糖厂已经成为宁明县的纳税大户。

但随着形势的变化，糖厂在发展过程中也面临一些问题。由于糖厂建设原有基础差，经济基础薄弱，糖厂资金紧缺，经济效益下滑的问题在进入20世纪90年代之后越来越突出。为了摆脱困境，糖厂采取了一系列对策：一是转变职能，变微观管理为宏观管理；二是理顺产权，转换经营机制，提高内部活力；三是多渠道引进资金，主要采取引资嫁接。1993年，宁明糖厂以转让部分产权方式与香港东亚置业有限公司合资经营。10月通过引进资金5,330多万元，全力扶持甘蔗生产，进行扩建，使生产能力从日榨2,500吨扩大到4,500吨，从而与泰国两仪糖业集团嫁接联营，成为中外合资企业，宁明糖厂改名为宁明东亚糖业有限公司。

宁明东亚糖业有限公司建立后，采用最先进的榨糖技术，完善管理制度，严抓安全，鼓励蔗农种植甘蔗，定好甘蔗发展方向——甘蔗“六化”（即智能化、规模化、良种化、机械化、契约化和水利化），甘蔗入厂吨数逐年提高。

从20世纪70年代末宁明糖厂建立开始，盆昌屯就与之发生了密切的关系。糖厂采取一些优惠政策吸引农民种植甘蔗，在蔗农的管理、种子的出售、技术、资金、田地管理、交通设施修建等方面下了很大的工夫。村民种植甘蔗，糖厂保证甘蔗的收购。他们之间建立起了比较稳定的交易联系，联系的机构是糖厂的农务科，联系的中介就是联络员。糖厂刚建成的时候，农务科只有3个人：2个区长，1个经理。到了1997年以后，人员发展到了29人。联络员人数不断增加，到2006年已经有61人。立新村有2个联络员。农务科的职责，主要是负责一切与农务有关系的事项，包括发放种子及化肥、督促蔗农的田间管理、签订种植合同书、培训考核联络员、报进度表、下乡督察、处理的甘蔗砍运等一切工作。如此，盆昌屯与宁明糖厂紧密地联系在一起，农业文明与工业文明的碰撞与交融成为了盆昌屯社会生活的主题。

第二章 盆昌屯的社会文化变迁

糖厂的建立与发展，影响着当地的经济社会文化。从农业经济的发展到社会阶层的分化，再到家庭的经营和家庭结构，各个层面都在发生变迁。

一、农业的进展

实行家庭联产承包责任制后，农民有种植农作物的选择权，根据市场供求关系的调节种植能够致富的农作物。刚开始时，盆昌屯人大规模种植木薯，出售给宁明的淀粉厂，但淀粉厂在1985年左右倒闭。罐头厂的建立也吸引着农民种植地菠萝，但在1981—1982年到达顶峰以后，逐年减少。到了1987年全屯基本上都种上了甘蔗。甘蔗属热带和亚热带作物，具有喜高温、需水量多、生长期长的特点。盆昌屯土地肥沃，有六成的红壤土，PH4.5—7，土壤有机质含量2.31％，尚有少量的紫色土等。此地极适宜种植甘蔗，是发展甘蔗基地的好地方。而糖厂收购甘蔗的保证，使农民放心种植甘蔗。

糖厂的到来使得甘蔗产量成倍增长。当然还有其他的外部因素，比如县淀粉厂和罐头厂的倒闭使得盆昌屯以往的种植结构（玉米—木薯或者是玉米—地菠萝）发生改变，转而成了“甘蔗—玉米”的种植结构。这也导致轮作系统的改变，开始了半集约化的耕作，化肥和机械等迅速用于农业。甘蔗地占了最好的土地，而一些贫瘠、地势低洼的沼泽地则是种植花生、玉米、木薯、豆类等作物。当然甘蔗的产出和收入比起其他农作物的产出收入会翻1～2倍。权衡比较之后，他们逐渐都种上了甘蔗。

盆昌屯农作物用肥主要有两种：农家肥和加工肥。农家肥即用豆饼、花生饼、鸡毛、鸭毛等，经过发酵初步加工成的肥料，或者是到山洞挖岩泥、蝙蝠粪便。

如今，在原来农用肥的基础上增加了一些无机肥，如炭氨肥、尿素、钾肥、磷肥、复合肥，虽然农家肥是最好的有机肥料，但盆昌屯居民不注重对农家肥的积存沤制，耕牛习惯在树根下过夜，猪也很少圈养，建有厕所的农户也不多，因此施用有机肥的比例逐年下降。虽施用无机肥会使土地板结，但农户选择了这种便利的施肥种类。而甘蔗从种下到收成，一亩土地大概需要化肥200斤左右。生产工具较之以往得到了改进。广西近代以来使用的农具大多是沿袭了几千年的传统工具，几乎没有任何改良，甚为简陋。比起经济发达的桂东地区来，桂西南山区的农具更是原始落后。从新中国成立前进行的历次少数民族调查记载便可窥见一斑。在桂西山区一带，农具之使用备极简陋。由于受梯田的限制，多用人力农具。甚至犁的制作有的亦是使用人力的。新中国成立前，盆昌屯只有2把犁头，每户1年之内能用上的大概只有四五天左右。很多时候土地的产出远远无法满足村民的需求，笔者在当地的档案局查到一些关于盆昌屯家庭经济经营的登记。资料显示，直到1966年，盆昌屯很多人家还是食不果腹。例如：

赵锦华：土改前，全家人口4人，劳动力2人，锄头1把，茅屋1座，全年产粮食800斤左右，只能维持6个月，缺粮6个月，上山打柴或挖岩硝出售维持生活；土改后，全家4口人，劳动力1人，耕牛1头，犁耙各1把，农具各1架，地13亩，每年耕种所得的粮食基本维持生活；合作化前，全家4口人，劳动力1人，耕牛1头，犁耙各1把，农具各1架，地13亩，每年耕种所得的粮食基本维持生活。合作化后，全家4口人，劳动力1人，耕牛、土地农具全部归为集体所有，靠集体收入分配，每年得粮食1,300斤左右，现金 60 元左右，生活比以前好。1975 年全年收入粮食 1，500 斤，每年收入现金是 100 元左右。

20 世纪 70 年代末 80 年代初，拖拉机、卡车等进入农户，标志着现代化生产工具进入农村的生产和生活。第一台拖拉机是在 1982 年出现的。由于赵爱请家里的甘蔗地比较多，每年有 200 多吨甘蔗收成，大概有 20～30 亩的土地，用牛车载重明显跟不上发展的需要。于是，虽然拖拉机在当地 1 年里只能使用 4 个月，但他还是带头购买了第一辆。到 1990 年，耙地机又进入了盆昌屯，逐步取代了耕牛犁田。当然，在机器普及之前，耕牛同样在增加，直到全屯 80 多户人家都有了耕牛。

除了机械的使用之外，除草剂、杀虫剂等现代化学用品的使用也大大解放了农村劳动力。以往的田间管理都是人工操作，如除虫，在 4 月的谷雨时节，采用拔刺灌的办法，防治甘蔗螟。夏至的时候要防止甘蔗蚜虫。但是随着大面积的种植甘蔗，正如一位村民所说："我也不想用除草剂、杀虫剂的，但我家的女人实在是忙不过来，要做农活也要做家务。"因此除草剂、杀虫剂成了妇女们的好帮手，使她们从频繁枯燥的劳动中解脱出来。

20 世纪 80 年代，盆昌屯开始利用塑料薄膜覆盖甘蔗育苗移栽，对提高甘蔗发芽率、全苗壮苗起到良好的作用，有显著的增产增糖效果，育苗移栽还可以减少藏种数量和损失。每亩盖膜成本只有 15～17 元，增产甘蔗 1 吨左右。耕作技术的改进成了甘蔗总产量提高的一个重要因素。另一个重要因素就是蔗种改良。

20 世纪 90 年代后，甘蔗销售价格也逐年提高，甘蔗产量也逐渐增加（见表 5-2-1）。

表 5-2-1　20 世纪 90 年代至 2005 年盆昌屯年产甘蔗量变化示意图

年份	价格（元/吨）	年产量（吨）
1990	120	9,000
1992	130	10,200
1994	217	10,800
1996	260	10,005.6
1997	230	10,023.5
1998	180	11,050
1999	185	10,150
2000	190	10,000
2002	165	10,000
2003	180	9,800
2004	204	10,018
2005	250	11,500

黄宗智教授在《长江三角洲小农》中提出的核心概念之一是“内卷型增长”。这是一个与密集化增长、有发展的增长相区别的增长类型。单纯的密集化，产出或产值以与劳动投入相同的速率扩展；内卷化，总产出在以单位工作日边际报酬递减为代价的条件下扩展；而发展，即产出扩展快于劳动投入，带来单位工作日边际报酬的增加。换言之，劳动生产率在密集化状况下保持不变，在内卷化状况下边际递减，在发展状况下扩展。①

市场供求关系的调节使得甘蔗在盆昌屯大面积种植。新中国成立前由于当地没有糖厂，甘蔗零星种植，产量低，亩产仅 200 多

① 黄宗智：《长江三角洲与小农家庭与乡村发展》，11 页，北京：中华书局，2000。

斤。在既有价格结构下，纯收益低于木薯、地菠萝等作物。随着糖厂的建立与发展，甘蔗销售价格的逐年，甘蔗种植面积在扩大，发展成为今天的盆昌屯全部种植甘蔗。由于化肥、农药、种植技术改良和科学选种，甘蔗产量不断上升，甘蔗亩产达 5 吨左右。

耕作技术的改进以及蔗种的改良并不能消除甘蔗种植劳动强度，农民把大部分的时间都放在甘蔗上。以下是某农户的情况：五口之家，祖父、父亲、母亲、2 个成年的孩子。耕种 8 亩的甘蔗，这一家人一年劳动日安排如下表：

表 5-2-2　农户一年内所安排的劳动日

项目＼月份	1	2	3	4	5	6	7	8	9	10	11	12	合计
种甘蔗	26	20	15	10	12	14	11	16	18	19	29	30	220
上街	2	4	3	4	5	5	4	3	3	3	1	1	38
休息	2	1	8	10	8	5	10	4	8	8	1	0	65
其他	1	3	5	6	6	6	5	7	1	1	0	0	42
合计	31	28	31	30	31	30	31	31	30	31	30	31	365

从上表不难看出，一方面，甘蔗生产劳动日占了全年 365 天的 60.3%，该农户没有种植其他农作物，也就是说甘蔗劳动日就是全年的农业生产劳动日，可见甘蔗生产投入之高。另一方面，该农户除了甘蔗的收入外很少有其他农作物的收入，甘蔗劳动日可作为农业劳动生产率的指示器。

以下图表则是该农户在 2005 年在自己甘蔗地的生产投资。一亩的甘蔗收入在 2005 年是 2,500 元左右，除去投资成本 741 元，盈利是 1,759 元。1,759 元是 5 个人在田地里所获得的报酬。单位工作日的收入是 12.8 元。种植甘蔗是高强度的工作，需要投入较多的劳动力，因为需要精耕细作，下种、培土、除草、剥叶等细碎的工作都要人手。而劳动力的来源并不是来自市场的调节，而是来自家里。可以说，农业劳动不是作为一种稀缺资源，通过供给和需求的市场力量而达到最合理的利用。正如黄宗智所说的，“……农村经济的确出现了相当幅度的增长；以整个家庭的年收入来分析，农村经济也显示了若干程度的增长。但是仔细考察一下就会发现，这种增长乃是以单位工作日的报酬递减为代价而实现的。家庭年收入的增长，不是来自单位工作日报酬的增加，而是来自家庭劳动力更充分的利用，诸如妇女、儿童、老年劳动力，以及成年男子闲暇时间的劳动力。这就是‘无发展的增长’、或者说‘内卷型增长’”①。为了提高土地的产出率，农民增加了生产要素的投入，如不断追加化肥、农药。因此，盆昌屯农业生产所取得的进展来自过密化而非发展。这个就是“没有发展的增长”。但是农业的过密化并不影响农业的进展，在土地边际效益没有趋向零的时候，农民还是选择在土地上种植。必要的生产要素的投入和改善成为必然，这样自然促进农业的向前发展。

表 5-2-3　一亩甘蔗的投资成本　单位：元/亩②

月份 阶段	机耕	蔗种	复合肥	磷肥	钾肥	尿素	农药	劳动工作价	甘蔗捆绳	合计
种前	25	90								115
下种			75	30			12	48		165
长苗					30	60				90
培土			50		50	60	8	10		178
除草							6	5		11

① 黄宗智：《长江三角洲与小农家庭与乡村发展》，77页，北京：中华书局，2000。

② 资料来源：广西民族大学民族学与社会学学院2003级民族学系韦秀美毕业论文。

续表

阶段 \ 月份	机耕	蔗种	复合肥	磷肥	钾肥	尿素	农药	劳动工作价	甘蔗捆绳	合计
剥叶								36		36
砍蔗								90	7	97
牛车归堆								24		24
上糖厂车								25		25
合计	25	90	125	30	80	120	26	238	7	741

二、观念的转变

传统的农民生活在传统的规范里，生活闭塞，缺乏与外界的交流。崇尚传统的保守价值，认为在传统里生活是自在的、这样的生活才有意义。如果突然要他们投入到技术改进、开放的经济变化中，就会觉得有些失措，因此多少对企业式的糖厂有着抵触的情绪。

在200多年的历史里，岔昌屯是封闭的、传统的。岔昌屯的人际关系就像费孝通先生所说的“差序格局”。维系这个“差序格局”的是以自己为中心的自我主义，而不是个人主义。岔昌屯的村民们虽有改变贫穷落后的决心，但是长期以来所养成的唯我主义根深蒂固。刚开始的时候，表现在排斥种植新的经济作物，无视糖厂和政府的鼓励宣传。在甘蔗种植初期遇到的压力是巨大的，认为种植甘蔗还不如种植粮食作物来得实际，他们认为手中有粮食心不慌，多少年来的种植习惯使得他们不想再为别的事情多费力气。经济的不发达，影响着这个村庄的文化沉淀，岔昌屯没有发达的宗族势力，文化体系不像其他地区那样成熟。相同的是对土地的热爱，他们熟识土地。在自给自足的经济里，人们忙于生产，却是食不果腹，衣不蔽体。虽然如此，但他们却保持着仅有的独立性，可以不与任何人打交道，他们的目标是不负债、不求人。在宁明糖厂建成投产之时，盆昌屯的人并没有察觉到企业所带给他们的冲撞，但仍很快地被卷入商品生产的浪潮中，与市场的联系比以往任何时候都要密切，他们的独立性将要失去。

糖厂建立后，在管理上逐渐步向规范化。为了保证效率目标的实现，必须追求经济的增长，而蔗源的充足是必需的。但糖厂之间也有自己的业界规定，不能因为自己需要而收购不属于自己范围的甘蔗。分区收购甘蔗由来已久。不单单是大陆，在我国台湾也有着类似的规定。分区收购甘蔗已经成为糖业界不成文的规定，糖厂在经营上是一个理性的角色，会自觉遵守分区采购的规定。但蔗农的一些消极传统的因素，比如说自私自利，会让他们有“卖黑蔗”的心态。所谓“黑蔗”，就是把本属于某糖厂收购范围的甘蔗私自出售给别的糖厂。为了预防“黑蔗”的贩卖，必须和蔗农签订合同。而在签订合同的时候，糖厂遇到了阻力。因为在蔗农看来，盆昌屯是一个“互惠社会”，维系这个社区的是地方的人情、民约民规、还有比较微弱的族权，口头承诺被视为约束力很强的保证，从来没有对农作物以契约的方式担保，因而似乎签订一张文书对此处农户来说是莫大的耻辱，认为这是对淳朴农民的侮辱。此外村民们也觉得有点恐惧，认为这张纸不亚于卖身契。

合同内容详尽地对蔗农的生产做了要求。内容有糖料蔗种植面积、品种、交售数量，糖料蔗收购质量标准，交售时间、地点及验收方式、运输等各项严格规定，不能擅自违反。尤其是在榨季，糖厂由于本身的容纳能力，它需要理性地安排蔗农砍运的事项，不可能让全部的蔗农都砍甘蔗。这样一来，激起了蔗农的不满情绪，并且很不理解这些做法，觉得自己的自由正在被逐渐地剥夺。过去，村民们的自由仅受到气候和需要完成的劳动的制约，但是种植甘蔗后，他们的劳动安排完全置于糖厂和联络员的安排之下，什么时候该砍、砍多少，完全不在自己的掌握范围之内。糖厂的做法是要求联络员自主安排自己辖地的甘蔗收割。盆昌屯的联络员从1998年以来一直是赵子民，他详细地记录了当地种植甘蔗的土地亩数、位置、大概的产量估算，并且都编上了号码。糖厂根据这些资料及他们的实际产量进行抽签，可以说蔗农的砍蔗并不是自由的。而对于不喜欢被束缚、缺乏时间观念、纪律观念的蔗农来说，等待甘蔗票的下放无疑是一种折磨。蔗农想摆脱这些规定，因此他们对合同相当反感，时常期盼着能够“大开放”（不用等待下放的甘蔗票，可以直接砍）。事实上，在笔者的问卷调查里，当问及什么时候会去找联络员，100%的人都选择了“要蔗票的时候”。所以在甘蔗收割的时间里，联络员的家里时常聚满了要票的蔗农，早上开工时最多有50多个，少的时候也有20个左右，晚上收工回来也有人来问。因此，在此期间联络员有时不敢回家。也曾经发生过因不满联络员迟迟不发票下来，火烧联络员蔗地的事件。蔗农与糖厂角色的冲突还表现在他们属于不同性质的代表。

糖厂成立之初，针对蔗农的心理采取了一些吸引的措施，如每亩免费送一包化肥，在水田地区还免去机耕费用，直接到田里进行技术指导，并在榨季结束后立即结账，没有“打白条”的现象。蔗农则是“吹糠见米”的心态，迫切地想看到自己劳动成果的迅速回报。宁明糖厂所采取的这些措施，引起了宁明县农民的注意，他们认为种植甘蔗是可行的，但需谨小慎微。直到现在，宁明糖厂发放预付肥，在砍季结束后直接在蔗款中扣除。重要的是，糖厂为了保证甘蔗运输的畅通，在一些地方，如盆昌屯，部分扣除蔗农的售蔗款，用于公路的修建。在1987年以前，每吨甘蔗扣除5元用于道路的修建，事实上，比起邻村如院景、陇佛、陇瑞等，立新村通往糖厂的蔗路是较好的一条。糖厂是一个理性的企业，它努力地尝试使其利益最大化，但是从某个角度来看，蔗农群体也是一个理性的企业主，二者之间有着对话的平台。

蔗农掌握着自己的资源，担负着组织自己资源的组织者角色，他们可以敏感地洞察市场提供的信息，而且也可能在外来的刺激下，自行地调节自己农作物的种植结构。可以说他们是自己的企业主。

价格上升诱导蔗农扩种甘蔗。事实上，1998 年以后，盆昌屯的所有土地都种上了甘蔗，因为成本比其他的农作物品种成本要低。我们可以抽取 1998 年一些农作物每亩的产值，通过比较了解同年农作物的收益。假设 1998 年所有农产品收购价格的指数为 100。1998 年，玉米的价格指数是 618.1，花生是 462.9，黄豆是 864.7，甘蔗是 569.0，每亩玉米的产量为 1 吨，花生 800 斤左右，黄豆大约 1 吨，甘蔗是 5 吨。玉米、花生、黄豆、甘蔗每亩的产值分别是 618.1，370.32，864.7，2,845.0。这个产值并不能等同现实中的产值，仅方便量化分析。通过这些数据的比较，得出种植甘蔗比较理性。蔗农有了经营核算，他们可以权衡利弊，知道种植何种农作物才能最大化地发挥土地的功效。蔗农从种植甘蔗中得到好处：生产慢慢地步向半机械化，劳动强度相对来说比以往有所下降，村民不必担心甘蔗的销售，他们的生活水平有了极大的提高。

可以说，他们变得积极进取，开始追逐利益，但也了解契约合同的法律约束力。在土地要素没有发生改变的情况下，农民亟迫解决农业产出低迷的景况。在地方精英带领下，盆昌屯的农民成功引进了新的甘蔗品种，进行技术创新，实现甘蔗的良种化，从而提高甘蔗产量。但在面对甘蔗新品种的到来时，不同的人群反应又各自不同。

个案 1：盆昌屯率先引进新台糖 22

在 1984 年直到 1998 年 3 月份以前，盆昌屯甘蔗品种基本上都是桂 11，但是经过多年的种植，桂 11 在当地的种植环境下已经没有以往那样的高产量，表现为低发芽率，茎变细，难剥叶。对于蔗农来说，甘蔗叶难剥就意味着增加农民的额外劳动，因为蔗叶不像除草那样可以用化学剂达成，只能用人力去摘除。当时广西甘蔗研究院正在研究新的品种新台糖 22，1997 年试验成功，但还没有向外界推广。研究成果出来了，就需要蔗农的试验。技术要转化为生产力，必须与生产相结合。盆昌屯率先引进新的甘蔗品种。台糖22比旧品种有压倒性的优势：其萌芽良好，分蘖力强，初期生长稍慢，中后期生长快速，原料蔗茎长，茎数中等，易脱叶，甘蔗基部粗大，不易倒伏及抽穗开花，内容充实。宿根性强，耐旱力强。抗露菌病、黑穗病、叶枯病、叶烧病及黄褐锈病、抗花叶病，对甘蔗棉蚜的反应为中等。1998年，曾经担任糖厂联络员的赵忠林只身到南宁的甘蔗研究所咨询新品种的事情。以下是引进新品种的领头人赵忠林的陈述。

我是赵忠林，1955年出生的。我们屯一开始种植台糖134，台糖134种了几年，但发芽率不高，第一年的时候丰产，第二第三年就没有发芽率。1984年左右开始换桂11，134就被淘汰了。种桂11种到（19）98年，种久了，它就变细，难剥叶。1998年开始种台22。（19）98年我不做联络员，有时间去找蔗种。当联络员的时候根本没有时间去找蔗种。到南宁后的第3天就去（广西）甘蔗研究所。听说有蔗种，但是贵，4,100元1吨。这个品种好，好在糖分比较高，比桂11的高。当时糖厂还没有引进这个品种，只是在宁明糖业局种有一些，但不对外出售，只好自己到甘蔗研究所去要，那时候他们说有，但是宾阳已经定了。3角1个芽。当时我们这里也没有什么良种，要发展（良种）。于是我回来发动群众筹资买甘蔗种。有些人积极，有些人就是买一点试一下效果。我筹集了大概8,000元买了2吨的甘蔗种。效果很明显，新的甘蔗品种在1998年3月9日种植，在同一年的10月份收割，就已经长到150多厘米。在短短7个月里，甘蔗就迅速抽芽、长高，比桂11增产5.85%，增糖8.4%，平均甘蔗糖分14.03%，比桂11高0.33个百分点。这一年我们屯也以每吨1,500元卖出蔗种。

很快，台糖22被糖厂推广开来，大概用了3年的时间，盆昌屯的土地都换上了台糖22。2004年，整个宁明县基本上都种植这个品种。

可见，赵忠林担任着革新者和意见领袖人的双重角色。赵忠林社会资源很丰富，在集体时代就开始帮一些国营淀粉厂收购木薯，分田到户之后，他一边积极探索适合本屯种植的作物，曾经种过柑橘、芒果，一边出门做生意，在1987年开始担任村里的干部，在1990—1998年还担任糖厂的联络员，1998年开始只担任村委会主任。从个人的经历来看，他具有积极进取的精神，与外界联系紧密，有着开放的思想，在村里也有较高的社会地位，熟悉村里的传统逻辑和运行机制。他大概知道哪些人会采纳新品种，而他比较早找的那些人就可能是早随潮流者的构成部分。

（一）早随潮流者

早追随者往往比晚追随者更有发展性的眼光，他相信意见领袖人的决定，尊重科学知识，也期盼着新技术的到来，虽然如此，但他们还是会谨慎地采纳新品种。但又比一些怀疑分子更有行动力。此类型的人占总数的13.5％。

当笔者问及赵忠林去说服这部分人的情形，他的回答是这样的：

答：一般就是去找那些比较相信科学的，种地面积多的，我就是去找这些人。

问：就是找种甘蔗多的，又相信科学的。

答：还有村干部。

问：盆昌屯的有哪些人要？能指出他们的名字吗？

答：那时候最相信科学的是赵世光。

问：他为什么会相信的呢？

答：他是比较相信科学的人，他是有文化的人。

问：他是什么文化？

答：高中。

问：他的甘蔗地多吗？

答：每年产量都有100多吨。

问：那面积有多少？

答：不知道。

问：他是有文化。他在村里有威信吗？在村里说话有人听吗？

答：他和我比较合得来。

问：你们是兄弟吗？

答：不是，我看得出这个人比较有经济头脑。我先找他，第一个报名的是他。

问：那他是村干部吗？

答：不是，那时我是村支书，就想发展他了，入党啊，还有其他。他这个人是有经济头脑。

问：大概要了多少的甘蔗种呢？

答：那时候每个人都是要几十斤。个个都是要20斤、30斤、40斤、50斤，至多也是要50斤。

问：那谁要得最多？

答：就是我了，好像他（赵世光）就要了100斤。我就要了190斤。我小弟看见我买回来后，听说是4,000多元一吨，还说贵过黄金，他不想种了。我种剩下的一些尾他拿去种，刚有10多斤甘蔗，他（第二年）卖（蔗种）得了900多元，就连赞这甘蔗的确是可以种。

问：这个效果好。

答：第二年就卖了1500元1吨。

问：那剩下那些没有买蔗种的是什么态度，是因为太贵的原因吗？

答：第一是嫌贵，第二是因为以前还没有见过，不知道效果怎么样。产量高不高也不知道，也不相信会有这么好的效果。

访谈中提到的这个赵世光显然就是最早的追随者，他比较有经济头脑，相信科学知识，能够在新技术的面前迅速做出决定，他也信赖意见领袖人。这部分人只占少数，他们的甘蔗地一般比较多，敢大胆采纳新品种，同时也意味着更有能力承担风险。

（二）晚随潮流者

当人们面临一个完全陌生的事物之时，总是表现得很犹豫。农民对于新技术的认知有待时日，他们怀疑这些新技术有无必要，自己需要不需要。总之他们是一个怀疑群体，这些怀疑的群体就是晚随潮流者的主要组成部分。当受到周围环境的影响，这部分人便开始轻度的尝试。

从笔者调查到的情况看来，村里大多数农户属于这个群体，占68%，虽然他们可以掏出钱多买一些甘蔗种，但由于惧怕风险而持保守的态度。

（三）滞后者

在采纳新事物的过程中，总有一些人是远远落后的，他们觉得自己追求的只是食物的生产与自身生存和家庭的延续，不想承担任何风险。当笔者问及这部分人不想种植的原因时，得到的回答是：“糖厂都没有卖这个种，那是不好的，会坏了庄稼的”，而且16%的人认为这个甘蔗种“比黄金还贵”。

这样，开始出现了一个明显的界线：一边是采用了新品种从中获益的人，另一边是拒绝采用新品种而失落的人。最后这些滞后者也开始采纳新的品种，也卷进了这个新品种传播中的一环，但是对于滞后者来说，最好的机会已经过去了。

可以肯定地说，糖厂的到来开阔了村民的眼界，丰富了他们的阅历，村民也通过联络员的工作，更多地与糖厂增加接触和交流的机会。类似赵忠林成功引进新品种的案例，他的成功背后有着当了8年联络员的经验的支持。地方精英对待具有现代象征意义的企业，并不是一种简单的反应，而是服从于可预见的理性。这种理性属于社会的和精神的层次，而不属于经济层次。

三、社会结构的变迁

（一）社会阶层的分化

随着家庭联产承包责任制的推行，糖厂对周边地区辐射力的增强，农民以此为契机抓住发展的机会，在家务农之余，向外发展，致使盆昌屯内部社会阶层产生分化。

西方社会学中的阶层分析，其实质是确定个体在社会垂直结构中上下序列的地位，分析的主体是个人，而不是家庭。中国家庭既是一个生产单位，又是一个消费单位。① 当人们说到财产的时候，主要指家庭财产，而不是个人财产。而且在农村，职业分化是在家庭内部，而不是发生在家庭之间，且家庭内部的职业分化也不是很清楚，一个农户有时兼两个职业，有些农户农忙时种田，农闲时则打一些散工。因此，我们只能借鉴西方社会分层法中的精神，对乡村分层趋向作出粗略的描述。②

纯农户阶层，是指全部劳动力。或主要劳动力在村内务农，经济收入全部或主要来自于农业和家庭副业的家庭。在推行家庭联产承包责任制后，家庭的收入受到人均承包土地面积的制约。在盆昌屯，这样的纯农户阶层有 90 户，占总户数的 88.2%，主要经济收入来自甘蔗，因此在此，最富裕的家庭就是家里土地最多、甘蔗种植最多的家庭。如盆昌屯 L 农户，5 口之家，父亲、母亲、2 个儿

① 曹锦清、张乐天、陈中亚：《当代浙北乡村的社会文化变迁》，232 页，上海：上海远东出版社，1995。

② 曹锦清、张乐天、陈中亚：《当代浙北乡村的社会文化变迁》，233 页，上海：上海远东出版社，1995。

子、1个女儿，25岁的大儿子入赘邻村，23岁的女儿出嫁，剩下L夫妇及18岁的儿子在家务农。家里有20亩的甘蔗地，是全村种植甘蔗最大的户，年收入有5万元以上。L农户在2005年起了一幢4层的楼房，装修堂皇，告示着他富足的生活。在盆昌屯，家庭年收入最少的也有1.5万元以上。现在盆昌屯的生活水平有了很大的提高，如果没有政策的鼓励，没有糖厂的建立，没有种植甘蔗，这个屯还会是宁明县最穷的屯。由于甘蔗价格的上涨，盆昌屯的农民一心想种好甘蔗，认为在家务农所得的收入高于在外打工，因此大部分的劳动力都集中在甘蔗地上。

半农半工阶层，指家庭内主要劳动力一方面耕种承包土地，另一方面在外面企业从事一般工作的农户。这部分家庭的内部分工大体上分两种：一般是中年夫妇（45岁以上）在家务农，其余劳动力在外面打工，等农忙时请假回来帮忙。这样的家庭在邻村陇瑞屯很常见，但在盆昌屯不算多，只有9户，占总户数的8.8%。M农户夫妻两人都50岁左右，有10亩甘蔗田，两个已经成年的儿子在南宁打工，每年11月砍甘蔗的季节，两兄弟辞工回来帮忙。用他们的话说“请人砍蔗的钱比打工的钱还要多，家里面也不需要我自己挣的那一点钱，都让父母做，太辛苦了”。因此，一般都会请假或者是辞工回来做农务。其他家庭也类似。这样的家庭主要的经济收入来源是甘蔗收入。另外一种是，家庭内部有1人从事手工业或者个体经营，农忙时停止经营，回家帮忙。这样的例子有2例，N家庭户主是个木匠，在天西圩摆了个摊位，圩日挑着自己做的木具到市场出售，家里的15亩甘蔗地农务主要是妻子负责，读书的2个孩子是辅助性的劳动力，但农忙的时候会停止买卖。这样的家庭经济收入还是以甘蔗收入为主，个体经营是辅助性的，家庭年收入有4万多元。

个体企业阶层。雇工在8人以下称为个体企业。盆昌屯仅有1户从事个体企业。N农户在南宁开办了一个加工塑料粒的小型工厂，妻子也在此工作，又请了3个人帮忙，放假时孩子也会过来帮忙。但N家庭也不放弃种植甘蔗，甘蔗的下种到砍收都是雇工。这个家庭的主要收入来自办厂所得的收入，部分来自甘蔗的收入，全年的收入大概有6万元，是全村的首富。

从社会阶层的分化可以了解到当地的经济逐渐从以往封闭式经济向开放式经济转变。人们走向市场经济，和外地人做生意，与外地人一竞高低。他们的发展得益于自身思想观念的改变。

（二）家庭结构和家庭关系的变化

具有现代意义的象征物——糖厂，同样影响到家庭和家庭经营，当地家庭和家庭经营逐步与现代接轨。家庭是社区里最小的单元，担负着抚育后代及使社会文化得以绵续的功能。传统的家庭里父母子女之间存在着一种稳定的三角结构，夫妻的直线关系因为孩子的到来更加牢固。夫妻之间需要高度的契合是为了要经营全面合作的生活。他们相互得到满足的地方太多了。① 夫妻由于自己的性别而承担着不同的事务。

从前，父亲在家庭里的地位是至关重要的，他是家庭的支柱及让孩子加入劳动行列的指路人。盆昌屯在种植甘蔗之前，种植一些木薯、玉米、花生、豆类等农作物，使用的工具相当简单，主要是锄头和镰刀，偶尔还有犁，父母会教孩子们如何点播玉米种子、如何挖坑种木薯、如何用技巧把草锄得更彻底等劳动技能。“儿子是不取酬劳的伙伴和永久的学徒”②。从这个意义上来讲，父子关系类似师徒关系。在传授过程中父亲也树立了自己的权威，这种权威是人格上的尊严、精神上的满足。因此，在大部分的决策中，父亲具有绝对的发话权。严父慈母是盆昌屯大部分家庭的写照。母亲担负着教导孩子，让孩子了解这个社区风俗、法律、人情世故等的义

① 费孝通：《乡土中国生育制度》，146页，北京：北京大学出版社，1998。

② 〔法〕H. 孟德拉斯著，李培林译：《农民的终结》，84页，北京：社会科学出版社，2005。

务，帮助孩子树立道德观和价值观。夫妻之间由于繁杂的体力劳动而缺乏交流。在一些重要事情的决策方面，一般是丈夫拿主意，比如在技术引进等方面，男人说了算，他可以和自己的父亲商量，或者是找兄弟讨论技术引进所带来的风险和收入等问题。正如费孝通先生所说的，“若是一个社会生产技术很简单，生活程度很低，男女在经济上所费的劳力和时间若需要很多的话，这种社会里时常是走上偏重夫妇间事务上的合作，而压低夫妇间感情上的满足”①。在生产力低下的社会，盆昌屯大部分的人员都住在一起，75%的家庭里有祖父母、父母和晚辈们。当然还有核心家庭，但少于25%。

自从开设糖厂，盆昌屯的生产要素发生了巨大的变化，糖厂的影响也缓慢地渗透到家庭，家庭和它的经营也遭受了一场不亚于变革的变迁。农民慢慢把自己耕种的木薯、玉米、花生、地菠萝铲除，种上了甘蔗。如今糖厂要求当地人不仅仅使用传统农具，还要学会操作拖拉机、自动喷雾器、耙土机等现代工具，因此年老的人可能需要向年轻人讨教，这在以往是不可能发生的。这个过程类似米德所说的“后喻社会”，年老的人要向年轻的人学习现代知识。而母亲的地位还是和从前一样，仍然引导孩子树立正确的道德观、价值观和人生观，她负责教导孩子认识被新变化慢慢浸透的这个屯里的新世界。

随着甘蔗品种的改进、生产丰收、经济收入的增加，家庭结构也逐渐发生了改变。妇女们要求参与家庭决策，很多人要求自主性，不希望自己辛辛苦苦挣来的钱受到别人，尤其是婆婆的干预。年轻的妇女都表示要分家。

笔者问：“砍甘蔗这么辛苦，有婆婆公公帮忙做家务，自己就没有这么累了，怎么想分家了呢?”妇女们的回答是：“婆婆不爱干净，她喜欢指挥人”，“自己过，不用看别人脸色过日子，过得安心”，“大家都是这样的”，“我们会吵架的，又不是自己的妈，看不

① 费孝通：《乡土中国生育制度》，146页，北京：北京大学出版社，1998。

惯她”，“不分家还要帮小叔娶媳妇，多吃亏啊”。

妻子们的看法影响着丈夫，也影响着盆昌屯的家庭结构组成。在盆昌屯，儿子一旦结婚，很快就要和父母“分家”。种了甘蔗，这种格局也没有发生改变。笔者在2005年10月对这个屯的76户家庭进行家庭结构的调查，其中的分析结果如下：核心家庭49户，扩大家庭12户，复合家庭15户。核心家庭是大部分，占64.5%，扩大家庭是15.8%，复合家庭19.7%，没有单亲家庭。

虽说有了糖厂可以保证村民们甘蔗的销路，但种植甘蔗还是一种很辛苦的体力活。父母希望自己的孩子不要像自己这么辛苦，希望孩子能够读书有出息，摆脱农民这顶帽子。用他们的话说就是“巴望孩子成材，有些听、有些人不听，盆昌屯出去打工却很少，因为田多，人手不够，别村是因为土地问题，土地紧张，外出打工就比较多一些”。屯里有一位家长，宁可自己省吃俭用，供自己的小孩在南宁读高中，小孩成绩还不错，这给了他无限的希望，他也想着“读不去就回来帮种甘蔗了”。另外有部分年轻人想“出走”做生意或者是外出打工，农业也面临着危机。特别是年纪大一点的老年人，孩子不在自己的身边，强烈地感觉到后继无人，自己的土地可能要荒芜了。因此，父母都希望至少有一个孩子待在身边，从笔者的问卷调查也可以窥见一斑。当问及“如果你的孩子都是女儿的话，你希望A. 至少有一个上门 B. 随她喜欢 C. 两个都出嫁”，全部的人都选择了A——不单单是防老，还因为家里的土地需要有人来继承。

由于种植甘蔗是以蔗农投入的劳动力为基础的，而生育政策的一些规定使得劳动力在关键的时候显得短缺，收割时尤其觉得人手不足。而甘蔗票总是要求在两三天内收割完3～5吨，因此不同程度的“合伙”、“雇工”就出现了。

互助帮工的形式在上世纪80年代又出现了。这个时候的互助和以前也是有所不同的。人们的生产工具齐全，缺乏的是人力资源。面对沉重的体力劳动，只有组织起来完成收割任务。主要有3

种帮工的形式：一是和亲戚组合，三两户合伙不定，彼此非常熟悉。这样的组合可以免去提供伙食和佣金，类似换工。一般是其中的一家拿到了甘蔗票，合伙人就会到他家田地里砍甘蔗，完成砍、修、运载等步骤，犹如在自己的田地里一样。另外一种是雇工。请人来收割甘蔗，雇主需要提供一顿中餐，一天付 25～30 元的酬劳，按天结算。还有一种是换工补钱的方式。比如自己没有拖拉机，既要和别人合伙，又要借用别人的车子，这种情况下，要另外偿付汽油钱还有司机的酬劳。类似雇车运甘蔗。这种帮工形式在兄弟之间进行者较多。

第三章　结　语

本文以宁明东亚糖业有限公司为因变量，重点考察糖厂的到来导致盆昌屯发生的一些变化，尤其突出的是农业发展，小农意识的转变，地方精英抓机遇求发展，进行技术革新。糖厂的影响力不单单是经济方面的，它引发了该屯社会阶层的分化，对村民观念、家庭结构和关系的影响颇为深远。这些变迁寓于日常生活之中，犹如“随风潜入夜，润物细无声”的细雨。

盆昌屯的农业历史悠久，但长期以来变化不大。直到糖厂的开设及其市场作用，吸引盆昌屯人参与到市场竞争中，主动或被动地完善种植系统，对生产要素进行了一番改革。糖厂对经济的刺激也影响到家庭和家庭经营中，从而对其文化本身产生了很大的影响。在这些变化中，可以看到：

1. 不同的时期影响社会变迁的动力因素不尽相同

越是在早期，一些非人为的因素如自然、战争等因素对社会产生的影响越大。盆昌屯在清朝末年以及民国时期所遭受的历次灾害，使得村民的生活异常艰难，从而影响了集体意识的构拟。土地产出的减少直接影响到了村民自身文化的生产。对本身社会再生产的控制能力强弱程度不一，也就意味着精英阶层对自身历史的谱写时强时弱，出现了断断续续的历史记载。社会结构不稳定，而反映在上层建筑则表现在头人制的不完全成熟。也是造成了谱系性失忆的原因之一。而到了新中国成立直至分田到户之后，国家力量渗入到社会的最基层，盆昌屯人也逐步实现了“国家化”，表现在，对国家的认同感逐渐增强。正如吉登斯所说进入现代国家后，国家与社会更加融为一体，社区与人民的生活更加“国家化”。在传统社会，人的社会再生产是社区性的面对面式的人际关系训练，到了民族—国家时代，全民教育和普遍性知识成长起来，并取代了社区性的社会再生产方式。这个时期国家力量的影响左右着盆昌屯的变迁。表现在信息和行政监视的大幅度延伸。人类学家们解释有关现代化的重大理论，主要有韦伯的“原动力”说，埃弗雷特·哈根的“社会心理过程说”，麦克莱兰的“成功动机说”，[①] 自19世纪以来三大社会理论阵形争论，马克思、韦伯、涂尔干分别主张生产力、理性化、社会分工是社会转型的动力因素。而吉登斯则认为，除了以上三个外，更重要的是国家形态的变化。进入现代国家后，国家与社会更加融为一体，社区与人民的生活更加“国家化”。不同的时期，影响社会动力因素也有所不同。正如在前文提到，不同的时期，非人为因素、国家力量、外来的社会进步等力量此消彼长，表现出影响乡村历史的变迁也不同，而其社会特征也不同。

2. 变迁是一个连续的过程，变迁会引起另外一些变迁

克莱德·伍兹说过，变迁孕育变迁（change breeds change）。[②] 系统内部的一些变迁会引起其他的一些部分变迁，怀特的文化进化图式认为观念形态的变迁随着社会变迁而来，社会变迁又由技术的进步所导致。变迁是一个“雪球效应”，一些复杂的变迁会引起其他一些的变迁，重要的技术创新也会引起一系列变迁的产生。从盆昌屯两三百年的历史来看，盆昌屯的早期经历了对自身历史的谱写，和别的群体（大岸村的村民）接触后，逐渐开始涵化。表现在对一些文化习俗的趋同性，从其中的石碑记载看来，婚嫁上仿照其他村的习俗，但却遭到其他村的坚决抵制。我们都承认，文化的某

① 〔美〕伍兹著，施惟达、胡华生译：《文化变迁》，86～87页，石家庄：河北人民出版社，1989。

② 〔美〕伍兹著，施惟达、胡华生译：《文化变迁》，41，石家庄：河北人民出版社，1989。

些部分比其他部分更抗拒变迁，而行为的变迁又往往先于信仰的变迁。[1] 它的改变引起了自身心理的调适，有着相当长一段时间的心理调整，直至平衡。随后国家力量的介入直接导致了经济模式、家庭结构甚至是习俗发生变迁。在历史上的某段时期，岔昌屯也和其他地方一样抵制甚至反对市场经济，直接实行计划经济。而糖厂的到来，引起了岔昌屯自身文化的变迁，表现在生产工具、生产手段的大幅度改善，从农业动力、耕牛牲畜、农具的数量可以看出，最为活跃的经济场面很容易发生改变。面对新的挑战，地方精英积极应对，表现为积极的引进新技术——新品种台糖 22。与此同时，技术的引进，也引起了不同层次的人群（主要有意见领袖人、早随潮流者、晚随潮流者、滞后者）的反应，而他们的不同反应在某种程度上也影响了其作物的收成。糖厂的到来也引起了家庭结构的变化，由以往的复合家庭向核心家庭转变，根据年龄和性别分工，家庭的决策往民主性方向发展。帮工形式多样化，既带有浓厚人情味的互助换工，也有基于市场经济的按日收费的完全工人。

而与市场的联系比起以往都要紧密，加强了与各村之间的依赖性．他们也开始根据市场的需求，由市场价格调节他们的种植方式。生产什么不再是事先决定的，全看价格的波动对哪一种产品有利。[2] 而改变种植的作物从某种角度看来，也改变了村民们的劳动时间。他们自觉地更换种植的作物，调整种植模式，由原来的玉米—木薯或者是玉米—地菠萝转为甘蔗—玉米的种植。

由于不同的历史时期及社会变迁所处的环境，变迁速度时有变化。正如列维斯特所说："事件要放在一定的历史背景下分析。"

---

① 〔美〕伍兹著，施惟达、胡华生译：《文化变迁》，38 页，昆明：云南教育出版社，1989。

② 〔美〕沃尔夫著，张恭启译：《乡民社会》，58 页，台北：巨流图书公司印行，1983。

本篇参考文献

[1] 刘朝晖．超越乡土社会——一个侨乡村落的历史文化与社会结构．北京：民族出版社，2005

[2] 王铭铭．走在乡土上——历史人类学札记．北京：中国人民大学出版社，2003

[3] 费孝通．乡土中国生育制度．北京：北京大学出版社，1998

[4] 张小军．历史的人类学化和人类学的历史化．历史人类学学刊 1（1）．香港：香港科大华南研究中心．2003

[5] 马歇尔·萨林斯著．蓝达居、张宏明、黄向春、刘永华译．历史之岛．上海：上海人民出版社，2003

[6] 梁启超．中国历史研究法．上海：华东师范大学出版社，1995

[7] 龙州纪略．复印本

[8] 王明珂．华夏边缘历史记忆与族群认同．北京：社会科学文献出版社，2006

[9] 黄福添、杨绍光．广西糖业史．南宁：广西人民出版社，1996

[10] 中共中央文献研究室编．关于建国以来党的若干历史问题的决议（注释本）．北京：人民出版社，1983

[11] 黄宗智．长江三角洲与小农家庭与乡村发展．北京：中华书局，2000

[12] 柯志明．农民与资本主义：日据时代台湾的家庭小农与糖业资本．台湾："中央研究院"民族学研究所集刊，1989

[13] 中国统计年鉴（1999）．北京：中国统计出版社，1999

[14]〔美〕伍兹著，施惟达、胡华生译，文化变迁．石家庄：河北人民出版社，1989

[15]〔美〕埃弗里特·M·罗杰斯、拉伯尔·J·伯德格．乡村社会变迁，杭州：浙江人民出版社，1988

[16] 曹锦清、张乐天、陈中亚．当代浙北乡村的社会文化变迁．上海：上海远东出版社，1995

[17]〔法〕H. 孟德拉斯著，李培林译．农民的终结．北京：社会科学出版社，2005

[18]〔美〕沃尔夫著，张恭启译．乡民社会，台北：巨流图书公司印行，1983

后　记

本书是本人主持的广西哲学社会科学基金课题“壮族地区重大经济项目建设与壮族社会文化变迁”的成果。本研究的完成有赖于课题组的共同努力。在开展本课题研究的过程中，我们课题组成员携手并肩，团结奋斗，终于克服种种困难，把这一成果呈现在人们面前。这个过程是艰苦的，但也是快乐的。特别是当成果呈现时，甚至可以说是幸福的。尽管我们深知，我们的研究尚有许多需要完善、提高之处，但在此过程中，通过走进田野，深入民间，我们与基层民众更加贴近，从而对我们这个社会、这个民族有了进一步的认识。既如此，不亦乐乎?!

我们课题组是以分工合作的方式开展工作的。项目整体框架的构思设计、项目统筹、最终成果的文字统纂由主持人李富强负责；田林县那善屯的调研由李富强负责完成；平果县必罗屯的调研由郭育晗负责完成；德保县大年屯的调研由周羽负责完成；天峨县连迁移民新村的调研由韦月成负责完成；宁明县盆昌屯的调研由罗燕霞负责完成。此外，广西博物馆郑超雄研究员、潘汁和广西社会科学院的陈红升副研究员等参与了部分调查工作。作为项目负责人，此时此刻，我要向参与本研究和曾给予本研究方便的所有人士表示衷心感谢。

由于种种原因，本研究尚存在许多不足之处，恳请有识之士批评指正。

李富强

2008 年 12 月 20 日

图书在版编目(CIP)数据

村落的视角：壮族社会文化变迁的个案研究/李富强等著.
—北京:民族出版社,2013.1
(广西各民族发展丛书/梁颖,何龙群主编)
ISBN 978-7-105-12632-3

Ⅰ.①村… Ⅱ.①梁… Ⅲ.①壮族—村落—社会变迁—研究—广西 Ⅳ.①K281.8

中国版本图书馆 CIP 数据核字(2013)第 013665 号

策划编辑:虞　农
责任编辑:德庆央珍
封面设计:金　潇
出版发行:民族出版社出版发行
地　　址:北京市和平里北街 14 号
邮　　编:100013
网　　址:http://www.e56.com.cn
印　　刷:北京市迪鑫印刷厂
经　　销:各地新华书店经销
版　　次:2013 年 1 月第 1 版　2013 年 1 月北京第 1 次印刷
开　　本:880 毫米×1230 毫米　1/32
字　　数:420 千字
印　　张:12.125
定　　价:36.00 元
ISBN　978-7-105-12632-3/K·2186(汉 1221)

该书如有印装质量问题,请与本社发行部联系退换
汉文编辑一室电话:010-64271909　　发行部电话:010-64224782